PFERDE

IN KUNST
UND LITERATUR

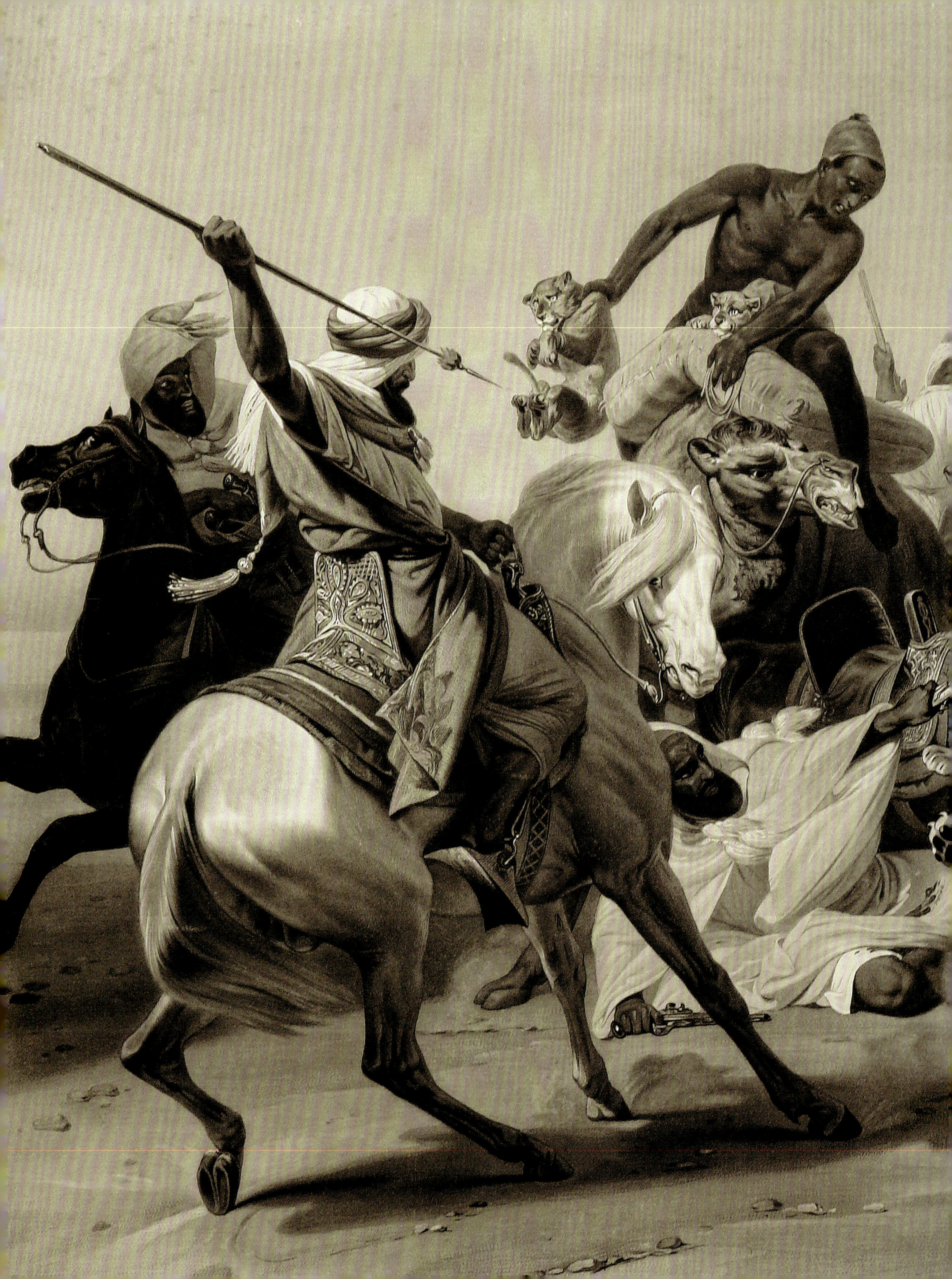

Ruthild Kropp

PFERDE

IN KUNST UND LITERATUR

MICHAEL IMHOF VERLAG

Titelbild: George Stubbs: *Stuten mit Füllen*, Öl auf Leinwand, um 1800, Privatbesitz

S. 2: nach Horace Vernet, *Die Löwenjagd, 1836,* Lithographie um 1850, Ausschnitt

S. 6/7: nach George Stubbs: *Ein Pferd schreckt vor einem Löwen zurück*, 1770, Lithographie

Impressum

Ruthild Kropp: **PFERDE** in Kunst und Literatur

Michael Imhof Verlag GmbH & Co. KG · Stettiner Straße 25 · 36100 Petersberg
Tel. 0661/9628286 · Fax 0661/63686 · www.imhof-verlag.de · info@imhof-verlag.de

Reproduktion und Gestaltung: Michael Imhof Verlag
Druck: Meiling Druck, Haldensleben

Printed in EU

ISBN 978-3-86568-359-5

Inhalt

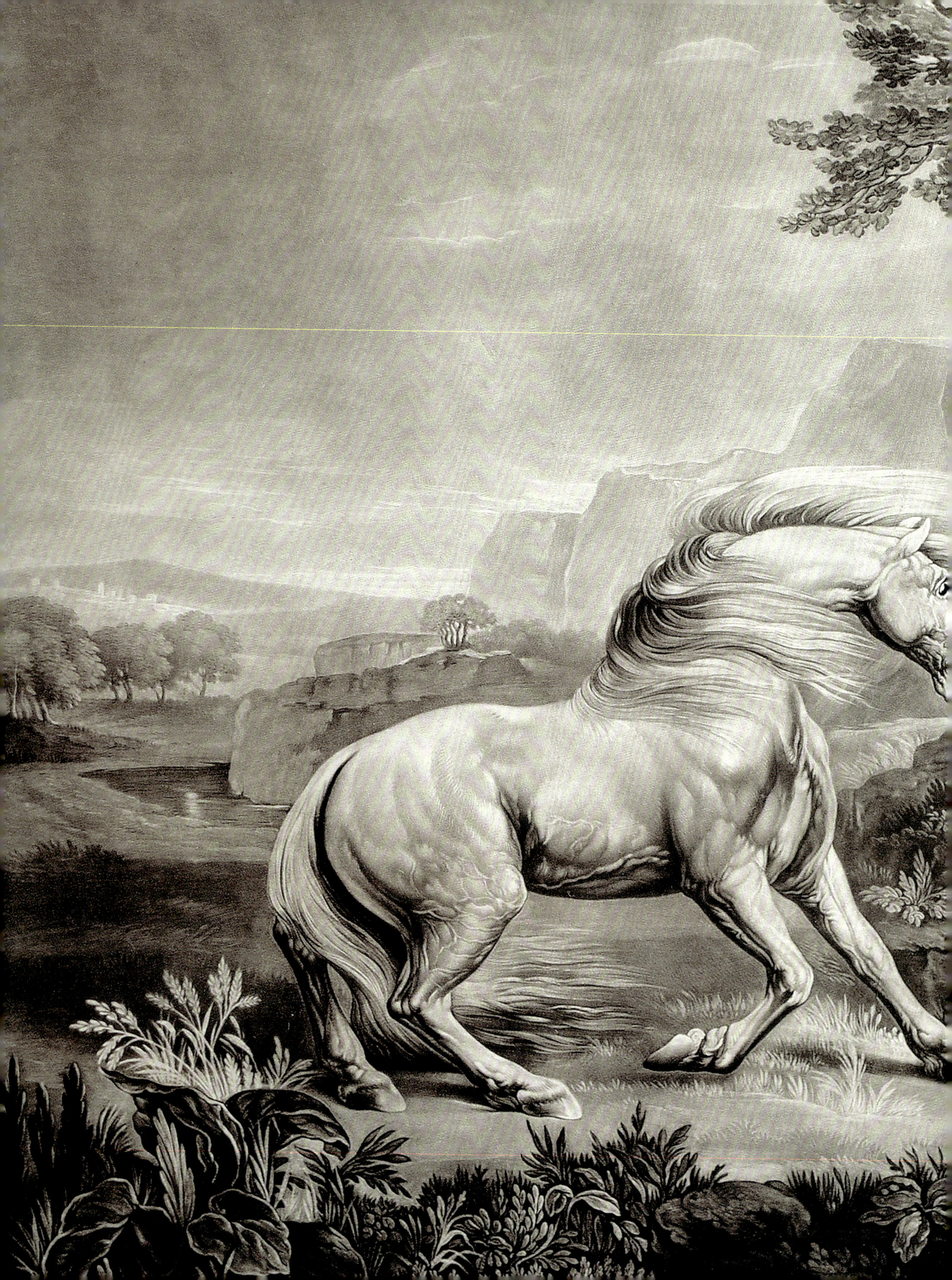

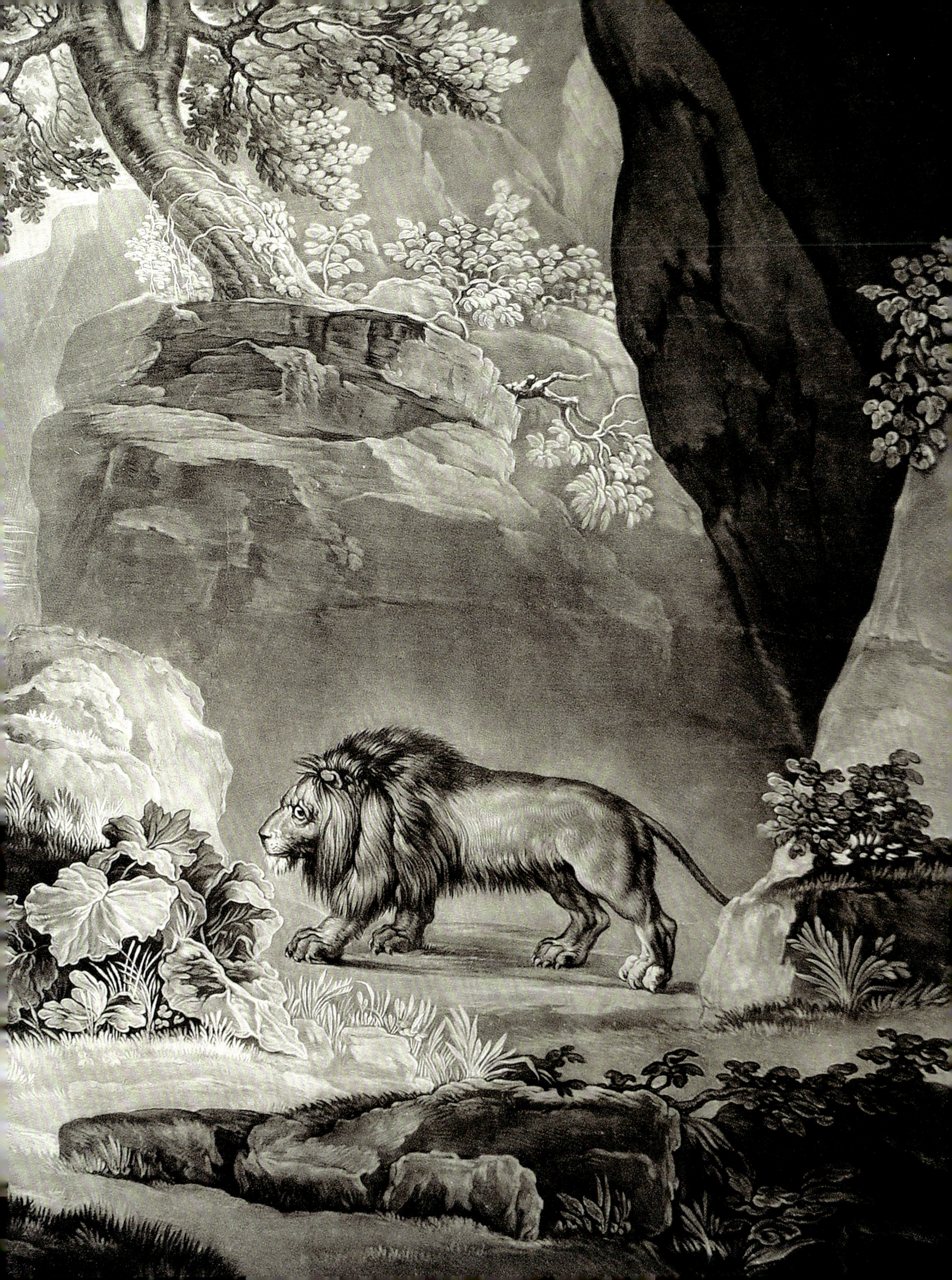

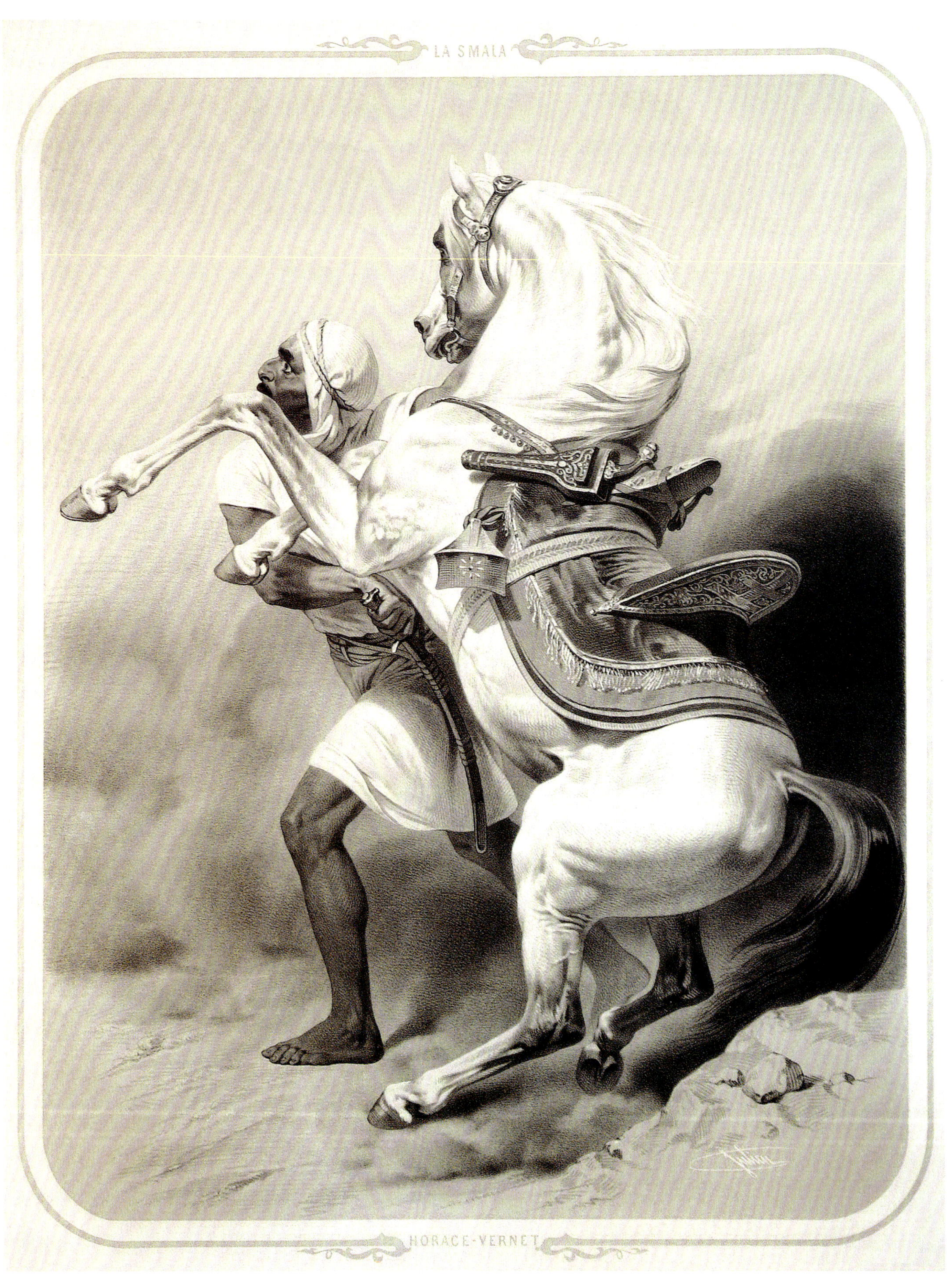
LA SMALA
HORACE-VERNET

Einleitung

Pferde sind schön, sie sind schnell, sie springen über hohe Hindernisse und tanzen durch Dressurprüfungen. Und: Mädchen lieben Pferde. Diese Aussagen fassen die heutige Bedeutung des Pferdes für die meisten Menschen im Groben zusammen. Vor 100 Jahren jedoch waren die Einsatzbereiche des Pferdes noch vielfältig. Es war ein unentbehrlicher Begleiter des Menschen, der seine Stärke und Schnelligkeit Tag für Tag zu schätzen wusste, bevor Automobil und Traktor seine Aufgaben übernahmen. Es war ein unverzichtbares Transportmittel für Mensch und Ware. Es war Reittier des Soldaten. Es arbeitete hart in der Landwirtschaft, in der Industrie und in den Bergwerken. Damals waren auch noch manche der in frühen Zeiten entstandenen Mythen bekannt, die sich um das Pferd rankten; sie tradierten sich im Aberglauben. So kannte man früher Pferde in ganz anderem Zusammenhang: etwa Wolken- und Windrosse, Geister- und Totenpferde, den reitenden Tod, Götterpferde, Pegasus und die Menschen fressenden Rosse des Diomedes. Aber nicht nur die mythischen Rosse haben wir heute vergessen, auch den geschundenen Droschkengaul und das mutige Kriegspferd, die Freiheit des rasenden Rittes und die Versonnenheit des ruhigen. Sind sie wirklich alle vergessen? Nein, ihr Refugium sind die Bibliotheken und die Museen, denn Schriftsteller und Maler haben sich ihrer über die Jahrhunderte bis heute erinnert und sie verewigt. Sie tummeln sich in Büchern, in Poesie und Prosa, und in der bildenden Kunst.

In dem vorliegenden Buch sind viele dieser Themen aufgegriffen worden, und zwar in Form von „Paaren“, einander gegenübergestelltem Pferdetext und Pferdebild. Jedes dieser „Paare“ beschäftigt sich mit einem bestimmten Pferdemotiv aus der Sicht eines Schriftstellers und eines Malers, wobei der zeitliche Bezug zwischen Bild und Text irrelevant ist, es zählt allein der inhaltliche. Manchem Text steht so ein Bild aus einer ganz anderen Epoche gegenüber, so dass die Zeitdiskrepanz zeigt, wie sich bestimmte Motive tradieren, wie sie durch die Jahrhunderte und Jahrtausende immer wieder aufgegriffen wurden. Zuweilen entsteht auch eine Spannung zwischen zwei unterschiedlichen Auffassungen desselben Motivs. Mit den Texten arbeitete die Autorin im Rahmen ihrer Dissertation über das Pferd in der deutschen Literatur, die Bilder wurden über die Jahre entdeckt und zusammengetragen. Besonders interessant ist natürlich die Frage, wie die modernen Künstler das Pferd betrachten, das heute nicht mehr den Alltag des Menschen prägt.

Dichter haben immer wieder das Motiv des Pferdes aufgegriffen. Sie besingen seine Schönheit, sie beschreiben raue oder ruhige Ritte, sie schildern Geisterpferde und mythische Rosse. Vielfältig sind die Themen, die im Laufe der Literaturgeschichte hervorgehoben werden. Zuweilen ändert sich der Blick auf das Pferd: Seine Treue etwa ist in vielen Texten ein Thema, zum Beispiel wenn das treue und mutige Soldatenpferd besungen wird. Hier jedoch verschiebt sich der Blickwinkel mit der Zeit: Im Expressionismus wurde das mutige Kriegsross zur bemitleideten, geschundenen Kreatur; zugleich wurde der Droschkengaul zum Sinnbild für das Leid und den Schmerz, den der Mensch über das Tier gebracht hat.

S. 8: nach Horace Vernet, *Das Pferd „La Smala“*, um 1850, Lithographie von Julien

Schaut man in die literarischen Texte des letzten Jahrhunderts, dann überrascht, dass die Moderne so anachronistische Motive wie etwa das Geisterpferd oder Götterpferde kennt. Gleiches gilt für Märchenpferde, die ebenfalls ihre Spuren im 20. Jahrhundert hinterlassen haben: Der abgeschlagene Pferdekopf Faladas hat noch Bertolt Brecht (1898–1956) und Günter Grass (*1927) inspiriert. Pferde finden sich zu allen Zeiten in der Literatur, auch heute noch, nur seltener – ihr Verschwinden aus unserem Alltag hat nichts an ihrer Bedeutung ändern können.

In der bildenden Kunst entdeckt man Pferde schon sehr früh, etwa in den Höhlenmalereien. Sie werden durch die Jahrtausende bis in die Gegenwart abgebildet. Immer wieder sieht man Darstellungen von Pferd und Wagen, von Pferd und Reiter – ob in Jagdszenen, im Kriegsgetümmel, während Ausritten und -fahrten oder in Form von Herrscherbildern. Letzteren begegnet man als Reiterstandbildern oder auf Gemälden. Neben diesen Wiedergaben konkreter Szenen gab es auch viele mythologische Bilder. Sie zeigen zum Beispiel die griechischen, römischen oder germanischen Götter mit ihren Pferden. Maler haben sich immer wieder auf das Pferd konzentriert, etwa Georg Stubbs (1724–1806) oder Franz Marc (1880–1916). Jede Epoche hatte ihre besonderen Motive: die Jagdszenen der Steinzeit, die Reiter und die Wagenrennen auf den griechischen Vasenbildern, die altägyptischen Streitwagen, die christlichen Reiter des Mittelalters, das Getümmel der Jagd- und Schlachtszenen der Renaissance, die prächtigen Herrscherporträts von Peter Paul Rubens (1577–1640) und Diego Velázquez (1599–1660), die Alltagsszenen Philips Wouwermans (1619–1668) und Paulus Potters (1625–1654), die Rennpferde von Edgar Degas (1834–1917) usw. Noch Joseph Beuys (1921–1986) hat mit einem Schimmel auf einer Bühne gestanden.

Die bildende Kunst wusste und weiß auch heute noch um den besonderen Reichtum des Ansehens und um die Bedeutung des Pferdes. Die Tradition des Pferdebildes ist vielfältig; hier gibt es natürlich die Alltagsszenen, aber auch immer wieder all die vergessenen Ideen, Sinnbilder, Anspielungen, Allegorien, Metaphern.

Pferdegeschichte und Pferdemotive

Jeder Autoliebhaber kennt es: das schwarze Pferd auf gelbem Grund. Michael Schumacher musste es nicht erst bekannt machen, das Emblem der italienischen Automarke Ferrari. Ein Pferd als Symbol eines der schnellsten Automobile der Welt, das ist kein Zufall. Lässt man die Anekdoten über seine Ursprünge beiseite, dann bleibt eigentlich nur die Frage, warum gerade das Emblem eines Pferdes von Enzo Ferrari für seine Wagen gewählt wurde. Was symbolisierte das sich aufbäumende, schwarze Pferd mit dem hochgeworfenen Schweif für ihn? Natürlich bedeutete es Kraft, Leidenschaft, Freiheit, Wildheit und Schönheit, doch vor allem Schnelligkeit.

Schon zu Urzeiten musste der Mensch sich dem Tempo des Pferdes anpassen. Er wollte sein Fleisch. Das Pferd lief ihm davon und der Mensch musste es, genauso wie andere schnelle Tiere, mit Pfeil und Speer jagen. Archäologen fanden in großer Zahl Pferdeknochen am Fuße

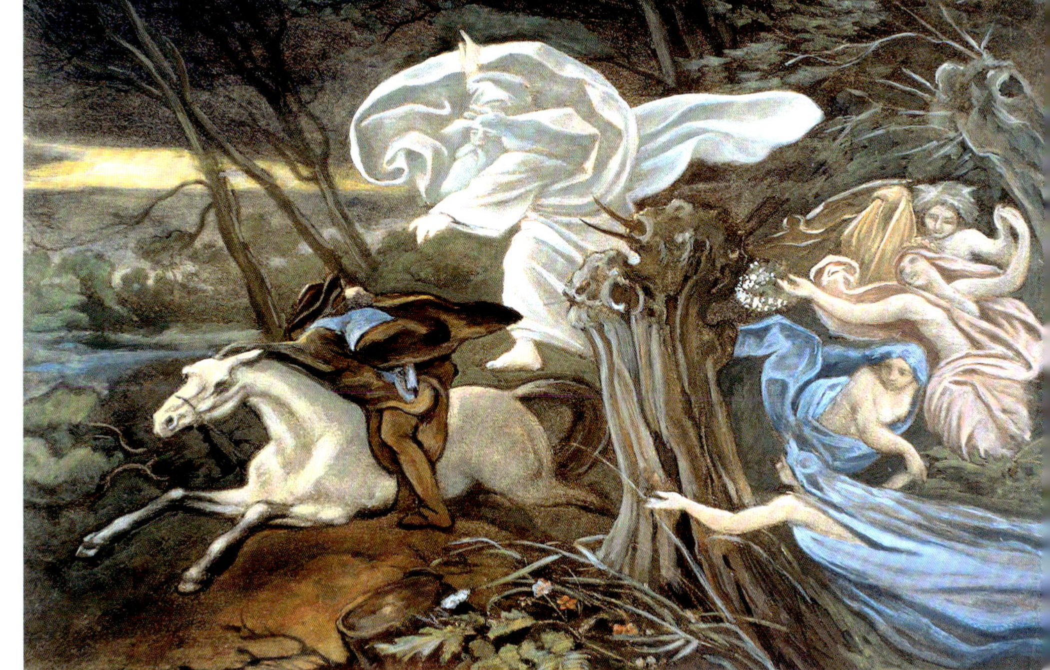

Moritz von Schwind,
Erlkönig, 1860,
Öl auf Eichenholz,
Schack-Galerie, München

von Klippen oder Überhängen – etwa am Fundort Solutré im Süden Burgunds. Hier wurden in der Altsteinzeit Pferde getötet. Doch heute weiß man, dass die Tiere nicht, wie lange angenommen, über die Klippen in den Tod getrieben, sondern in den Canyons gefangen und mit Pfeilen und Speeren erlegt wurden. Ein weiterer Fundort ist Schöningen in Niedersachsen, wo Wildpferde am Ufer eines Sees mit Speeren gejagt wurden. Pferde waren Fleischlieferanten, Nahrungsmittel – dies war der Beginn einer Verbindung, die bis zur Industrialisierung sehr eng war.

Die Erfolgsgeschichte des Pferdes begann also damit, dass man es verzehrte. Später, als es bereits domestiziert war, aß man es allerdings nicht nur wegen seines Nährwertes: Es wurde vom Menschen verehrt und diese Verehrung zeigte sich in kultischen Handlungen. Pferde wurden zu Opfertieren, und wahrscheinlich glaubte man, dass die positiven und bewunderten Eigenschaften des Opfertieres bei dessen Verzehr auf den Menschen übergehen. Positive und bewunderte Eigenschaften, die sich vielleicht nicht so sehr von denen unterscheiden, weswegen man es als Emblem auf dem Ferrari sieht: Wildheit, Schnelligkeit, Freiheit, Kraft und Schönheit.

Transport – Krieg – Mitleid

Das Pferd wurde zunächst ein Transportmittel. Es transportierte Menschen, dann Waren, und später zog es den Pflug. Über Jahrhunderte war das Pferd ein unverzichtbares Zugtier. Im 20. Jahrhundert löste es der Motor ab, der Traktor in der Landwirtschaft, das Auto im Straßenverkehr. Wenn man heute in der modernen Welt noch auf Droschken und Kutschen trifft, dann sind diese entweder Touristenattraktionen, Hochzeitskutschen oder Zeichen für die reiche Welt des Fahrsports.

Doch das Pferd zog nicht nur den Transportkarren, es zog auch den leichten Streitwagen im Krieg, was es zu einem Machtinstrument machte. Wer viele schnelle und gut ausgebildete Pferde zur Verfügung hatte, konnte Kriege gewinnen, Völker besiegen, sein Herrschaftsgebiet erweitern. Das Pferd war dazu ein unverzichtbarer Partner. Später kamen die reitenden Krieger hinzu. Entweder wurden sie als eine schnelle und wendige Einsatztruppe eingesetzt. Oder sie bildeten eine Art schreitender Trutz – das waren die Ritter des Mittelalters. Was wären sie ohne ihre Pferde gewesen? Sie ritten meist sehr kräftige Rosse, denn ein Ritter in Rüstung konnte gut und gerne drei Zentner wiegen. Hinzu kam, dass auch das Pferd mehr und mehr eingerüstet wurde, um es vor den Waffen des Feindes zu schützen. Diese gepanzerten Tiere und Menschen konnten keine bewegliche und rasche Kampfeinheit bilden, sie waren vielmehr eine Art Wall, der gegen die Feinde vorrückte.

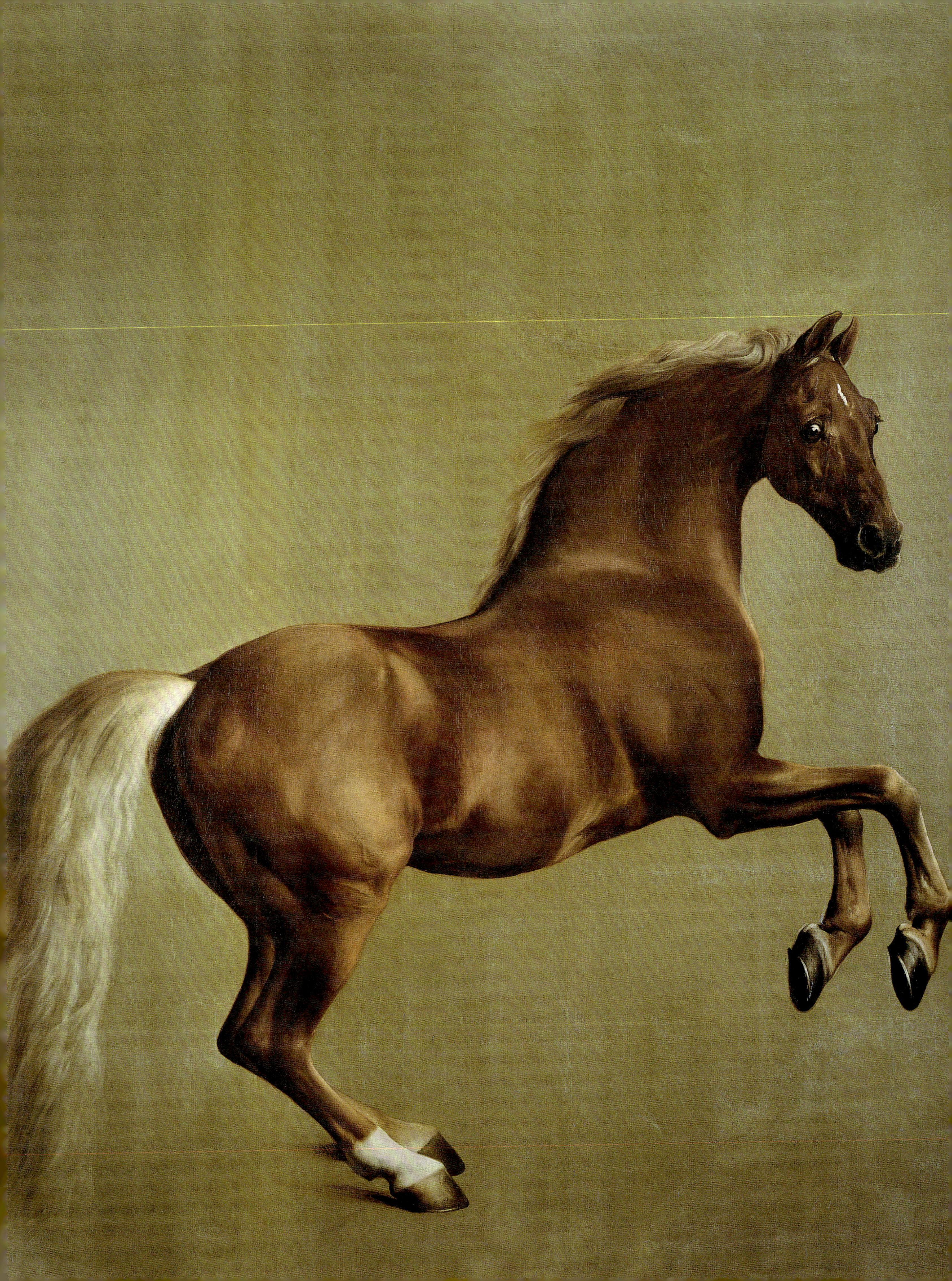

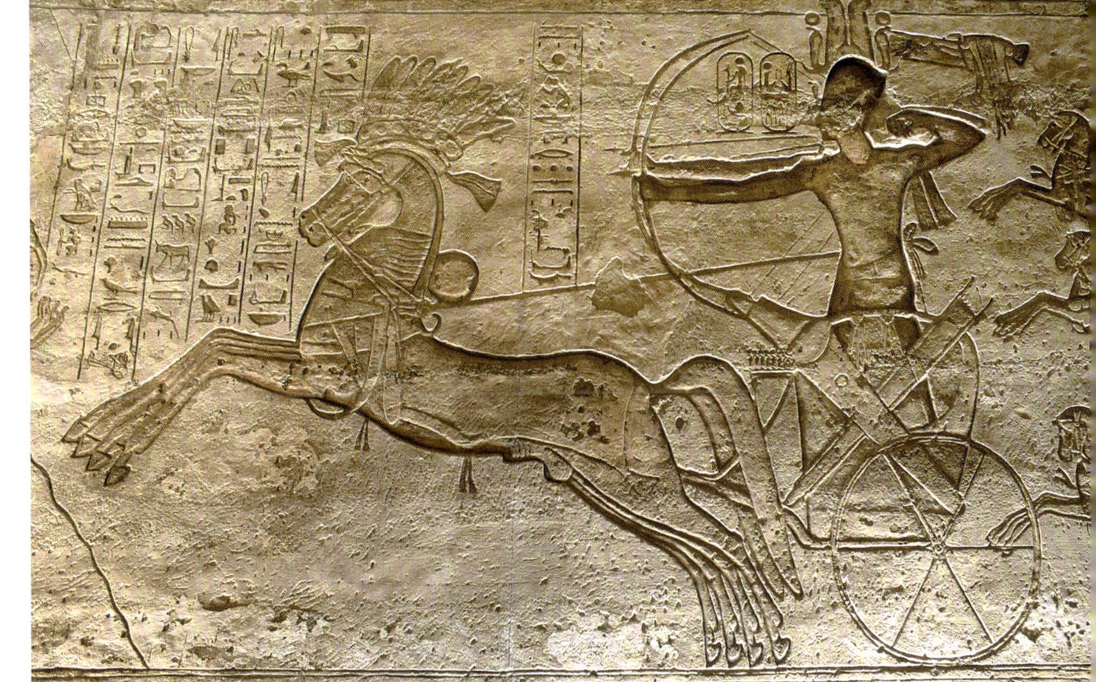

Bis in den Zweiten Weltkrieg diente das Pferd in der Armee – noch im „Dritten Reich" gab es Kavalleriedivisionen, auch SS-Kavalleriedivisionen. Zu dieser Zeit hatte das Pferd allerdings schon seine außerordentliche Bedeutung für das Kriegsgeschehen verloren. Als am 1. September 1939 polnische Ulanen mit Säbel und Lanzen gegen die deutsche Front anritten, wurde die Hälfte von ihnen in Sekundenschnelle Opfer der Maschinengewehre und Panzer. Doch über Jahrhunderte hatte sich das Pferd als Partner des Kriegers etabliert. Und es wurde heroisiert. Das Alte Testament hat dies festgehalten; im Buch Hiob steht:

Ägyptischer Streitwagen, Relief Felsentempel, Abu Simbel, um 1260 v. Chr.

„Gabst du dem Roß die Heldenstärke, kleidest du mit einer Mähne seinen Hals? Läßt du wie Heuschrecken es springen? Furchtbar ist sein stolzes Wiehern. Es scharrt im Tal und freut sich, zieht mit Macht dem Kampf entgegen. Es spottet der Furcht und kennt keine Angst und kehrt nicht um vor dem Schwert. Über ihm klirrt der Köcher, Speer und Sichelschwert blitzen. Mit Donnerbeben wirbelt es den Staub auf, steht nicht still beim Klang des Horns. Sooft das Horn hallt, wiehert es 'hui' und wittert den Kampf schon von weitem, der Anführer Lärm und das Schlachtgeschrei." (Buch Hiob 39, 19-25)

Auch in der deutschen Literatur galoppierte das Pferd freudig, mutig und todesmutig in die Schlacht. Einerseits lobte Friedrich Hölderlin (1770–1843) in seinem Gedicht „Alexanders Rede an seine Soldaten bei Issus" das aktive und kriegsbegeisterte Ross: „Sein rasches Pferd, das Siegesfreude schnaubt …". Andererseits schrieb er in „Ende einer Gedichtfolge auf Gustav Adolf": „Der Rosse Schnauben hatt' in Röcheln sich gewandelt …". Dies dichtete er nicht aus Mitgefühl, welches sich erst in späterer Zeit entwickelte, sondern der Anschaulichkeit wegen. Er ist damit ein Kind seiner Zeit, in der das Tier eine Sache, ein Gebrauchsgegenstand war. Erst zum Ende des 19. und dem Beginn des 20. Jahrhunderts sahen Dichter das Pferd nicht mehr als das sich freudig für den Menschen opfernde, sondern als das vom Menschen gequälte, in den Tod getriebene Tier. Mitleid kam auf, Mitleid mit den toten Pferden des Krieges, mit den geschlagenen und geschundenen Droschkengäulen, mit den gequälten Grubenpferden. Friedrich Wilhelm Nietzsche (1844–1900) ist in diesem Zusammenhang wichtig. Er sah im Menschen ein krankes Tier, das sich von seinen anfänglich reinen und intakten Instinkten entfernt hat. Das Tier hingegen hatte ursprünglich ganz in Harmonie mit der Natur gestanden, bis der Mensch diese zerstörte. Nietzsches geschundenes Tier, die elende Kreatur, kommt zu Beginn des letzten Jahrhunderts vielfach in expressionistischen Gedichten in Gestalt des gequälten Droschkengauls vor. Berühmt wurde eine Anekdote, die besagt, dass Nietzsche in Turin auf offener Straße einen Droschkengaul umarmt haben soll, unter Wehklagen und Weinen, weil

George Stubbs, *Whistlejacket*, 1762 Öl auf Leinwand, The National Gallery, London dieser von seinem Kutscher misshandelt worden war. Zugegeben, dies wurde auch als Zeichen des ausbrechenden Wahnsinns des Philosophen gedeutet, doch es bleibt symptomatisch für diese Zeit.

Heute existieren Kriegspferde nur noch in wenigen Ländern, in denen sie in unwegsamem Gelände nötig sind, etwa in Afghanistan. Dort wurde das Pferd im Partisanenkampf gegen die Sowjetunion eingesetzt. Viele Länder besitzen jedoch Pferdedivisionen, die als Statussymbol und zu Repräsentationszwecken dienen. Außerdem ist das Pferd zuweilen Helfer der Polizei und „dient" bei den Gebirgstruppen, zum Beispiel in der Schweiz oder in Deutschland.

In der Kunst gibt es häufiger die Darstellung des in die Schlacht galoppierenden als die des verwundeten oder toten Pferdes. Ein Künstler jedoch hat das Pferd als zentrales Motiv für die Schrecken des Krieges genutzt. Pablo Picasso (1881–1973) schuf in seinem monumentalen Gemälde „Guernica" (1937) eine Anklage gegen das Bombardement der spanischen Stadt gleichen Namens durch die deutsche Luftwaffe während des spanischen Bürgerkrieges. Im Zentrum des Bildes steht ein Pferd, umgeben von den Gräueln des Krieges: von einem toten Soldaten, einer stürzenden Gestalt, einer Frau, die in einem Gebäude verbrennt, einer schreienden Mutter, die ihr totes Kind in den Armen hält. Auch das Pferd scheint zu schreien. Diese Anklage gegen Krieg, Mord und Zerstörung hing jahrelang im Museum of Modern Art in London. Picasso hatte verfügt, dass es erst nach dem Tode des Diktators Franco nach Spanien zurückkehren dürfte. Dort hängt es heute im Museo Nacional Centro de Arte Reina Sofia in Madrid.

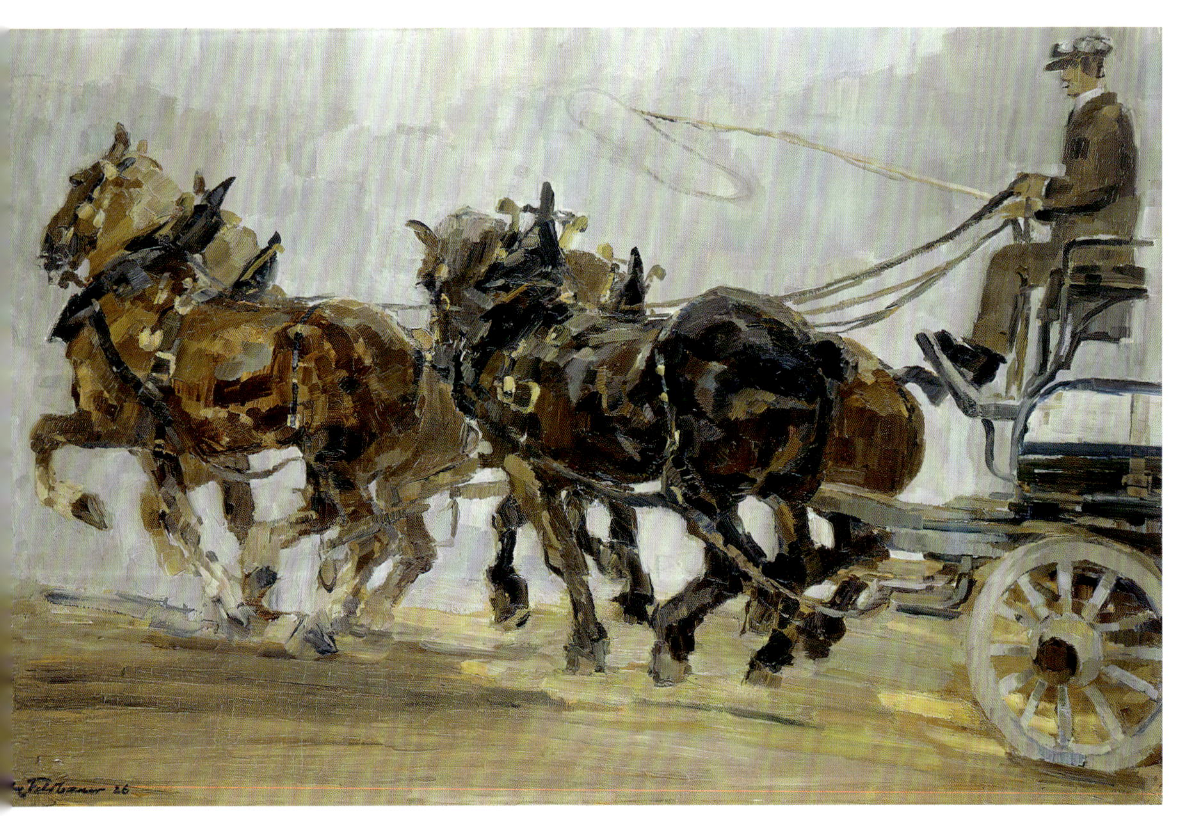

Max Feldbauer, *Viergespann*, 1926, Öl auf Leinwand, Gemäldegalerie Neue Meister, Dresden

Vermenschlichung

Das mutige Pferd, das sich in die Schlacht stürzt, das kluge Pferd, das treue Pferd, das weise Pferd, das stolze, selbstlose, freundliche und anhängliche Pferd – die Liste ließe sich beliebig verlängern. Der Mensch hat immer wieder versucht, dem Tier menschliche Gefühle und Eigenschaften überzustülpen. Dabei fällt auf, dass diese Eigenschaften fast ausschließlich positiv sind. Selten trifft man auf ein bösartiges Pferd, auf ein Pferd, das den Menschen ablehnt, ihn verletzt oder gar tötet. Auf S. 176 des Hauptteils findet sich in einem Text von Hugo von Hofmannsthal

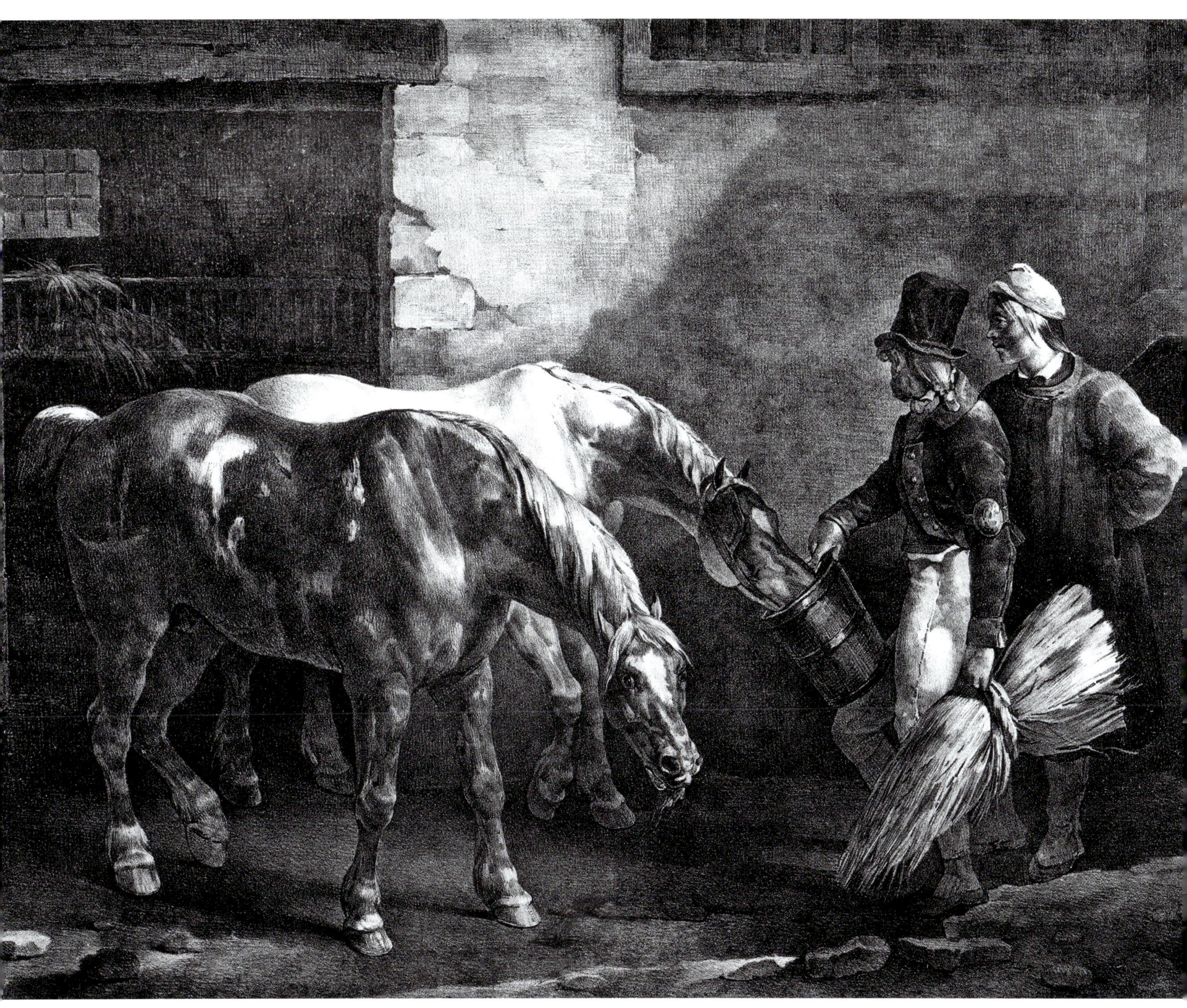

(1874–1929) das seltene Beispiel eines bösartigen Pferdes. Auch in der Lyrik von Ingeborg Bachmann (1926–1973) existieren solche Pferde.

Mancher Autor setzt Pferde gerne mit Menschen gleich, versieht sie zumindest mit menschlichen Eigenschaften. Man denke nur an den Tod des Pferdes Rih in Karl Mays (1842–1912) Roman „Der Schut“:

Théodore Géricault mit Joseph Volmar, *Zwei Post-Pferde am Porte d'une Ecurie*, 1822, Lithographie

„Nach einer vergeblichen Anstrengung, sich wieder aufzuraffen, hob er [Rih] den schönen, kleinen Kopf, sah mit brechenden Augen zu mir und wieherte leise, leise und ersterbend, wie ich noch nie ein Pferd habe wiehern hören. Ich warf mich neben ihn nieder und bettete seinen Kopf an meine Brust, während Halef das rinnende Blut zu stillen suchte. Wir alle weinten, weinten so, als ob ein lieber, lieber Mensch im Sterben liege. Des Rappen Maul lag in meiner Hand, er leckte sie fort und fort, immer leiser und langsamer, bis er die Zunge nicht mehr bewegen konnte, dann noch ein letztes, verhauchendes Schnauben, ein krampfhaftes Zucken – Rih war tot!"

Man muss diesen Text in seiner Sentimentalität als Produkt seiner Zeit und seines Autors sehen. Doch die Vermenschlichung geht bis heute weiter in den zahlreichen Mädchen-Pferde-Büchern (wie der „Britta"-Reihe oder „Bille und Zottel") und in Filmen, die ganz auf die en-

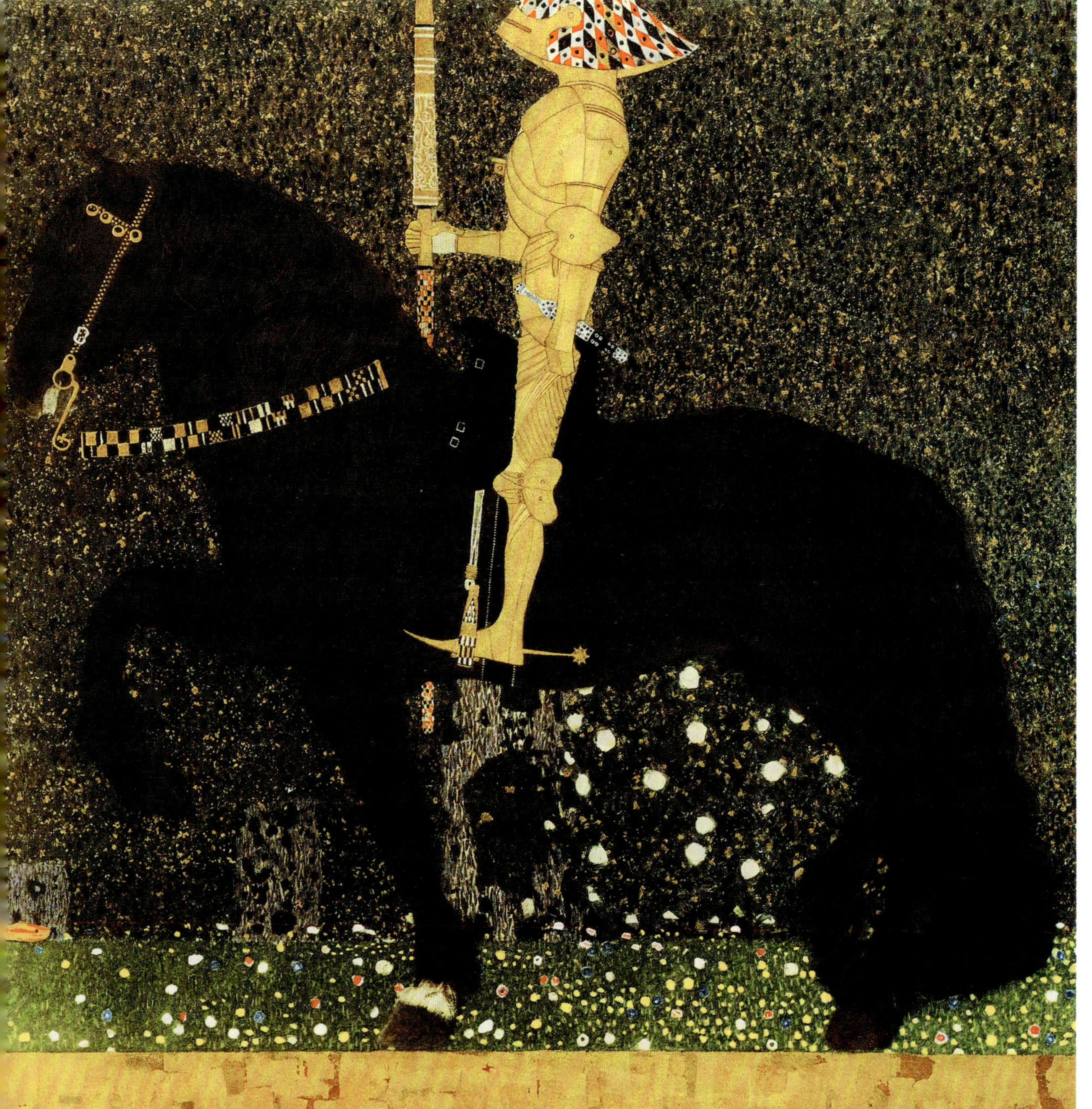

Gustav Klimt,
Der goldene Ritter (Das Leben ein Kampf),
1903, Öl auf Leinwand,
Nagoya City Art Museum,
Nagoya

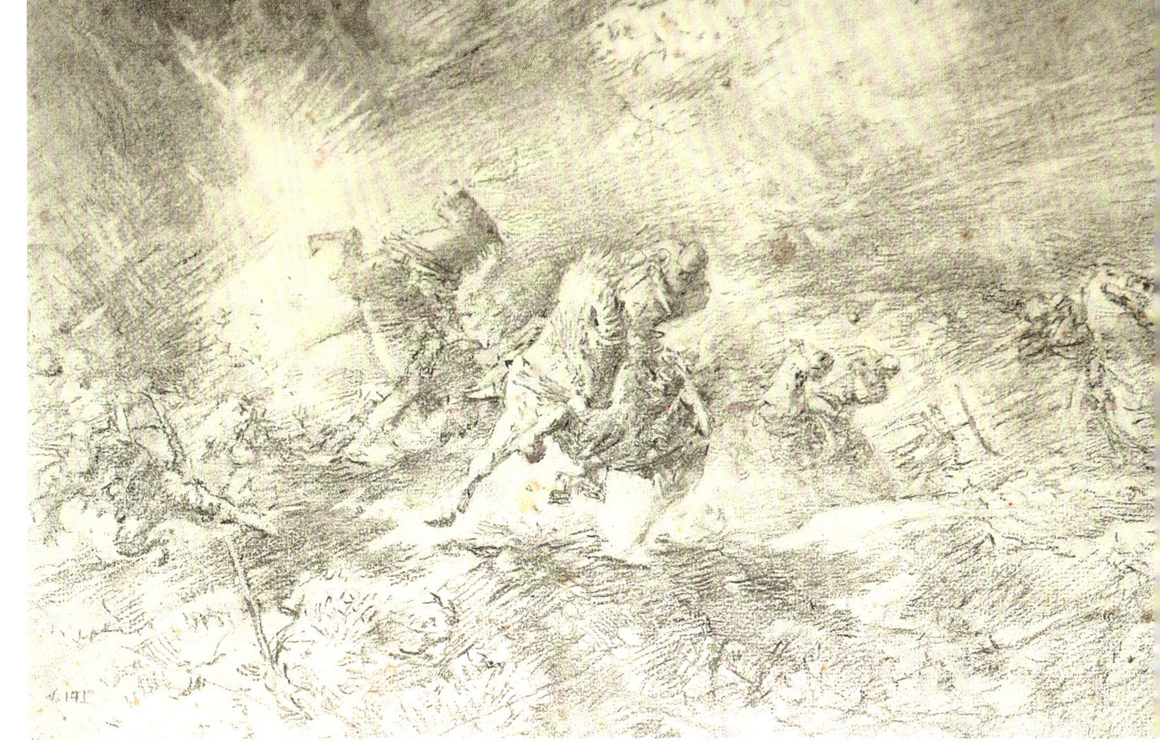

ge Beziehung zwischen Pferd und Mensch setzen. Man denke nur an den Roman „der Pferdeflüsterer" von Nicholas Evans, der sowohl als Buch als auch auf der Leinwand Erfolge feierte. In unserer Zeit gibt es immer mehr „Pferdeflüsterer", die sich darauf berufen, mit dem Pferd über ungewöhnliche Methoden in Kommunikation treten zu können. Das Pferd wurde – wie andere Tiere auch – mit menschlichen Attributen versehen, gehätschelt und getätschelt. Im 18. Jahrhundert galt das Tier noch als Sache, doch mit dem 19. Jahrhundert begann – zunächst in England – der Tierschutz. Er entwickelte sich nicht etwa aus Mitgefühl mit dem Tier, sondern aus religiösen und ästhetischen Gründen. Ein Tier zu misshandeln verstieß gegen Gottes Gebot.

Curt Hoppe-Camphausen,
Reiter im Sturm,
1926, Kohlezeichnung,
Privatbesitz

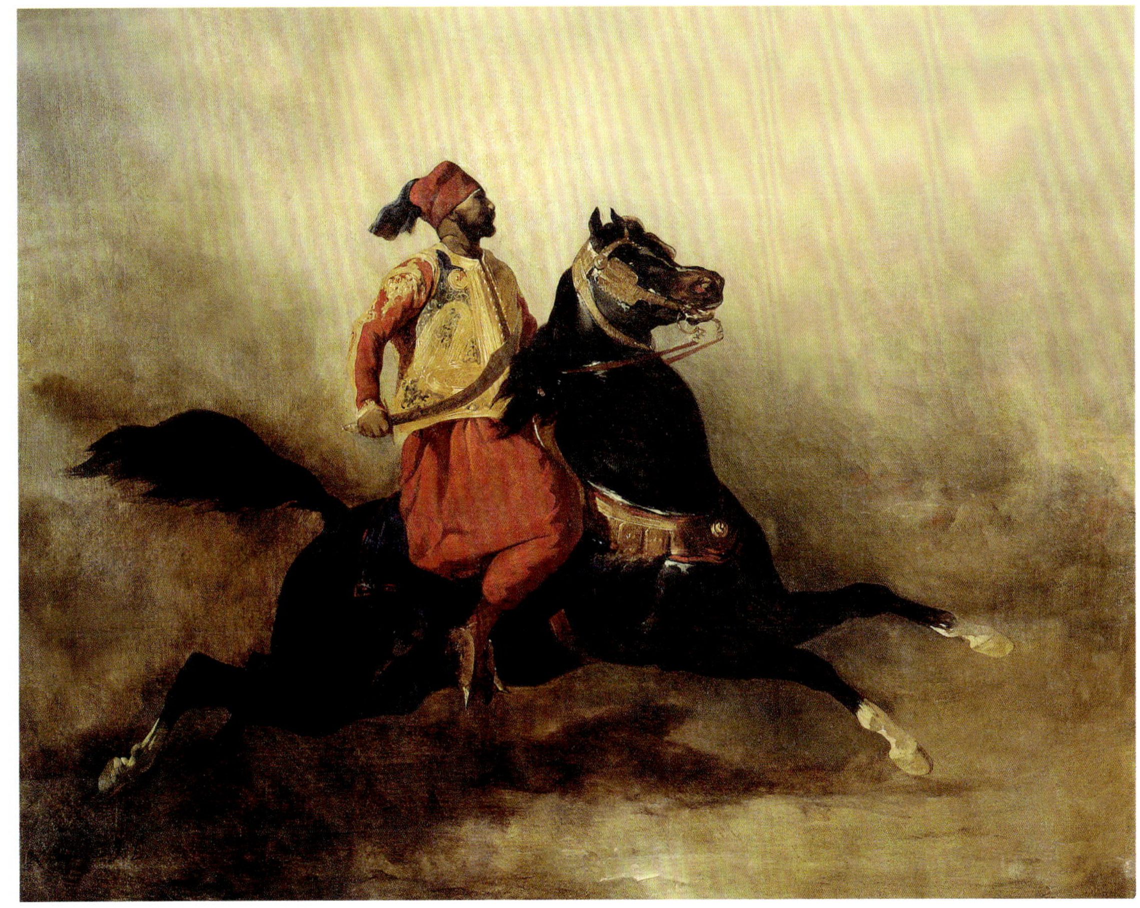

Alfred de Dreux,
Orientalischer Kampfreiter,
Mitte 19. Jahrhundert,
Öl auf Leinwand,
Privatbesitz

Statussymbol

Pferde sind Statussymbole. Reiten gehört zu den so genannten „weißen Sportarten“, die das Prestige des Sporttreibenden erhöhen. Wer reich ist, besitzt ein oder mehrere Pferde. Wer weniger wohlhabend ist, kann sich vielleicht ein paar Reitstunden leisten. Ähnlich war es schon früher, weshalb das Pferd bereits seit seiner Domestizierung als Statussymbol gehandelt wurde. Sobald das Pferd im Transportwesen und besonders im Krieg benötigt wurde, hatte derjenige einen Vorteil, der sich die Haltung von Pferden leisten konnte.

Als das Pferd noch Teil des Alltags war, ging ein ärmerer Mensch zu Fuß und konnte sich weder einen Ackergaul noch ein Zugpferd leisten, sondern bestenfalls eine Kuh. Man unterscheidet zwischen armen „Kuhbauern“ und reichen „Pferdebauern“. Ackergäule waren grob und robust, Schnelligkeit war bei ihnen unwichtig. Sie mussten Kraft und Widerstandsfähigkeit besitzen, denn nur, wenn sie Ihre tägliche Arbeit leisten konnten, waren sie rentabel. Ein Ackergaul kostete mehr als ein Rind. Er konnte im strengen Winter nicht auf der Weide bleiben und musste in einem Stall stehen. Die Kühe waren ebenfalls im Stall untergebracht, aber sie gaben Milch und lieferten Kälber. Oft war ein Stall kein abgetrennter Raum, sondern das Vieh lebte mit den Menschen unter einem Dach. Dort musste es gefüttert werden und das Futter mussten der Bauer und seine Familie über das Jahr sammeln und anpflanzen.

Ein reicher Mensch konnte sich diese Ausgaben leisten, er konnte sich mehrere, auch schnelle Pferde halten, die seinem Gut zu Diensten waren. Er besaß etwa Kutschpferde und als Luxusobjekt dann Jagdpferde. Wie Kutschpferde angespannt waren, sagte viel über den Status der Besitzer aus: Ein Einspänner war bescheiden, Zweispänner (zwei Pferde nebeneinander) waren schon vornehmer. Der Vierspänner (zwei Pferde vorne, zwei dahinter) zeigten den ganzen Reichtum der Personen, die in der Kutsche saßen. Die Krönung war schließlich die Quadriga mit vier Pferden nebeneinander. Um einen opulenten Vierspänner vorzutäuschen, nutzte man das so genannte „Einhorn“ (zwei Pferde direkt vor dem Wagen und eines vor diesen) oder das Tandem (zwei Pferde hintereinander).

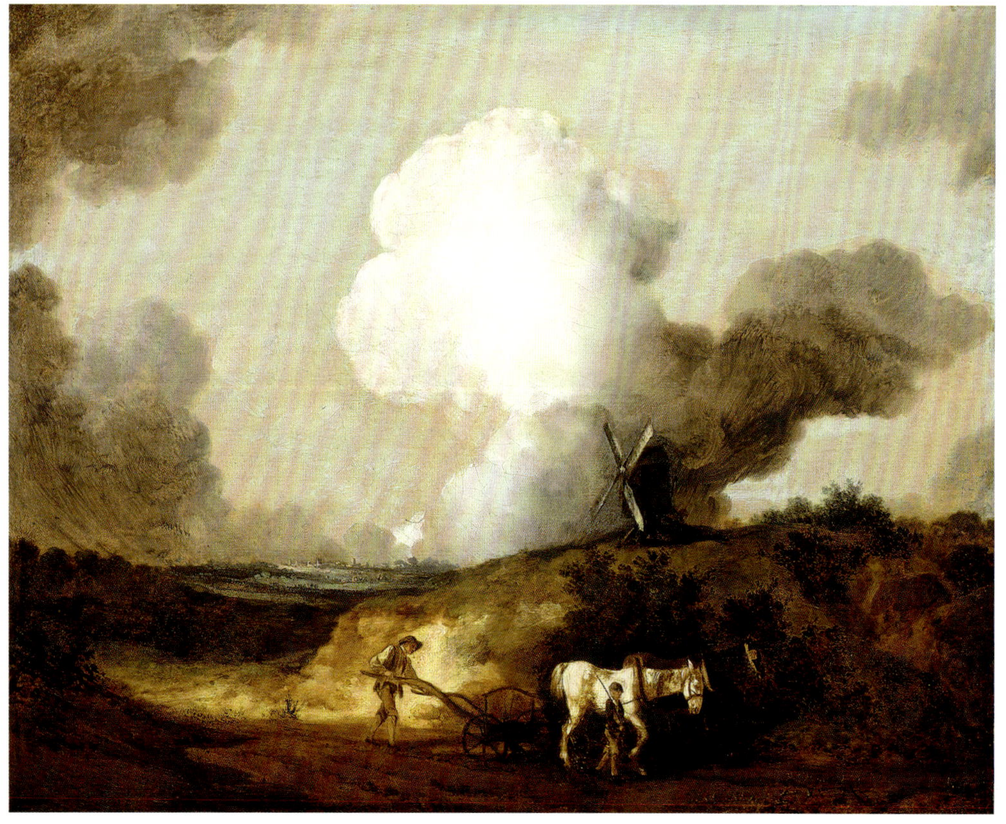

Thomas Gainsborough, *Der Pflug von Suffolk*, 1753/54, Öl auf Leinwand

War ein Gutsbesitzer sehr reich, dann besaß er vielleicht sogar Pferde, die keine Arbeitstiere waren, sondern wegen ihrer Rasse, ihrer Farbe, ihres exotischen Äußeren oder ihrer Seltenheit ein Prestigeobjekt darstellten. Wenn jemand es sich leisten konnte, Pferde aus solchen Gründen zu halten, dann war der Schritt vom Arbeitstier Pferd hin zum Statussymbol Pferd getan.

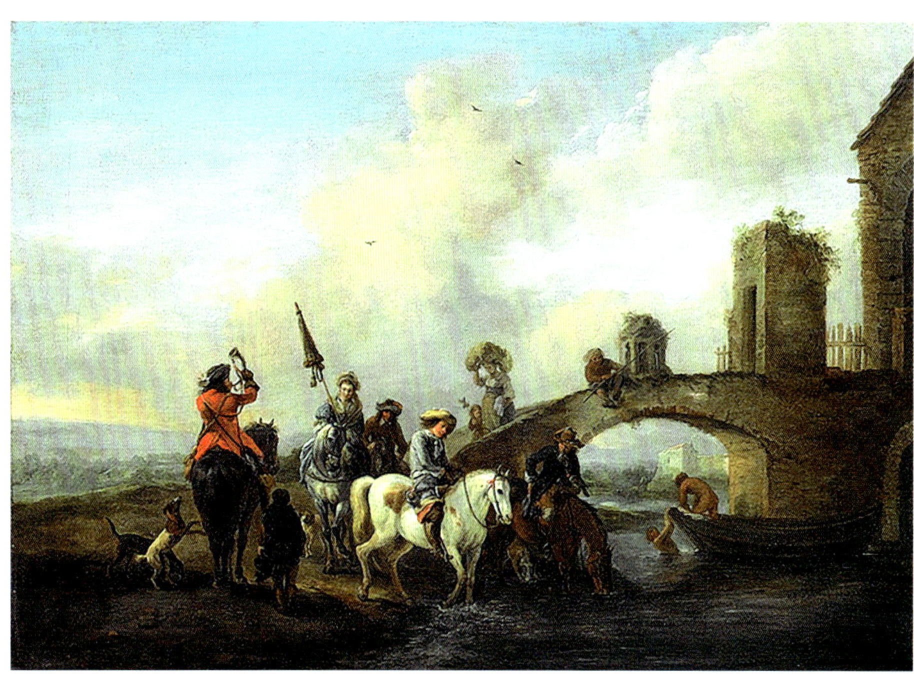

Philips Wouwerman oder Umkreis, *Halt auf der Jagd*, 17. Jahrhundert, Öl auf Leinwand, Privatbesitz

Pferde waren somit Zeichen von Reichtum und auch von Macht, oder sie spiegelten gar einen Herrschaftsanspruch. Schon der Akt des Reitens gehörte zu den höheren Ständen und damit war das „Sitzen auf dem hohen Ross" gleichbedeutend mit einem höheren gesellschaftlichen Stellenwert.

Die Aristokratie fuhr also mit der Kutsche oder ritt. Und die Beherrschung des Pferdes, besonders in der Hohen Schule der Reitkunst, spiegelte ihre politische Herrschaft. Man kann sagen, dass das reiterliche Können des Potentaten seine Regierungskunst symbolisierte. Deshalb sind in den Museen häufig Bilder von Herrschern ausgestellt, die sie hoch zu Ross zeigen, zuweilen in schwierigen Dressur-Figuren. Peter Paul Rubens und Diego Velázquez etwa zeigten die Potentaten und ihre Familien oft zu Pferd und dieses im Extremfall in der so genannten Levade (S. 24 und 67). Diese schwierige Figur der Hohen Schule drückt die höchste Versammlung des Pferdes und somit die höchste Kunst des Reiters, seine absolute Beherrschung des Pferdes aus. Hier wurde die Herrschaft des Reiters über das Pferd gezeigt und zugleich die des Herrschers über sein Volk gemeint. Reiterdenkmäler sollten die Autorität des Herrschenden demonstrieren und zeigen den Reiter entweder in rascher Vorwärtsbewegung, womit Entschlossenheit und Mut des Potentaten ausgedrückt wurden, oder in sich ruhend, auf einem versammelten Pferd, was Ruhe und Weisheit demonstrierte.

Schriftliche Zeugnisse dieser Statussymbolik stehen bereits im Alten Testament geschrieben, zum Beispiel im Buch Ester:

> *„Deshalb sagte Haman zum König: Wenn der König einen Mann besonders ehren will, lasse er ein königliches Gewand holen, das sonst der König selbst trägt, und ein Pferd, auf dem sonst der König reitet und dessen Kopf königlich geschmückt ist. Das Gewand und das Pferd soll man einem der vornehmsten Fürsten des Königs geben, und er soll den Mann, den der König besonders ehren will, bekleiden, ihn auf dem Pferd über den Platz der Stadt führen und vor ihm ausrufen: So geht es einem Mann, den der König besonders ehren will." (Buch Ester 6, 7-9)*

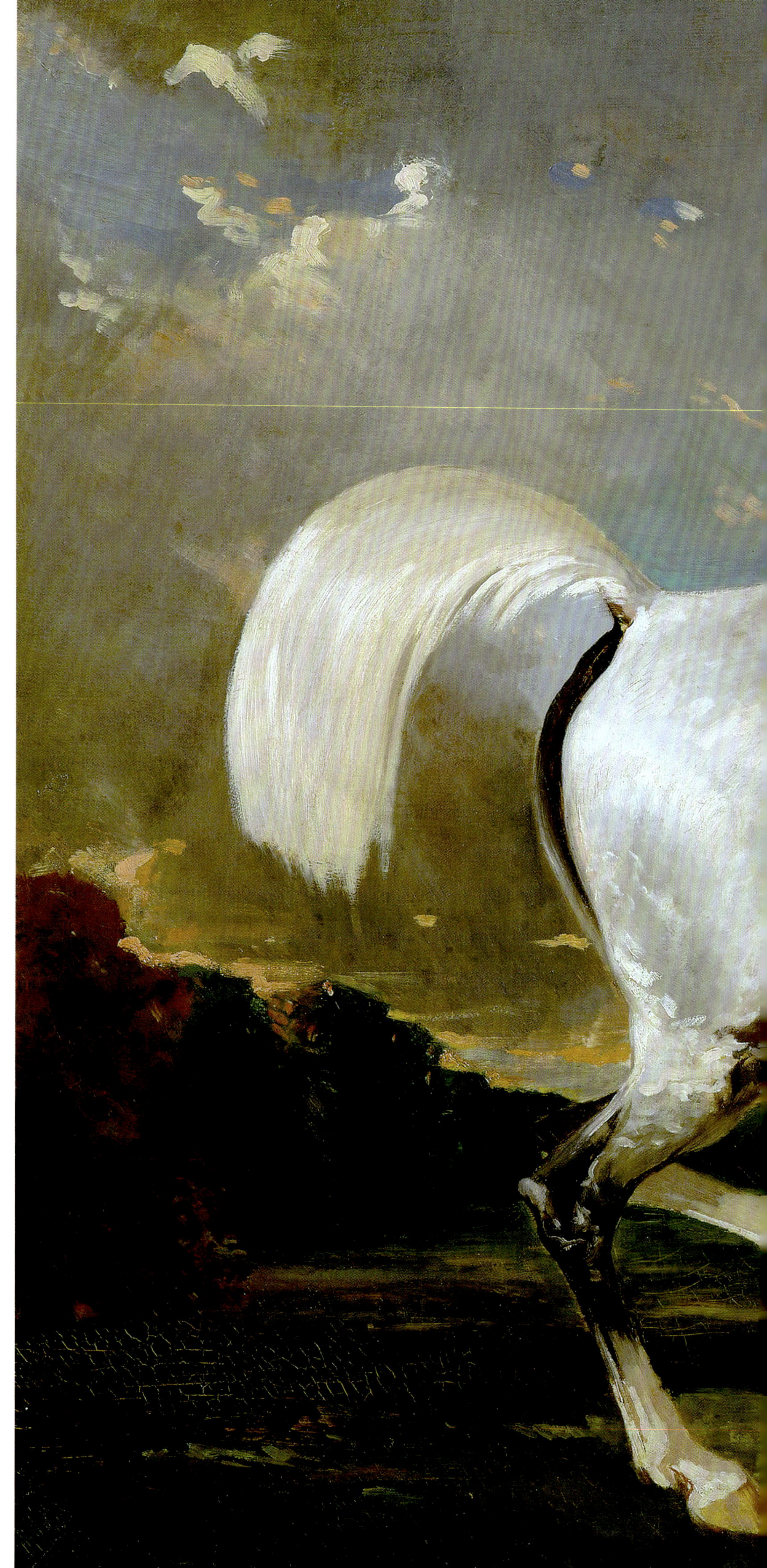

Alfred de Dreux,
Araberzuchthengst, um 1846,
Öl auf Leinwand,
Musée du Louvre, Paris

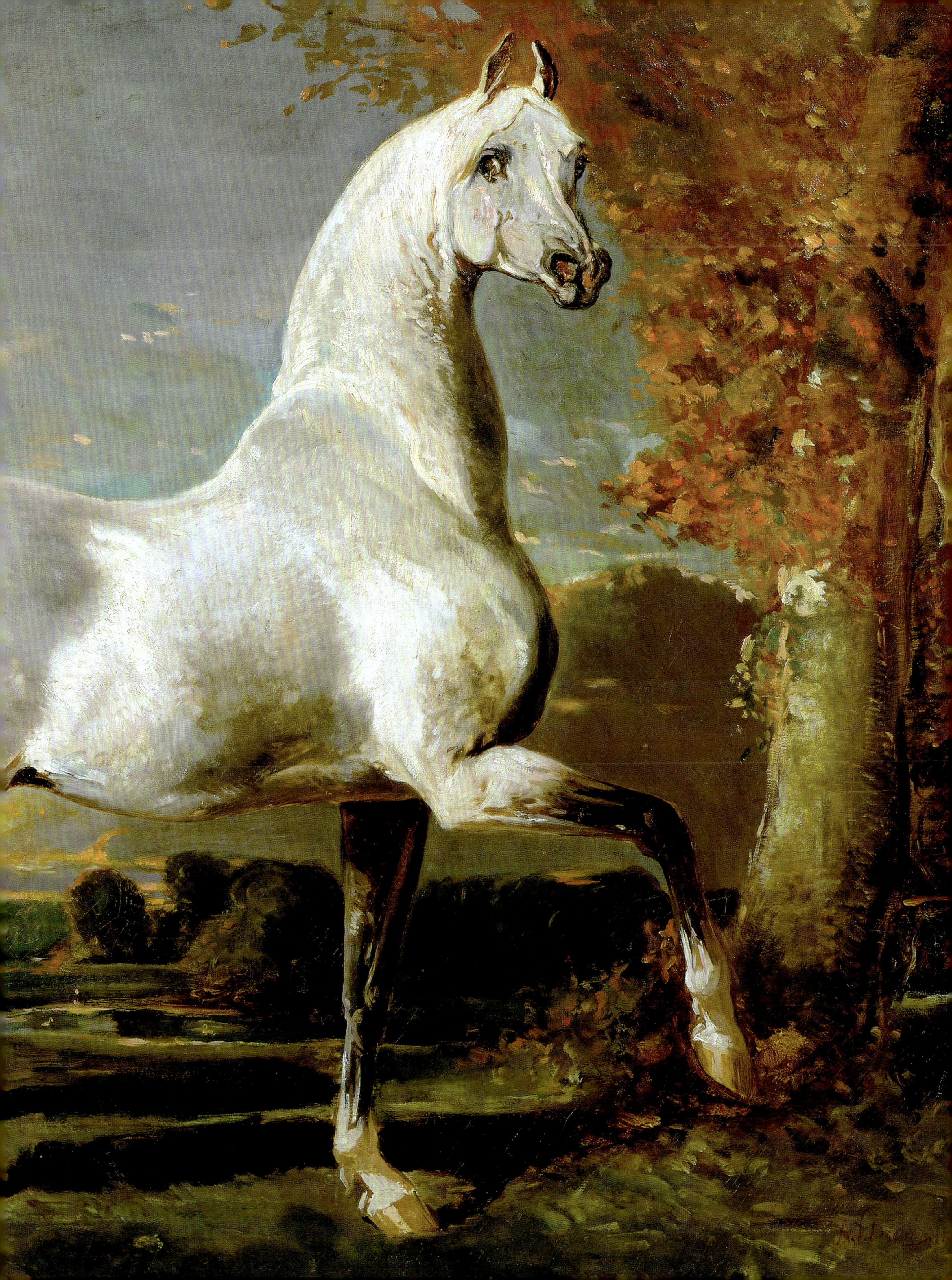

Wer mittelalterliche Literatur liest – besonders die großen Epen – der sollte auf die Pferde achten, etwa im Parzival des Wolfram von Eschenbach, in dem man die verschiedensten Pferde findet, die oft den sozialen Stand des Reiters widerspiegeln. So wird Parzival von seiner Mutter auf eine Schindmähre gesetzt, weil sie seinen Aufstieg zum Ritter verhindern will, indem sie ihn lächerlich macht. Sein sozialer Erfolg lässt sich am Wechsel seiner Reittiere verfolgen, die immer hochwertiger werden, bis er schließlich auf einem Gralspferd sitzt, dem einzigen Ross, das dem König des Grals angemessen ist.

Mythos

Pferde begegneten dem Menschen nicht nur im Alltag. Sie zogen nicht nur den Pflug oder in den Krieg. Sie existierten auch auf einer Ebene, die uns heute kaum mehr bekannt ist: im Mythos und im Aberglauben.

Wir wissen heute, dass die Erde sich um die Sonne dreht, und warum wir einen Sonnenaufgang und -untergang erleben. In früheren Zeiten hatte man dafür keine wissenschaftliche Erklärung. Die Griechen glaubten an Helios, den Sonnengott, der jeden Tag mit seinem Pferdegespann über den Himmel fuhr. Er brachte das Licht, den Tag, das Leben.

Wir wissen heute, wie Wellen entstehen. Früher glaubte man, es sei Poseidon mit seinen Wellenrossen, der sich über die Meere bewegte. Poseidon soll nach der griechischen Mythologie das Pferd sogar erschaffen haben.

Wir wissen heute um die Stürme, die häufig zwischen Weihnachten und Epiphanias (6. Januar) um unsere Häuser pfeifen. Früher fürchtete man diese zwölf Raunächte, weil man annahm, dass Wodan mit den Toten zur wilden Jagd durch das Land ritt. In diesen Nächten standen die Tore zur Hel, zum Totenreich, offen, und die Seelen der Verstorbenen konnten genauso wie die Geister durch die Lande ziehen, zum Schrecken der Menschen. Die Herkunft des Wortes „Raunächte“ wird übrigens unterschiedlich hergeleitet: mal von rau wegen des Wetters, mal von Rauch, weil man mit Räucherwerk hantierte, um Geister auszutreiben, mal vom mittelhochdeutschen Wort „rûch“, also „haarig“, weil wilde, haarige Dämonen in diesen Nächten umgehen sollten.

Wir wissen heute nicht, wohin der Mensch – bzw. seine Seele – geht, wenn er stirbt, und ob er überhaupt irgendwohin geht. Die Griechen glaubten an Hades, die Germanen an Hel. Beide holten der Vorstellung nach den Verstorbenen mit ihrem von Pferden gezogenen Wagen oder ihrem Ross ab und geleiteten ihn in die Unterwelt.

Emile Jean Horace Vernet, *Leonilla, Fürstin zu Sayn-Wittgenstein-Sayn zu Pferde*, 1837, Öl auf Leinwand, Neue Pinakothek, München

Götter- und Windrosse

Viele Götter der Griechen, der Römer und auch der Germanen waren Reiter oder fuhren in ihren von Pferden gezogenen Wagen. Nicht jeder konnte sich wie Hermes, der Götterbote, mit Hilfe seiner geflügelten Schuhe rasch fortbewegen. Und ein Gott ging nicht zu Fuß – zumindest nicht weite Strecken.

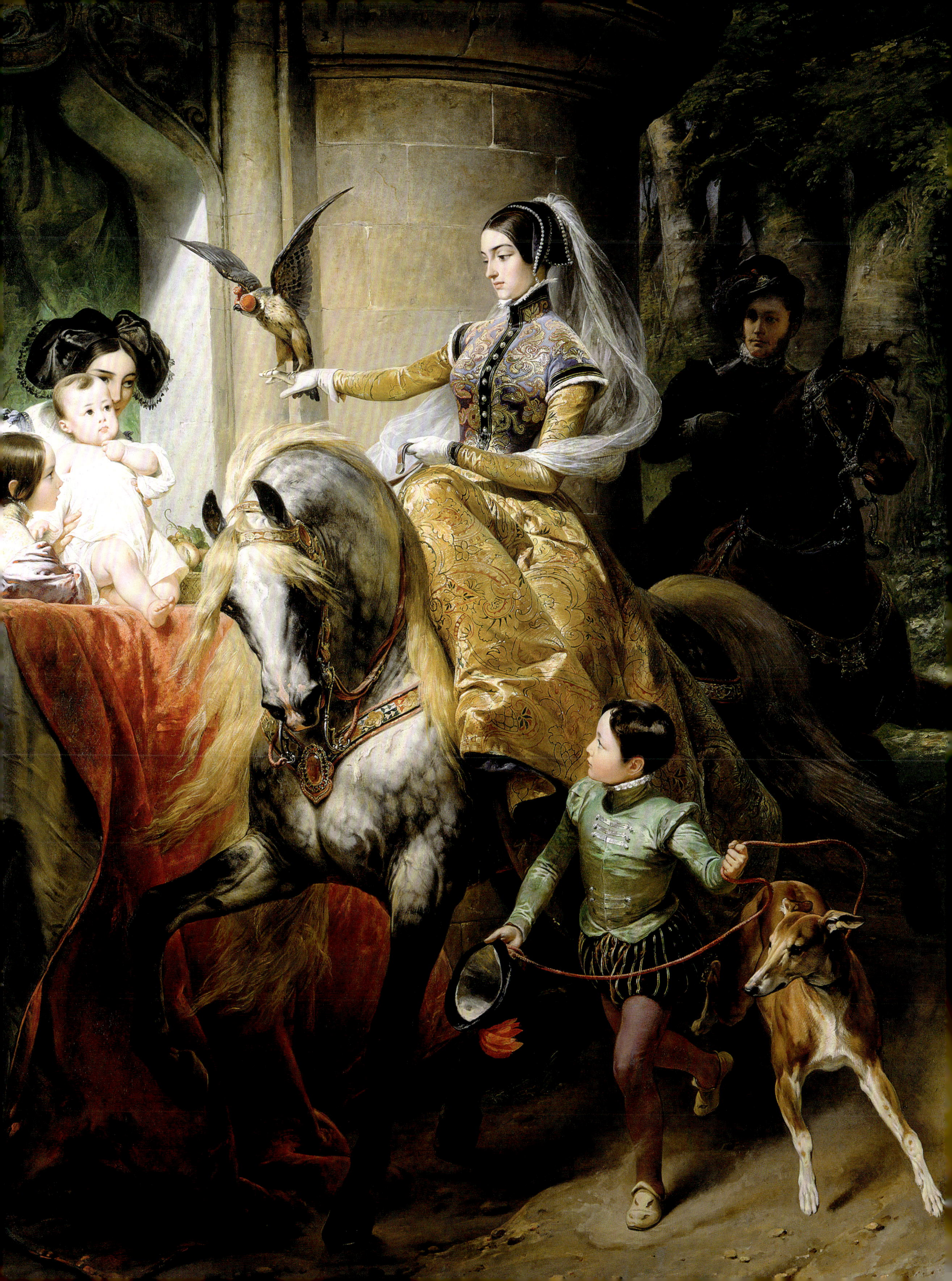

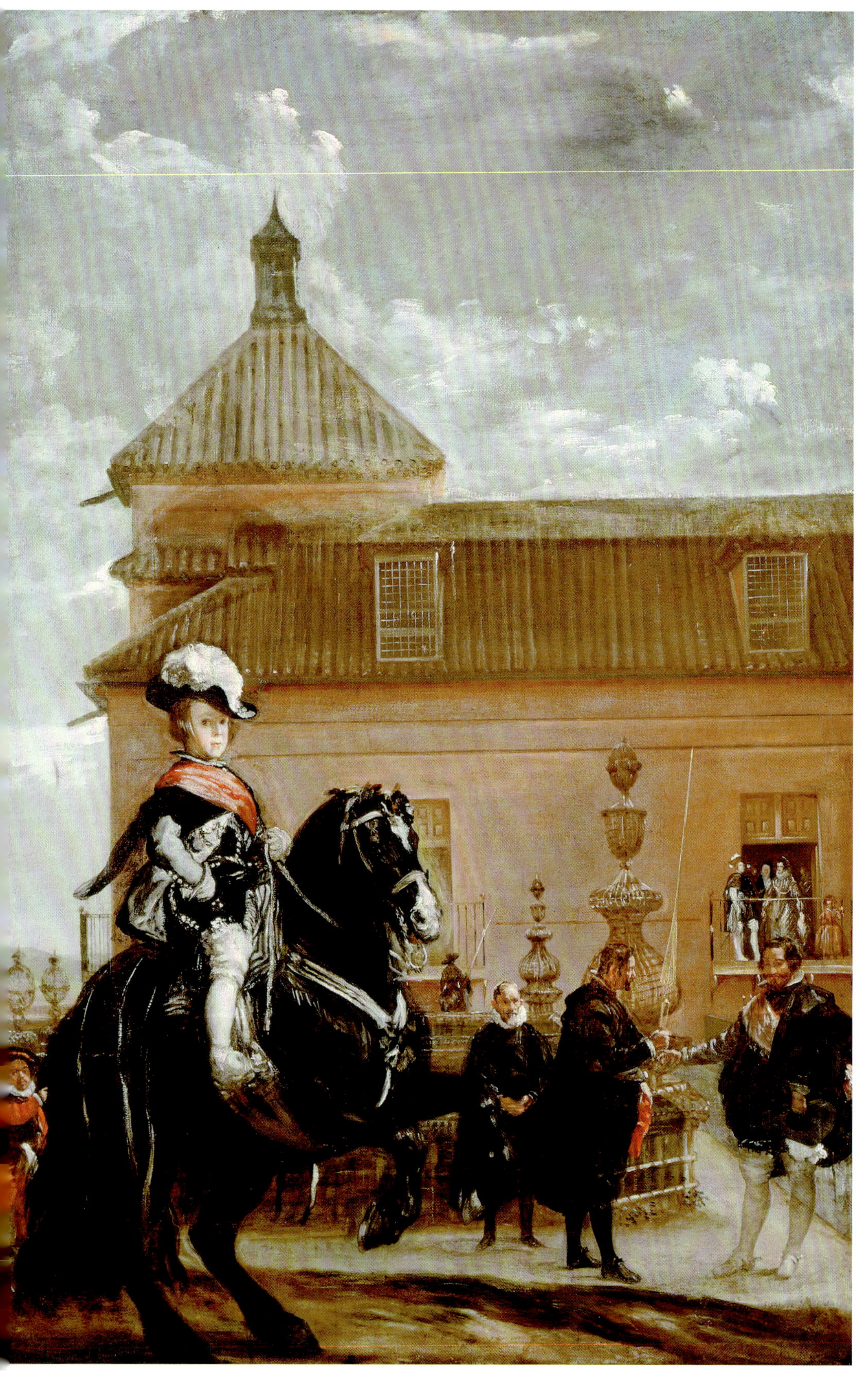

Manche Göttinnen und Götter waren besonders eng mit dem Pferd verbunden. Athena galt als Herrin der Pferde, Demeter wurde manchmal mit dem Kopf einer schwarzen Stute dargestellt. Sowohl Poseidon als auch Wodan hatten ursprünglich Pferdegestalt. Die Entwicklung geht im Falle Poseidons vom Gott in Gestalt eines Pferdes über zum reitenden Gott, der das Pferd erschuf, das Urpferd Skyphios, das wiederum mit seinem Hufschlag Quellen öffnen konnte. Es gibt also viele Verbindungen zwischen Wasser und Pferd. In der Literatur denkt man sogleich an Theodor Storms „Schimmelreiter". Auch dort ist der unheimliche Schimmel eng mit dem Wasser verbunden. Und noch eine Verbindung hatte Poseidon mit dem Pferd: Er zeugte mit Medusa den Pegasus, das geflügelte Pferd, das dem Rumpf der geköpften Medusa entsprang. Im Aberglauben hat sich vielleicht am ausdrucksvollsten die Verbindung von Hades, Hel und anderen reitenden Totengöttern mit dem Pferd erhalten: Der reitende Tod, reitende Tote, unberittene Totenpferde und der Tod in Gestalt eines Pferdes resultieren daraus. Hades wird zuweilen mit seinem Viergespann dargestellt, Hel holt die Verstorbenen entweder in Gestalt eines dreibeinigen Pferdes oder als Reiterin eines solchen ab. Wohlgemerkt: Hier geht es nicht darum, dass ein Mensch getötet wird, sondern darum, dass ein bereits Toter in die Totenwelt geleitet wird. So ist auch der germanische Gott Wodan zuweilen als Totengott unterwegs und reitet sein achtbeiniges Pferd Sleipnir.

Diego Velázquez, *Baltasar Carlos in Reitschule*, um 1636, Öl auf Leinwand, Coll. of the Duke of Westminster, London

Helios und Sol sind die beiden Sonnengötter, die mit ihren Rossen von Ost nach West über den Himmel ziehen und so das Licht bringen. Nachts folgte die Mondgöttin Selene mit ihren Pferden. Nicht nur die Sonne und der Mond, auch die Sterne und Kometen (S. 146) werden mit Pferden in Verbindung gebracht.

Der Mensch sah Naturgewalten häufig als Pferdegestalten. Manche vielleicht, weil sie mit Schnelligkeit und Wildheit in Verbindung stehen: der tobende Sturm, der rasende Wind, der sekundenschnelle Blitz. Noch die moderne Popkultur bezieht den Sturm auf Pferd und Reiter: Die Rockband „The Doors" hat auf ihrem letzten Album mit Jim Morrison, „L.A. Woman", 1971 ein Lied veröffentlicht, das den Titel „Riders on the storm" trägt. Die Nachfolgegruppe der Doors nannte sich nach einem Rechtsstreit sogar „Riders on the storm".

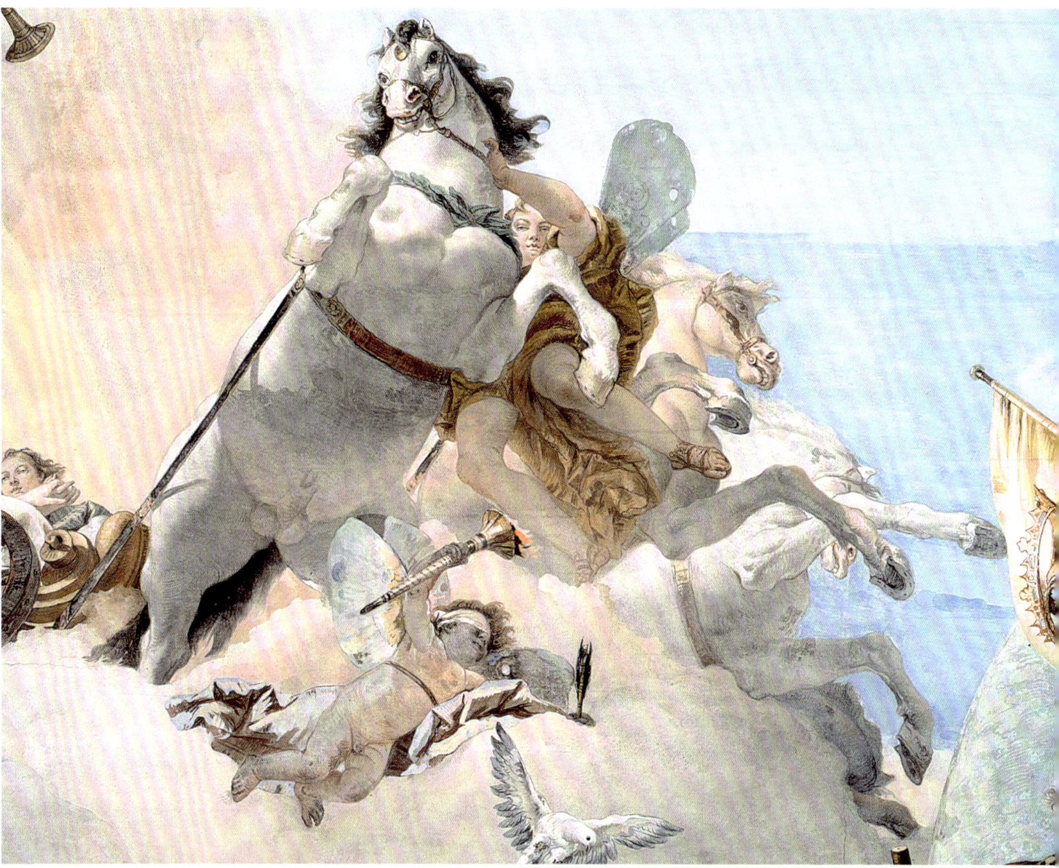

G. B. Tiepolo, *Phöbus Apoll im Sonnenwagen führt dem Bräutigam die Braut zu. Ausschnitt: Die Rosse des Sonnenwagens*, Deckenfresko, Ca' Rezzonico, Sala dell'Allegoria Nuziale, Venedig

Auch andere Naturphänomene wurden mit dem Pferd in Verbindung gebracht: Im Donner meinte man, das Schlagen von Hufen zu hören. Wasserfluten waren, wie gesagt, mit Poseidons Pferden verbunden. Die Gischt konnte an wogende Mähnen und Schweife von Schimmeln erinnern, die Wellen an die Bewegung der Pferderücken. Wellenrosse kommen immer wieder in Literatur und Kunst vor (S. 149/148), um die Kraft und das Wogen, aber auch die Gefahren des Wassers auszudrücken So war das Pferd aufs engste mit der Natur verbunden, mit den Naturgewalten.

Später, erst im letzten Jahrhundert, wurde es wieder zum Natursymbol, diesmal allerdings als Gegenbild zur Zivilisation und ihren Auswüchsen. So floh man im wilden Galopp vor der Enge des Alltags oder tauchte im besinnlichen Ritt in die friedliche Natur ein, ganz in Harmonie mit seinem Pferd. Im freilaufenden Pferd sah man das freie Wesen – bis man die Gatter und Zäune realisierte. So versuchte man, vor der Domestizierung, der Zähmung, der Unterdrückung durch den Menschen, der Vereinheitlichung des Pferdes durch die Zucht – kurz, vor der Gefangenschaft des Pferdes die Augen zu verschließen und in dem Spielzeug des Menschen die ursprüngliche Naturkraft und ein Freiheitssymbol zu sehen.

Geister- und Totenpferde

Geister- und Todenpferde sind nicht eindeutig voneinander zu unterscheiden. Per se ist das Totenpferd entweder das Reittier des Todes, seine Verkörperung oder das Reittier des Toten. Das Geisterpferd ist ein totes Pferd, das wieder auf Erden wandelt. Ein Geisterpferd scheint es zunächst zu sein, das uns in Gottfried August Bürgers (1747–1794) Ballade Lenore begegnet:

„Und hurre hurre, hopp hopp hopp!
Ging's fort in sausendem Galopp,
Daß Roß und Reiter schnoben,
Und Kies und Funken stoben."

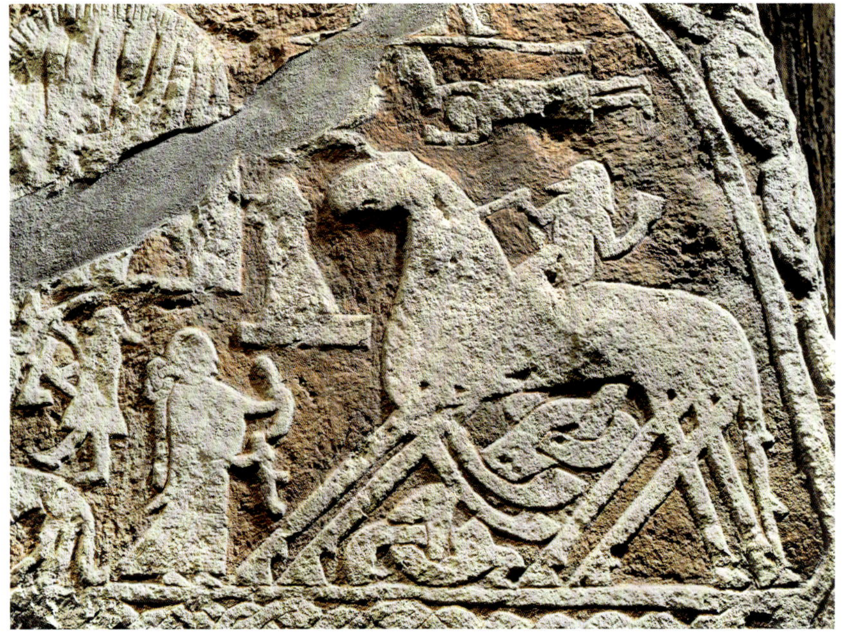

Relief mit der Darstellung eines toten Helden, der auf odins achtbeinigem Pferd Sleipnir reitet, 8.–9. Jahrhundert, Historiska Museet, Stockholm

Ein Reiter auf einem tiefschwarzen Pferd holt Lenore ab. Der Rappe trägt einige Züge des Geisterpferdes, das immer ein wenig anders als normale Pferde erscheint. Hier, in der „Lenore", ist es ein Rappe, der mit einer unheimlichen Schnelligkeit begabt ist. Er legt in den wenigen Stunden eine Strecke zurück, für die normale Pferde Tage benötigen würden. Außerdem sprüht er Funken (diese können bei Geisterpferden auch grün sein) – ebenfalls ein beliebtes Motiv. Häufig bewegt sich das Geisterpferd, ohne dass man ein Geräusch hören kann, seine Augen glühen wie Feuersglut. Zuweilen sind Geisterpferde verkrüppelt. Wie etwa bei Hel, die ein dreibeiniges Pferd reitet – oder selbst als solches erscheint. Die dämonischen Rosse haben auch zum Teil nur zwei Beine – wobei man sich dann fragen kann, wie sie sich noch rasch fortbewegen können. Teilweise sind es kopflose oder blinde Pferde. Im Hauptteil des Buches ist gar eine Textpassage von Georg Britting (1891–1964) abgedruckt, in der Pferdeskelette auftauchen (S. 156).

Stephano della Bella, *Der Tod auf dem Schlachtfeld*, Radierung, Mitte 17. Jahrhundert

Doch zurück zu „Lenore“. Sie glaubt, der Reiter sei ihr im Krieg vermisster Geliebter, der sie endlich abholen kommt. Am Ende muss sie jedoch erkennen, dass es der reitende Tod ist, was die Verse anschaulich beschreiben:

„Ha sieh! Ha sieh! im Augenblick,
Huhu! ein gräßlich Wunder!
Des Reiters Koller, Stück für Stück,
Fiel ab, wie mürber Zunder.
Zum Schädel, ohne Zopf und Schopf,
Zum nackten Schädel ward sein Kopf;
Sein Körper zum Gerippe,
Mit Stundenglas und Hippe.“

Horace Vernet, *Leonore*, 1839, Öl auf Leinwand, Musée des Beaux-Arts, Nantes

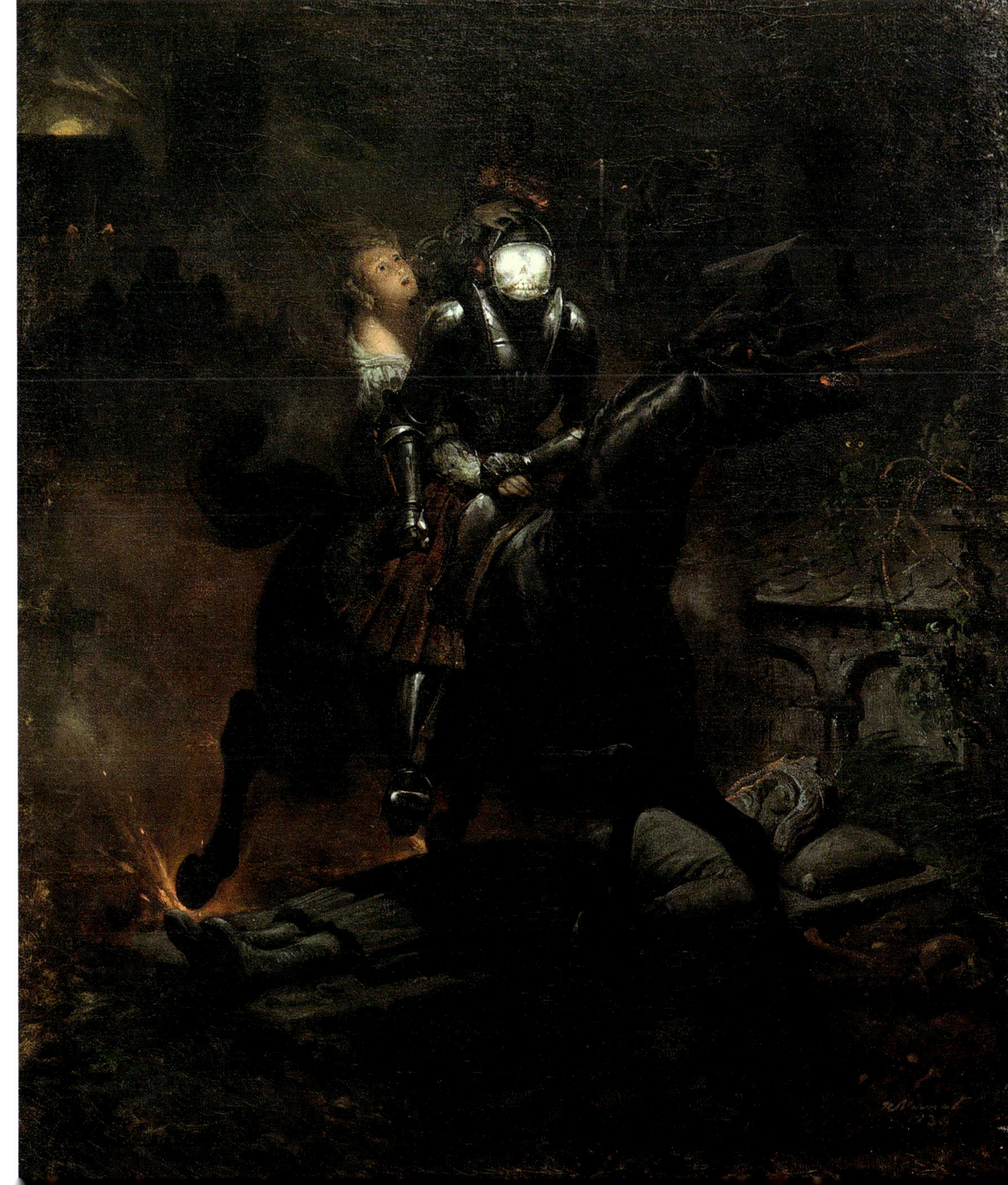

Die Verbindung von Geister- und Totenpferden ist naheliegend. Denn Geister kommen aus dem Totenreich – warum nicht auch solche Pferde? Meist sind Geisterpferde Rappen. Die schwarze Farbe steht für die Nacht, für das Böse, für das Unheimliche und Dämonische, für den Tod. Der Rappe war das Reittier des Bösen, des Teufels, des Todes. Legenden berichten von einem schwarzen Pferd, das in der Nacht den Wanderer von hinten ergreift und ihn mit in die Totenwelt nimmt. Doch es kommen auch Schimmel vor, rote Pferde, die mit dem Feuer in Verbindung stehen können, und fahle Pferde – eine Reminiszenz an die apokalyptischen Reiter, von denen im folgenden Kapitel die Rede sein wird. Das fahle Pferd ist immer das Reittier des Todes, und die Literatur hat die Erinnerung an dieses als Sinnbild des Todes lange wachgehalten. Noch Agatha Christie nannte einen ihrer Kriminalromane „The Pale Horse“, also „Das fahle Pferd“.

Farben

In den alten US-amerikanischen Wild-West-Filmen folgen Gut und Böse einem festgelegten äußerlichen Schema: Der gute Cowboy trägt einen weißen Hut, der böse einen schwarzen. Der gute reitet auf einem weißen Pferd, der böse auf einem schwarzen.
Weiß und schwarz – gut und böse. Diese Verknüpfung ist häufig die Ursache für die Farbwahl. Die schwarze Farbe eines Tieres symbolisiert also das Dunkle, das Dämonische, den Tod. Noch in Ingeborg Bachmanns Gedicht „Beim Hufschlag der Nacht“ (S. 152) wird die Nacht mit einem schwarzen Hengst gleichgesetzt.
Der Schimmel stand häufig für das Gute. Er symbolisierte das Licht, die Sonne, die Reinheit. (In den achtziger Jahren des letzten Jahrhunderts gab es die Fernsehwerbung eines Waschmittels, die weiße Pferde zeigte, die durch einen Fluss galoppieren – und eine Stimme erzählte von sauberer und reiner Wäsche.) Der Schimmel konnte aber auch ein unheimliches Tier sein, etwa in der Figur des Schimmelreiters. Außerdem war er ein Statussymbol, denn Schimmel sind selten. Häufig sieht man Bilder von Herrschern auf weißen Pferden.
Der Schimmel ist auch das Reittier Christi in der Offenbarung des Johannes. Deshalb ritt der Papst als Stellvertreter Christi früher immer auf einem Schimmel. Das weiße Pferd ist eines der Reittiere der vier apokalyptischen Reiter. Sie stehen für die Geißeln, die am Ende über die Menschheit kommen werden:

„Da sah ich ein weißes Pferd; und der, der auf ihm saß, hatte einen Bogen. Ein Kranz wurde ihm gegeben und als Sieger zog er aus, um zu siegen [...] Da erschien ein anderes Pferd, das war feuerrot. Und der, der auf ihm saß, wurde ermächtigt, der Erde den Frieden zu nehmen, damit die Menschen sich gegenseitig abschlachteten. Und es wurde ihm ein großes Schwert gegeben. [...] Da sah ich ein schwarzes Pferd; und der, der auf ihm saß, hielt in der Hand eine Waage. [...] Da sah ich ein fahles Pferd; und der, der auf ihm saß, heißt ‚der Tod', und die Unterwelt zog hinter ihm her. Und ihnen wurde die Macht gegeben über ein Viertel der Erde, Macht zu töten durch Schwert, Hunger und Tod und durch die Tiere der Erde.“ (Offenbarung des Johannes 6, 2–8)

Weiß steht für das Reine, Rot für Feuer oder Blut, Schwarz für das Dämonische oder den Tod. Die Märchen kennen eine Steigerung dieser Farben etwa bei „Schneewittchen“, denn dort heißt es: „Weiß wie Schnee, rot wie Blut, schwarz wie Ebenholz“. Diese „Steigerung“ vom Reinen hin zum Unheimlichen, zum Tod kommt im Märchen auch bezogen auf Pferde vor. Im Grimmschen Märchen „Die Rabe“ heißt es:

„Drei Tage lang komm' ich jeden Mittag um zwei Uhr zu dir in einem Wagen, der ist erst mit vier weißen Hengsten bespannt, dann mit vier roten und zuletzt mit vier schwarzen, wenn du aber nicht wach bist, sondern schläfst, so werde ich nicht erlöst.“

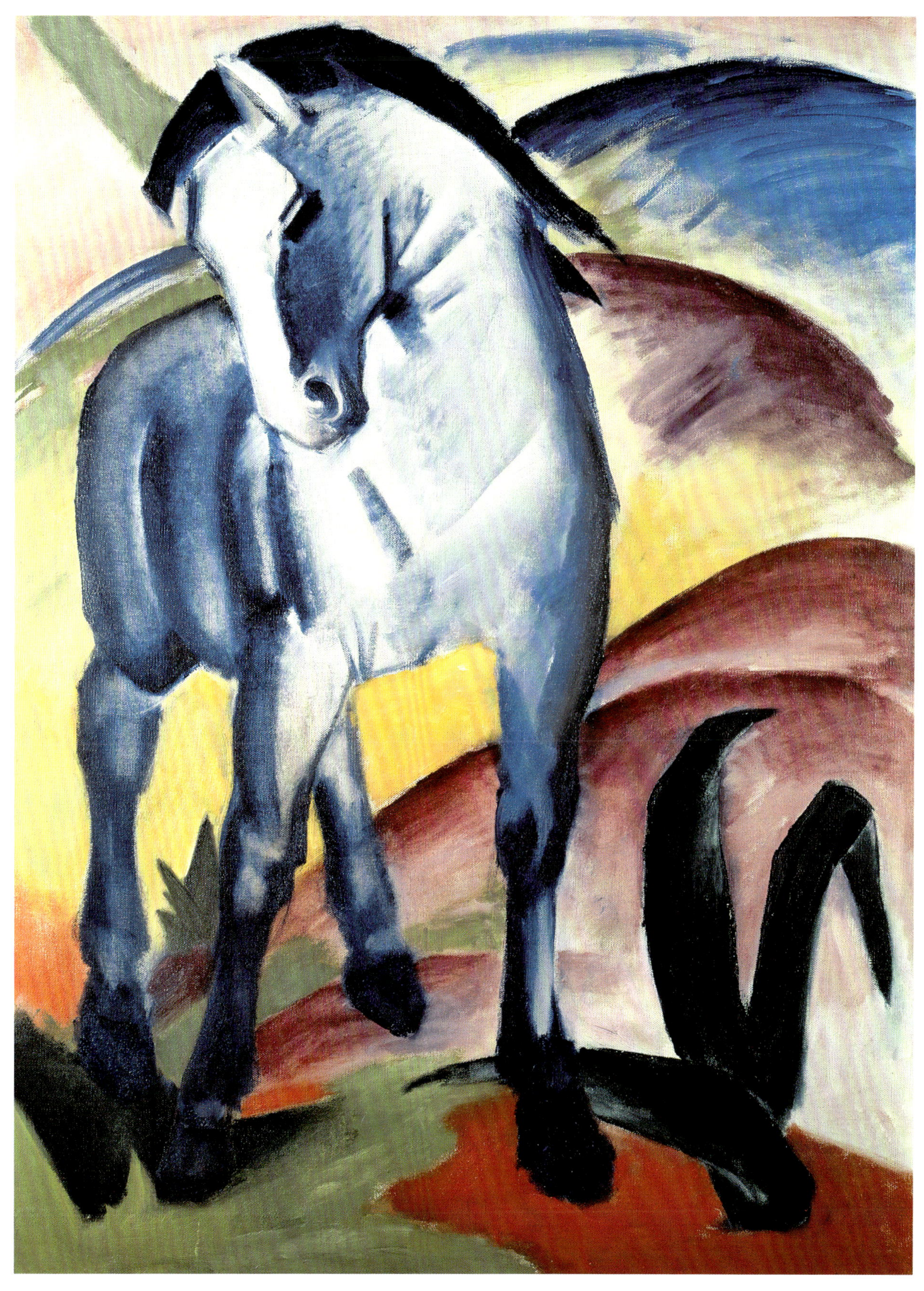

Franz Marc,
Blaues Pferd I,
1911, Öl auf
Leinwand,
Städtische Galerie
im Lenbachhaus,
München

Eine weitere Einteilung der Fellfarben des Pferdes nahm die mittelalterliche Temperamentenlehre vor. Hier wurden die vier Hauptfarben – Weiß, Schwarz, Rot und Braun – den Temperamenten und Elementen zugeordnet. Der Rappe etwa galt als Vertreter der Erde und des melancholischen Elements. In manchen Texten und Bildern verwendeten die Künstler die Farben der Pferde streng nach diesen Vorgaben und so kann ein Leser oder Museumsbesucher zuweilen den Reiter eines schwarzen Pferdes als Melancholiker erkennen. Schlecht war nach diesem Glauben eine Mischung der Elemente, also in Bezug auf das Pferd eine Mischung der Farben. Der Schecke, das mehrfarbige Pferd, war Unheil bringend, wie Friedrich Schiller in seinem Drama Wallenstein bemerkte:

„,Mein Bruder', sprach er, ,reite heute nicht den Schecken, wie du pflegst. Besteige lieber das sichre Tier, das ich dir ausgesucht. Tus mir zu Lieb. Es warnte mich ein Traum.' Und dieses Tieres Schnelligkeit entriß mich Banniers verfolgenden Dragonern. Mein Vetter ritt den Schecken an dem Tag. Und Roß und Reiter sah ich niemals wieder"

Schimmel, Rappen, Füchse, Braune, Schecken – es gibt unendlich viele Abstufungen in den Farben. Ergänzt werden sie durch die besonderen Zeichnungen: am Kopf die weißen Flecken, die mal klein, mal groß sind. Die Beine sind zum Teil gestiefelt, sie tragen weiße „Strümpfe". All dies hatte häufig eine Bedeutung, war Glück oder Unglück bringend, war gut oder böse, war schön oder hässlich.

Franz Marc, *Ruhende Pferde*, 1911/1912, Farbholzschnitt

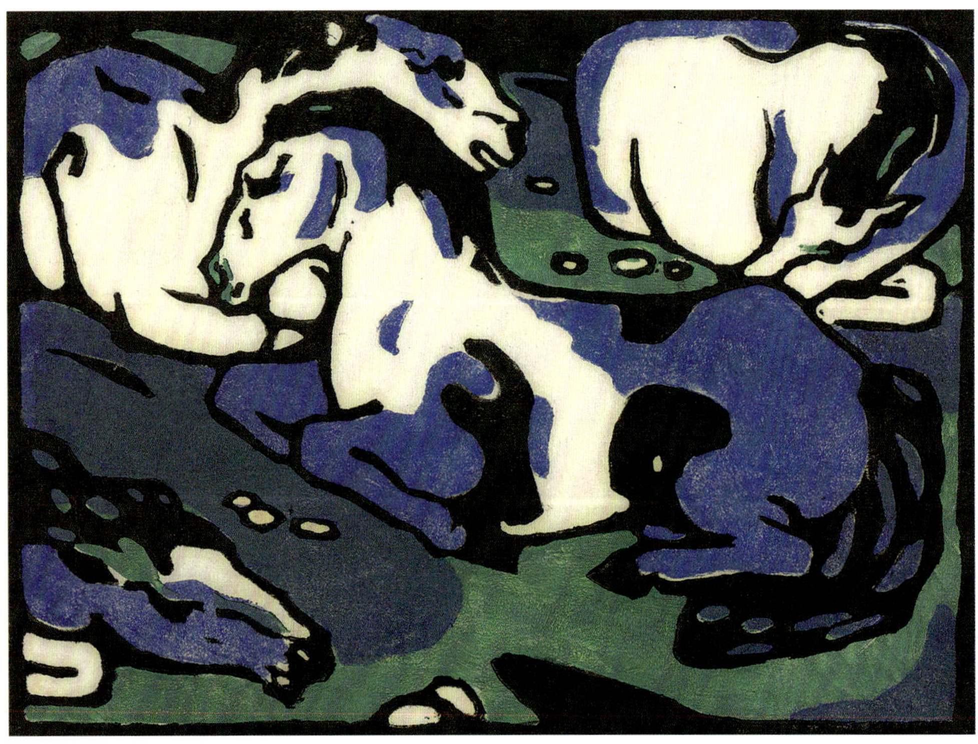

Manche Fellfarben sind auch Rassemerkmal: das rotbraune bis goldene Fell und die flachsfarbene bis weiße Mähne des Haflingers; das Schwarz oder Weiß des ramsköpfigen Kladrubers; das durchgehende Schwarz des Friesen; das strahlende Weiß des Lipizzaners; der weiße Knabstrupper mit den auffallenden schwarzen Flecken; der schwarze Mérens; der Appaloosa, der kenntlich ist an seinen gestreiften Hufen, den blauen Augen und dem getupften Fell.
Man kann also die Fellfarben des Pferdes deuten und erläutern, geschichtlich betrachten oder abergläubisch fürchten.

Sprechende und weise Pferde

„Oh Falada, da du hangest“ – so wird der abgeschlagene Kopf des Märchenpferdes Falada angesprochen. Und das erstaunliche geschieht. Er antwortet: „O du Jungfer Königin, / Da du gangest, / Wenn das deine Mutter wüsste, / Ihr Herz tät’ ihr zerspringen.“
Nach einer Legende verlor das Pferd während der Sintflut für immer die Gabe der Sprache – jedoch kann es den Menschen immer noch verstehen. Im Aberglauben findet man sprechende Pferde, die häufig die Zukunft voraussagen. Im Märchen zeigt sich dies ganz besonders – etwa in dem Grimmschen Märchen „Ferdinand Getreu und Ferdinand Ungetreu“.
Nicht nur das vermeintliche Sprechen, sondern auch die oft unerklärlichen Reaktionen des Pferdes ließen den Menschen daran denken, dass es übernatürliche Fähigkeiten habe. Häufig scheuen Pferde vor etwas, das der Mensch nicht wahrnehmen kann. Die Erklärung war, dass es Geister sehen, in die Zukunft blicken oder eine drohende Gefahr erkennen könne. Und es versucht, den Menschen zu warnen, dadurch dass es scheut. Noch das Reiterheer Napoleons soll das Misslingen des Feldzuges in Russland aus dem Verhalten der Pferde gedeutet haben: Sie wieherten nicht, als sie den Stall verließen und ließen außerdem die Köpfe hängen – so als ahnten sie die kommende Niederlage. Auch die enge Verbindung mit den Göttern ließ das Pferd als zur Weissagung fähig erscheinen. So hatte es zum Beispiel als Teil des Gespannes des Helios bei seinem täglichen Zug über den Himmel Einblick in die Taten aller Menschen. In der Antike interpretierte man das Verhalten der Tiere. Der Vogelflug wurde ebenso gedeutet wie das Verhalten des Pferdes. Bei den Germanen soll es Pferdeorakel gegeben haben. Und Pferde sollten in der Lage sein, Quellen zu finden und die Orte, an denen Kirchen gebaut werden.

Vieles muss in einem so allgemeinen Überblick über das Pferd wie dem vorliegenden ungenannt bleiben, denn die unzähligen Sagen und die vielfältigen Motive könnten ganze Bücher füllen. Der anschließende Hauptteil des Buches zeigt nun den Umgang der Künstler mit vielen der erwähnten Themen und macht sie anschaulich in Text und Bild.

S. 32/33: Franz Marc, *Weidende Pferde I*, 1910, Öl auf Leinwand Städtische Galerie im Lenbachhaus, München

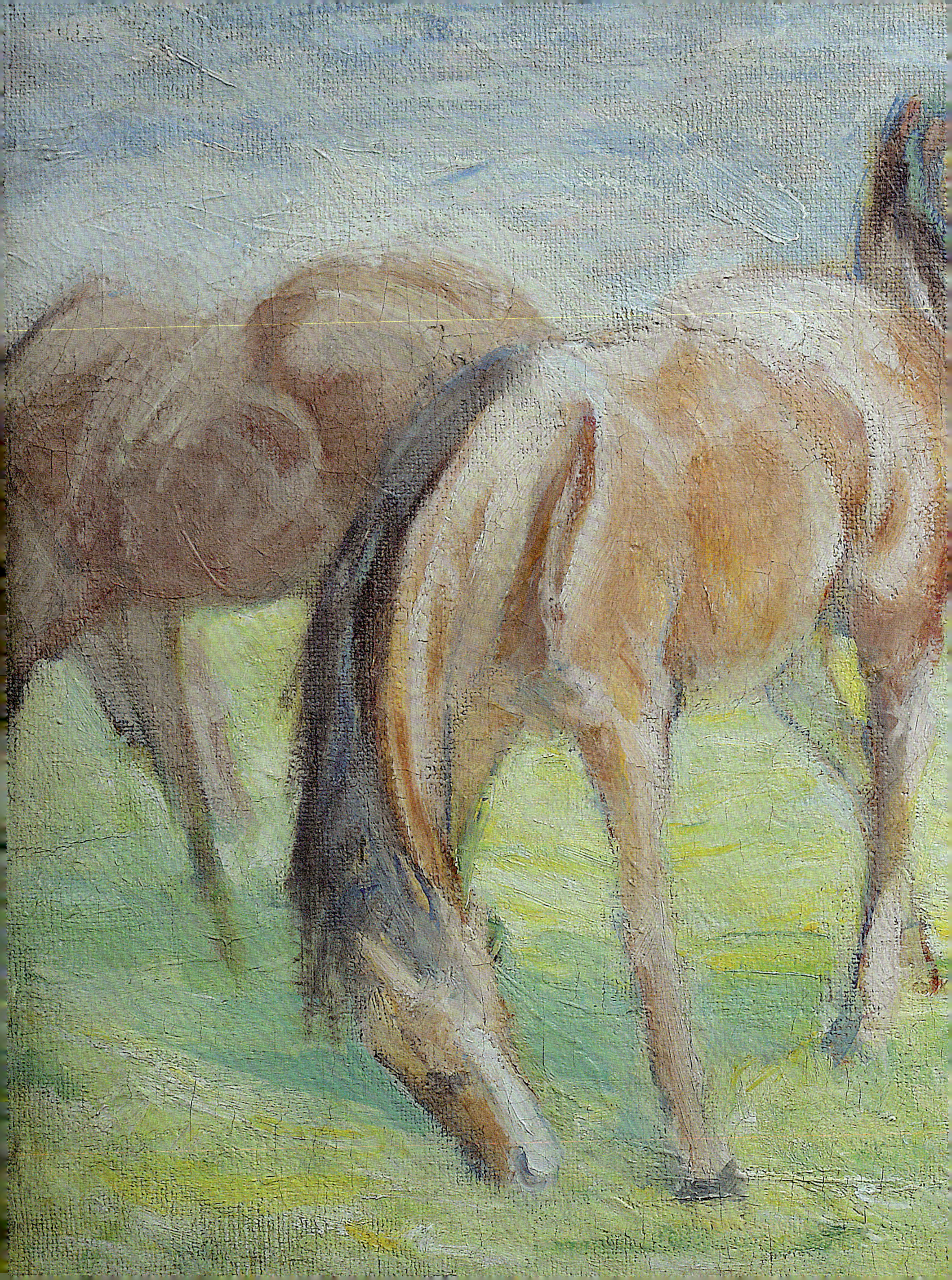

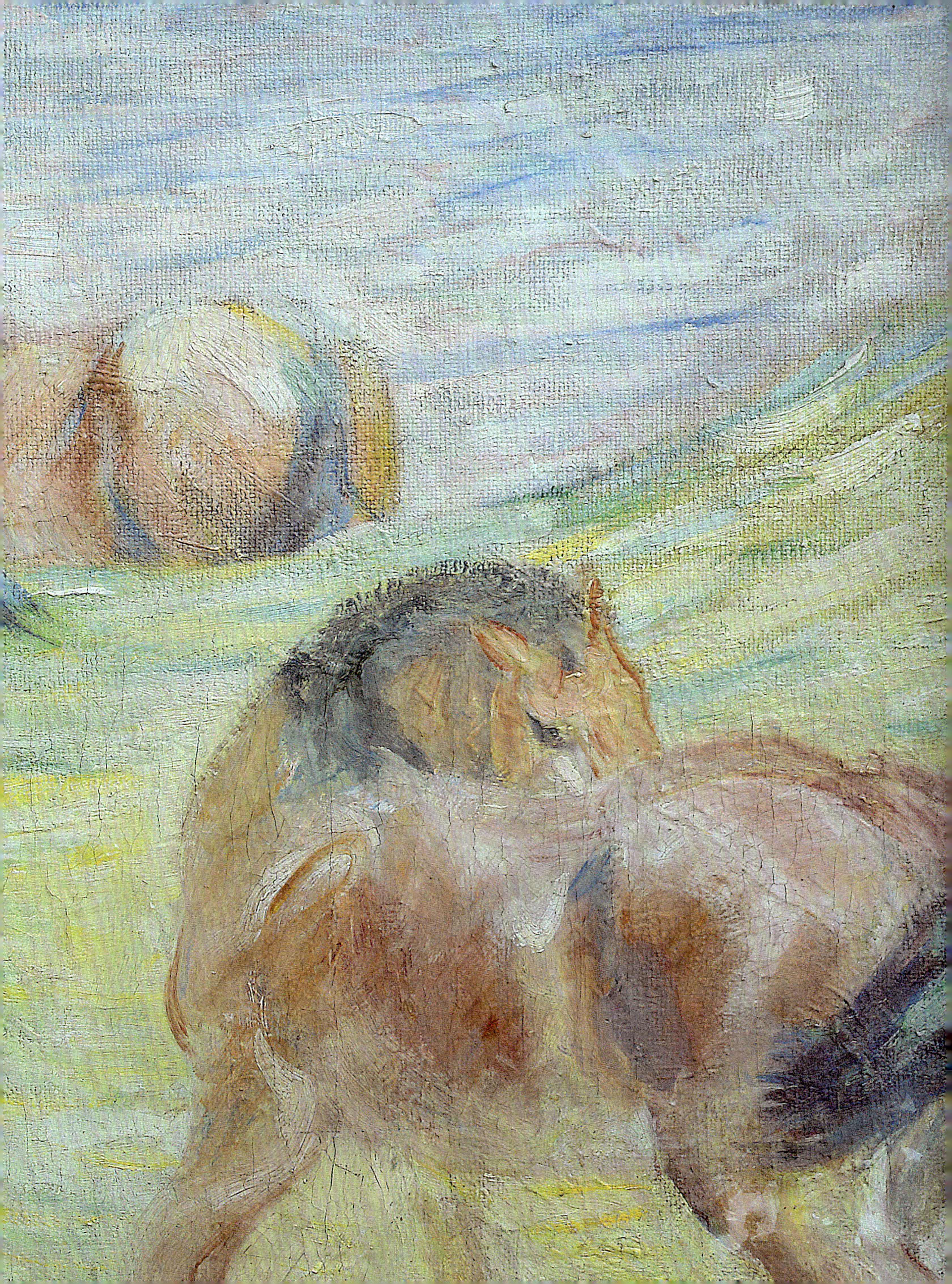

REALITÄT

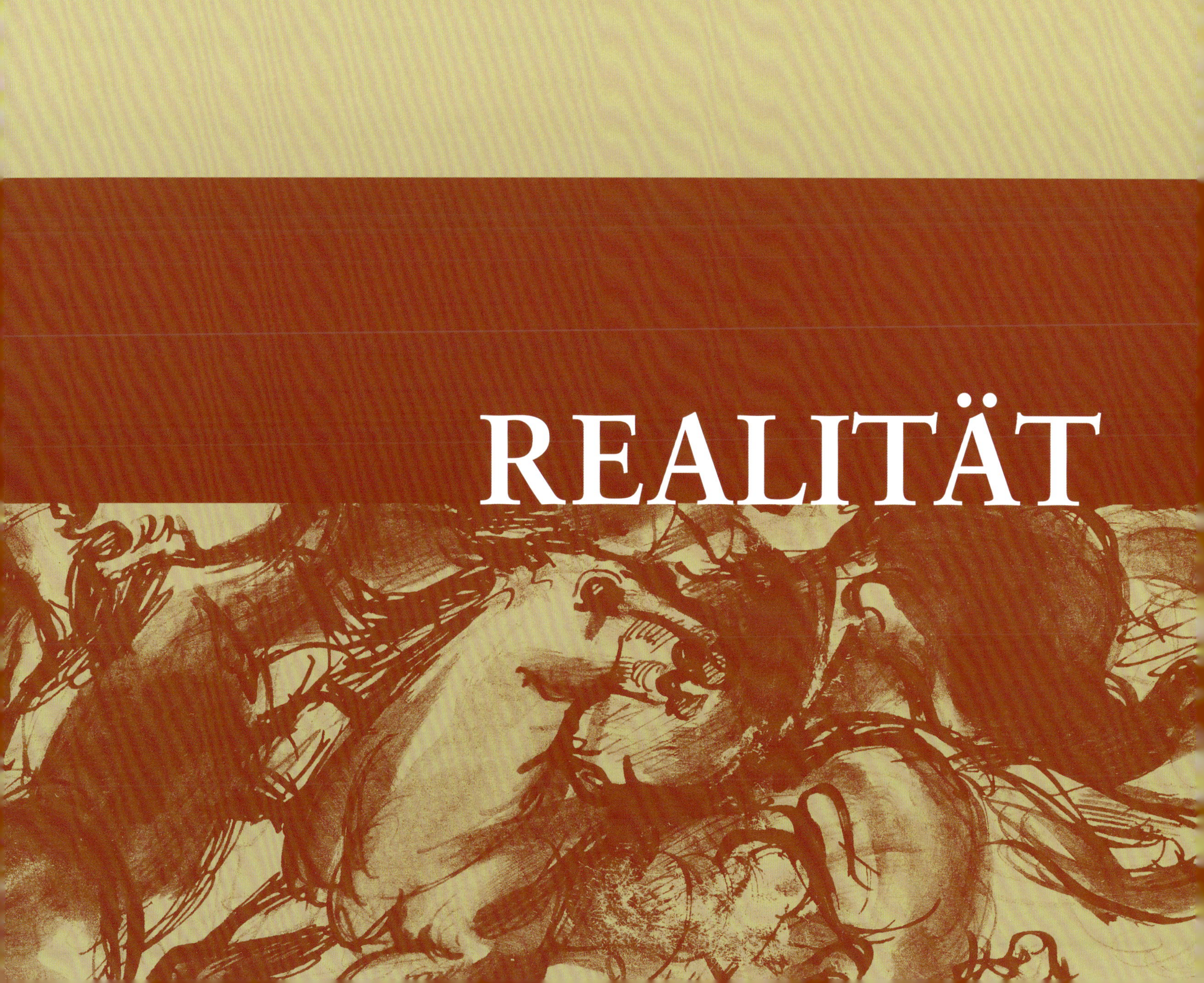

Freiheit! – Freiheit?

In dem Hollywoodfilm „Der elektrische Reiter“ (1979) spielt Robert Redford einen berühmten Rodeoreiter, der seine beste Zeit hinter sich hat und nun Werbung für Frühstücksflocken macht. Dabei fällt er vor lauter Frust schon mal betrunken vom Pferd. Als er in Las Vegas auf einem berühmten Rennpferd, das mit Medikamenten ruhiggestellt ist, zwischen Tanzgirls auftreten soll, reitet er von der Bühne und verschwindet mit dem Hengst in der Wüste. Am Ende des Films lässt er ihn in einem Canyon frei.

Wie kein anderer Film träumt „Der elektrische Reiter“ von einer freien, intakten Natur, von freien Mustangherden, von einer vom Menschen unberührt gebliebenen Landschaft, in der die Pferde ohne seine Einmischung in ihrer ursprünglichen Lebensweise existieren können. Und er träumt vom Wiederherstellen des Ursprünglichen: Das gedopte Pferd findet zurück in die freie Natur. Der gezähmte Hengst besinnt sich auf seine Urinstinkte und erobert sich eine Herde und damit seine ursprüngliche Daseinsberechtigung zurück. Wenigstens im Film kann der Mensch wieder gut machen, was er zerstörte.

Um diese Illusion vom verlorenen Pferdeparadies geht es in diesem Kapitel. Es fällt auf, dass fast alle nachfolgenden Texte aus dem 20. Jahrhundert stammen. Nur Christian Fürchtegott Gellerts (1715–1769) Gedicht fällt aus dem Rahmen. Hier zeigt sich der zeitliche Schwerpunkt dieses Themas: Heute weiß man, dass die Pferde aus ihrem Paradies vertrieben wurden und dass es nicht wieder herzustellen ist. Und heute denkt der Mensch über diese Vertreibung nach und sieht ihre Unwiederbringlichkeit, ihre Endgültigkeit.

In den nachfolgenden Texten suchten die Autoren zum Teil nach anderen Wegen als der angesprochene Film, um auf die Gefangenschaft des Pferdes hinzuweisen. Allein Hilde Domin (1909–2006) lässt in ihrem Gedicht „Pferde und Reiter“ die Tiere frei, einmal, indem sie sie in wilder Bewegung malt und dabei von den menschlichen Zwängen befreit, von Reiter und Zaumzeug. Dann entlässt sie sie in die freie Natur. Dort wachsen den Pferden Flügel. So werden sie zu Pegasus, zum fliegenden Pferd, das auch als das Pferd bekannt ist, auf dem die Dichter reiten. Hilde Domin versucht nicht, die vergangene Situation eines freien Pferdes in unberührter Natur wieder herzustellen, sondern sieht für es nur eine Chance für ein freies Leben: als mythologisches Wesen und als Symbol für den freien Dichter.

Andere Autoren, Paul Boldt (1885–1921), ein Lyriker des deutschen Expressionismus, und Manfred Hausmann (1898–1986) lassen kein erniedrigtes Pferd frei, sondern konfrontieren vermeintlich freie Pferde mit ihrer Gefangenschaft. Diese Konfrontation trifft auch den Leser, der dem befreiten Galopp der Herde folgt, der doch vom nächsten Zaun oder vom Menschen gebremst wird. Bilder zu diesen Gedichten zu finden, war nicht einfach, denn eine freie Pferdeherde im Galopp ist selten dargestellt. Viele Maler konzentrierten sich zwar auf Alltagsszenen, aber meist auf Szenen der Reiterei, auf Jagd und Rennen. Einige Bilder zeigen Pferdeherden auf der Koppel, die ruhig und entspannt stehen oder grasen. Zu den beiden Gedichten wurden solche Bilder ausgesucht, nämlich Johann Georg de Hamiltons (1672–1737) „Lippizaner" und John Emms (1844–1912) „Stuten und Fohlen".

Der deutsche Lyriker Johannes Bobrowski (1917–1965) leitet dieses Kapitel mit seinem Gedicht „Pferde" ein. Hier begegnet das Pferd dem Menschen – wohl zur Zeit, in der die Höhlenmalereien entstanden –, deshalb steht das Bild aus der Grotte von Lascaux neben seinen Versen. Worte wie „Schönheit", „Wildnis" und „Traum" stehen für das noch freie Pferd – „Gefangener", „Blut" und „Jäger" zeigen den Einfluss des Menschen und am Ende wird ein Bild ausgelöscht. Das Bild des freien Pferdes?

Der Text von Georg Britting (1891–1964) fällt aus dem Rahmen der frei laufenden Pferdeherden. Der Autor hat mit seiner Erzählung „Das Duell der Pferde" einen Text verfasst, der mehrere Motive des Pferdes gekonnt kombiniert. Deshalb werden im Laufe des Buches noch zwei weitere Passagen zitiert.[1] In dem Textausschnitt, der diesem Kapitel zugeordnet ist, schildert er, wie sich in einem Stall zwei Hengste zerfleischen. In der Freiheit, in seiner natürlichen Umgebung, bekämpft der Hengst seine Widersacher. Er vertreibt oder tötet sie, denn er ist der Alleinherrscher seiner Herde – bis ein stärkerer Hengst ihn vertreibt oder tötet. So ist gewährleistet, dass immer der Stärkste seine Gene an seine Nachkommen vererbt. In Gestüten und auch in manchen Ställen sind nun mehrere Hengste gezwungen, auf engem Raum miteinander zu leben. Ihre Urinstinkte werden unterdrückt, so weit unterdrückt, dass Reiter verhindern können, dass sich zwei Hengste zum Beispiel bei einem Turnier aufeinanderstürzen. So stark wirken Zucht und Dressur. In Georg Brittings Text brechen jedoch die unterdrückten Triebe wieder hervor. Die Hengste besinnen sich ihrer Naturtriebe und beginnen, sich zu zerfleischen. Und sie tun es gründlich. Am Ende sind beide tot. Im späteren Kapitel „Spukgestalten" begegnen sie uns jedoch wieder. Das Bild „Kämpfende Pferde im Stall" von Eugène Delacroix (1798–1863) zeigt die ganze Macht und Kraft des Kampfes zwischen zwei Pferden. Dass dies in vollständig anderer Kulisse geschieht, nämlich im arabischen Milieu, ist der damaligen Mode zuzuschreiben.

Als Günter Grass (*1927) in den 50er Jahren in Paris lebte, schrieb er an seinem Erfolgsroman „Die Blechtrommel". Nebenher verfasste er Lyrik, unter anderem das Gedicht „Falada", das hier abgedruckt ist. Der Kopf des Märchenpferdes hängt am Schlachterhaken. Er wird vom Metzger angepriesen, der versichert, dass das Pferd auch wirklich tot sei. Falada spricht hier nicht, was durch die mehrfache Wendung „Falada schweigt" unterstrichen wird. Der Mensch hat das geschafft, was sogar die Enthauptung im Märchen nicht bewirkte: Falada ist tot. Dem Gedicht zugeordnet ist der eindrucksvolle Kopf des Pferdes der Mondgöttin Selene, der sich im Giebel des Parthenonheiligtums befand. In diesem Ensemble stand ihm gegenüber ursprünglich Helios mit seiner kraftvollen Quadriga, gegen die das Pferd der Selene müde und ausgezehrt wirkt.

Und schließlich der älteste Text dieses Kapitels: Christian Fürchtegott Gellert (1715–1769), Professor für Poesie, Eloquenz und Moral, formuliert die Gefangenschaft in Form einer Fabel mit abschließender Moral. Sein „Füllen" träumt davon, so wie die großen Pferde gesattelt und gezäumt zu werden. Doch die Realität ist kein Zuckerschlecken und kein Herumstolzie-

ren, sondern Arbeit und Mühsal. Der Traum des Fohlens verdeutlicht die falschen Träume junger Menschen nach oberflächlichen Zielen. Franz Marcs (1880–1916) „Fohlen“ passen in ihrer Unschuld zum naiven und vermenschlichten Bild des Tieres.
Nach dieser Fabel mit Moral von Gellert zum Abschluss der Kapitelübersicht ein Zitat aus der „Fabel ohne Moral“ von Heinrich von Kleist (1777–1811). Der nackte Mensch steht vor dem gezähmten und gezäumten Pferd. Er erkennt, dass das Pferd nicht in seinen ursprünglichen, freien Zustand zurückkehren kann. Der Mensch hat dies unmöglich gemacht und sehnt sich doch danach:

„Wenn ich dich nur hätte, sagte der Mensch zu einem Pferde, das mit Sattel und Gebiß vor ihm stand und ihn nicht aufsitzen lassen wollte; wenn ich dich nur hätte, wie du zuerst, das unerzogene Kind der Natur, aus den Wäldern kamst! Ich wollte dich schon führen, leicht, wie ein Vogel, dahin, über Berg und Tal, wie es mich gut dünkte; und dir und mir sollte dabei wohl sein. Aber da haben sie dir Künste gelehrt, Künste, von welchen ich, nackt, wie ich vor dir stehe, nichts weiß; und ich müßte zu dir in die Reitbahn hinein (wovor mich Gott doch bewahre) wenn wir uns verständigen wollten.“

1 Ich bin der Georg-Britting-Stiftung und meinem Ansprechpartner Herrn Joachim Schuldt sehr dankbar, dass sie mir gestatteten, den Text „Das Duell der Pferde“ auseinanderzureißen. Sie finden weitere Ausschnitte im kurzen Zwischenkapitel „Text zum Bild“ sowie „Spukgestalten“. Wer den Text in Gänze lesen möchte, kann dies natürlich in Buchform tun. Ich verweise aber gerne auf die Internetseiten der Georg-Britting-Stiftung: www.britting.com

1 | *Pferde*

Johannes Bobrowski (1917–1965)

Auf das Fell gelegt
deine Hand, den Quell
spür, über den Leib
das Zucken, Blut, eine Welle
läuft auf dich zu.

Als die Steppen waren:
die Schütte Sommer immer,
aber die Zeit aus Wind,
groß mit den Himmeln, Lüfte
durstig, gesunken trockenen
Munds auf den See –
als die Steppen waren:
unter dem Wirbel der Sterne,
ihrem räderrasselnden
Lärm, und die Stille
zerschlug ihn, Nacht und lichtlose
Frühe, kalt –
als die Steppen waren:
keine Heimstatt, die Wälder
hoben sich rauh, wir zogen
vor ihnen her –
damals bist du gekommen,
Pferd, Gefangener, dunkel
im Aufgang der Schönheit, der Wildnis
Traum, – das Zucken, die Welle
Blut überlief dich,
dem in die Hand, der dich rief,
der aus der Höhle trat, Jäger,
hinter ihm die gefiederten
Wände, der Feuerschein. Rauch
löschte dein Bild aus.

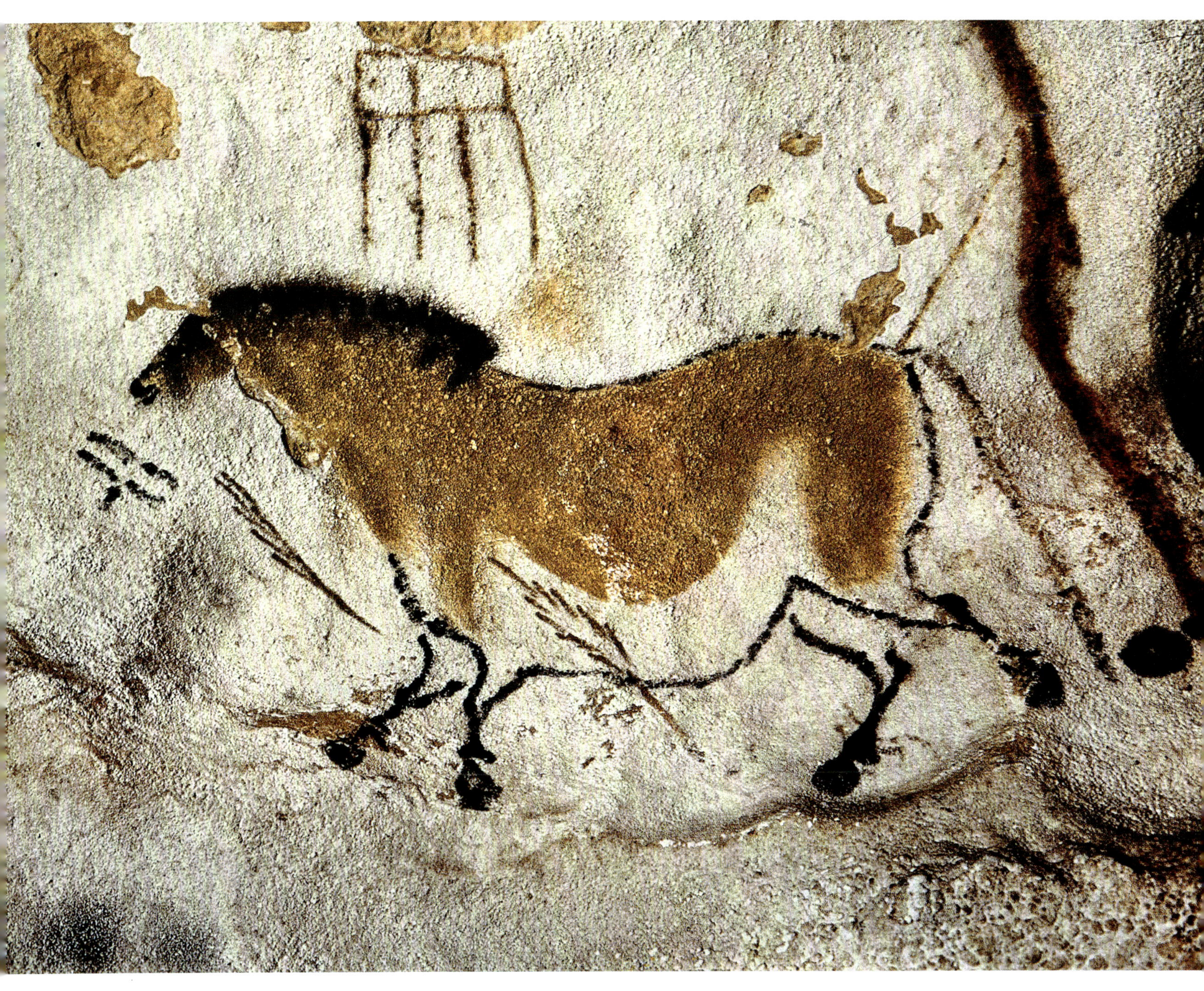

Wildpferd, Wandmalerei in der Höhle von Lascaux

um 10 000 v. Chr. | Höhlenmalerei | Lascaux, Frankreich

2 *Das Füllen*

Christian Fürchtegott Gellert (1715–1769)

Ein Füllen, das die schwere Bürde
Des stolzen Reiters nie gefühlt,
Den blanken Zaum für eine Würde
Der zugerittnen Pferde hielt;
Dies Füllen lief nach allen Pferden,
Worauf es einen Mann erblickt,
Und wünschte, bald ein Roß zu werden
Das Sattel, Zaum und Reiter schmückt.

Wie selten kennt die Ehrbegierde
Das Glück, das sie zu wünschen pflegt!
Das Reitzeug, die gewünschte Zierde,
Wird diesem Füllen angelegt.
Man führt es streichelnd hin und wieder,
Daß es den Zwang gewohnen soll;
Stolz geht das Füllen auf und nieder,
Und stolz gefällt sichs selber wohl.

Es kam mit prächtigen Gebärden
Zurück in den verlaßnen Stand,
Und machte wiehernd allen Pferden
Sein neu erhaltnes Glück bekannt.
Ach! sprach es zu dem nächsten Gaule,
Mich lobten alle, die mich sahn;
Ein roter Zaum lief aus dem Maule
Die schwarzen Mähnen stolz hinan.

Allein wie gings am andern Tage?
Das Füllen kam betrübt zurück,
Und schwitzend sprach es: Welche Plage
Ist nicht mein eingebildet Glück!
Zwar dient der Zaum, mich auszuputzen;
Doch darum ward er nicht gemacht.
Er ist zu meines Reuters Nutzen
Und meiner Sklaverei erdacht.

Was wünscht man sich bei jungen Tagen?
Ein Glück, das in die Augen fällt;
Das Glück, ein prächtig Amt zu tragen,
Das keiner doch zu spät erhält.
Man eilt vergnügt, es zu erreichen,
Und, seiner Freiheit ungetreu,
Eilt man nach stolzen Ehrenzeichen,
Und desto tiefrer Sklaverei.

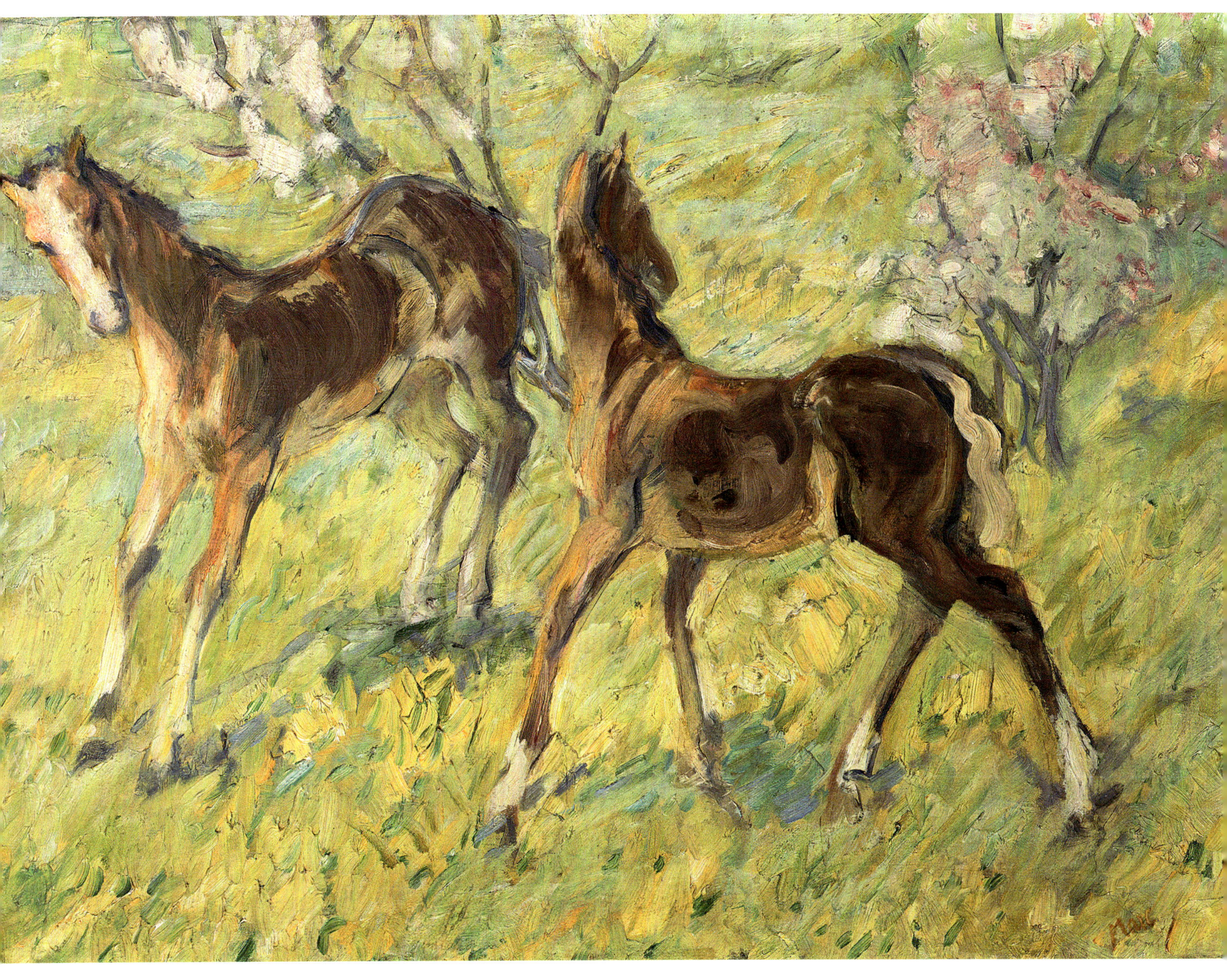

Franz Marc

Fohlen auf der Weide

1909 | Öl auf Leinwand | 50,5 x 70,5 cm | Priv. Prinzessin Cantacuzino NY

3 | *Das Duell der Pferde*

Georg Britting (1891–1964)

Da begann das Duell der Hengste. Im Auge des Gefleckten glühte es auf, ganz aus dem Tiefsten. Er stülpte die Lippen vor zu einem Trichter, die beiden Halbbogen der langen Zähne zeigten sich, und wütend biß er in das Fleisch des andern, biß, riß und riß einen Streifen des Fells los, das triefend, schlappend, handlang herabbaumelte. Der Gebissene stieß einen hohen, schrillen Ton aus, der den Knecht geweckt hatte. Schon saßen seine Zähne im Rücken des Gefleckten, und schon schlenkerte dem ein armlanger Streifen, ein armlanger roter Fellstreifen klatschend an die Bauchwand. Die Augen rot unterlaufen, die Köpfe Masken des Hasses, standen sie herzschlaglang unbeweglich. Dann setzten sie ihr blutiges Geschäft fort, ohne daß noch mehr als sein Stöhnen aus ihren Gurgeln sich erhoben hätte. [...] Blutlachen hatten sich zu den Füßen der beiden Pferde angesammelt. Verzaubert waren sie und kämpften längst nicht mehr wie Kämpfer voll Zorn und Wut, sie taten, als erfüllten sie eine Pflicht und erfüllten sie gut und bis zum letzten.

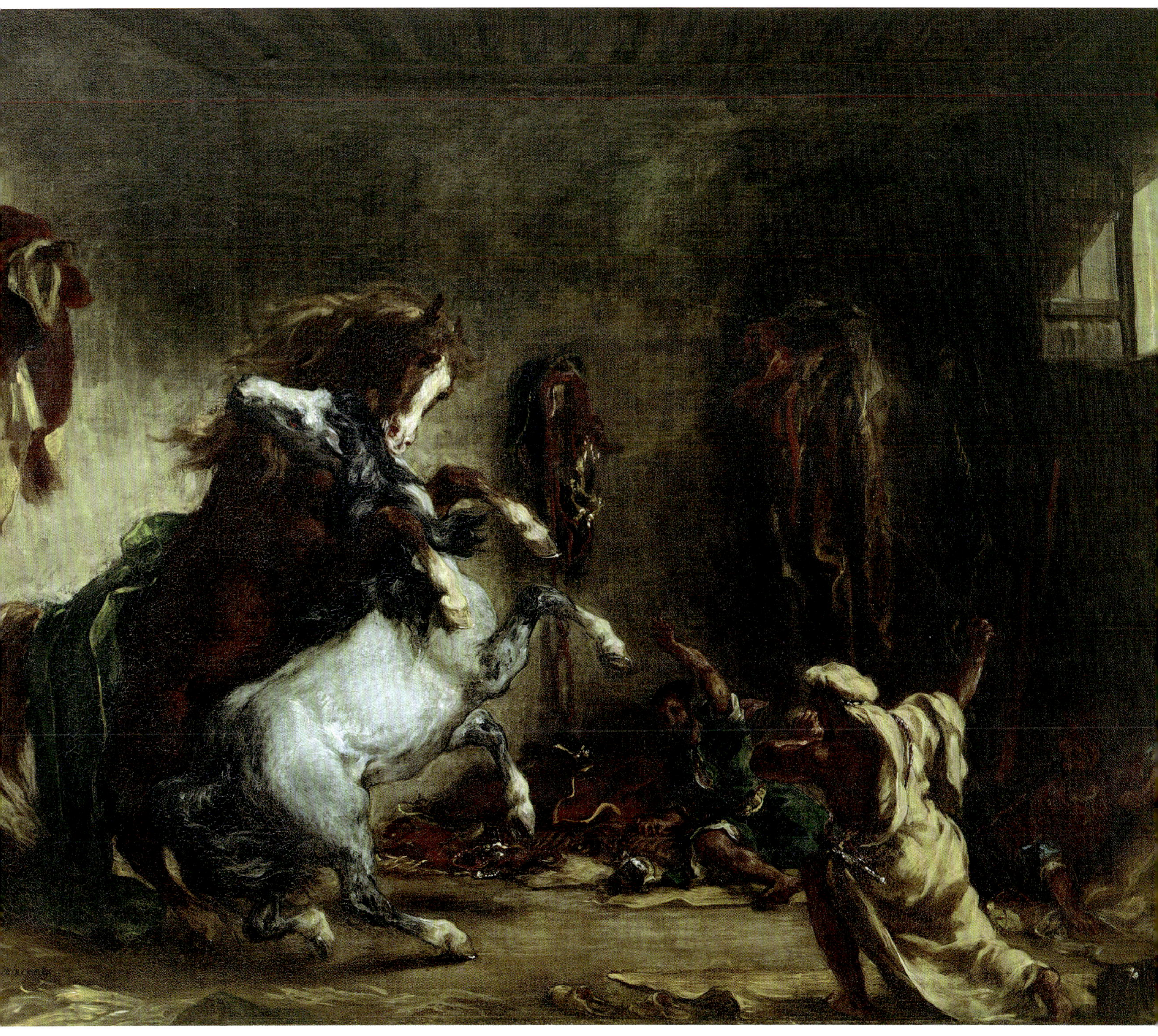

Eugène Delacroix

Kämpfende Pferde im Stall

1860 | Öl auf Leinwand | 64,5 x 81 cm | Musée d'Orsay, Paris

4

FALADA

Günter Grass (*1927)

Genagelt die gelockte Mähne,
windstill vergoldet, Ohren steif:
Faladas Haupt, Falada schweigt.

Blut tropft auf meines Metzgers Marmor,
gerinnt auf Fliesen, Sägemehl
saugt Blut auf aus Faladas Fleisch.

Das Fleisch sei abgehangen, kein Galopp,
kein Traben mehr, der Sattel sei vergessen,
verspricht der Metzger, doch Falada schweigt.

Blauschwarz rasiert die Wangen, zwinkert,
muß montags seine Schürze wechseln,
die hart ward von Faladas Fleisch.

Sein Messer, das die Poren schließt,
die Waage, die nur das Gewicht,
doch keinen Namen nennt – Falada schweigt.

Ich kauf mich los, an kalten Haken
hängt mehr als ich bezahlen kann;
zehn Hunde draußen, weil Faladas Fleisch ...

Genagelt die gelockte Mähne,
windstill vergoldet, Ohren steif:
Faladas Haupt, Falada schweigt.

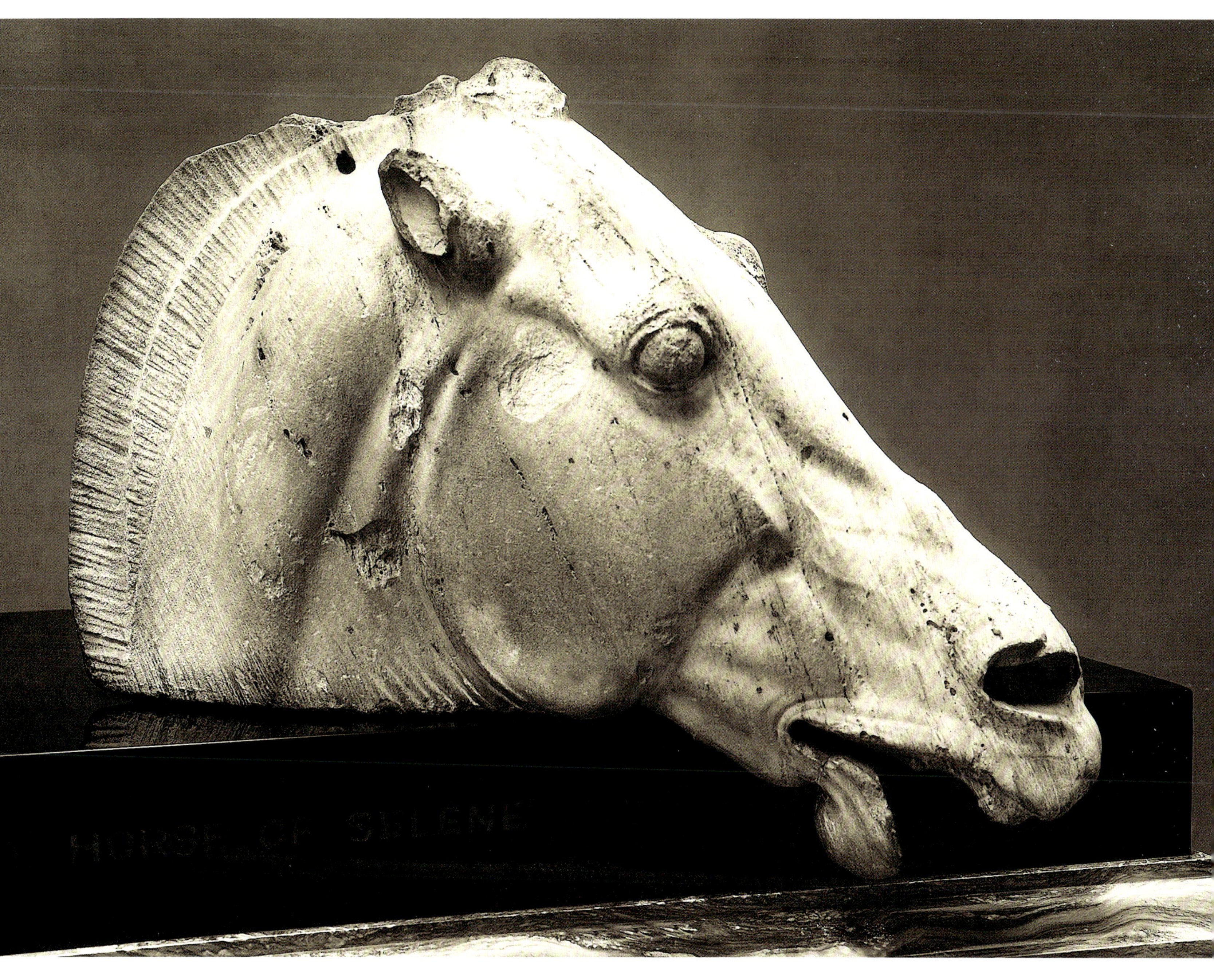

Pferdekopf vom Ross der Selene vom Ostgiebel des Parthenon

447 v. Chr. | Marmor | Länge 82 cm | British Museum, London

5

Pferde

Manfred Hausmann (1898–1986)

Noch duldet der besternte Schleierfuchs,
wiewohl er seine Ohren regt,
daß ihm der Braune schmeichlerischen Drucks
den Kehlgang auf die Mähne legt.

Im dunklen Auge sammeln sich Gedanken,
ein Schnauben ist fast wie ein Gruß,
und mit dem Drehen der verschwitzten Flanken
erhebt sich federnd Fuß um Fuß.

Das Licht der Bucht, das graue, das sich schnell
verändert unterm Wolkenzug,
liegt wie ein Schimmern auf dem glatten Fell,
am Rücken blinkend und am Bug.

Da wirft der Fuchs mit leicht getaner Wendung
zur Seite sich und zieht dahin,
den Hals gewölbt zu freiester Vollendung,
die Stirn gesenkt, umschäumt das Kinn.

Der Braune aber taucht den Kopf hinab
und schüttelt ihn empor, als ob
ihn Fliegen quälten, und gerät in Trab
und steigert schnell sich zum Galopp.

Und reißt den andern, dessen fahle Farbe
ein Sonnenblick zu Gold verschönt,
in seinen Schwung hinein. Die Rasennarbe
fliegt hinter ihnen hoch. Es dröhnt.

Es donnert hin. Und die vereinte Wucht
ist ohnegleichen auf der Welt,
bis sich das hohe Röhricht an der Bucht
den Rasenden entgegenstellt,

daß sie sich schräger legen und im Bogen
einschwenken und im Schwenken sich
besinnen. So verebbt das Mähnenwogen,
und alle Kraft wird innerlich.

Und unersättigt traben sie zurück
und denken an das Wilde, das
in ihnen lebt wie Todesgier und Glück,
und denken's ohne Unterlaß.

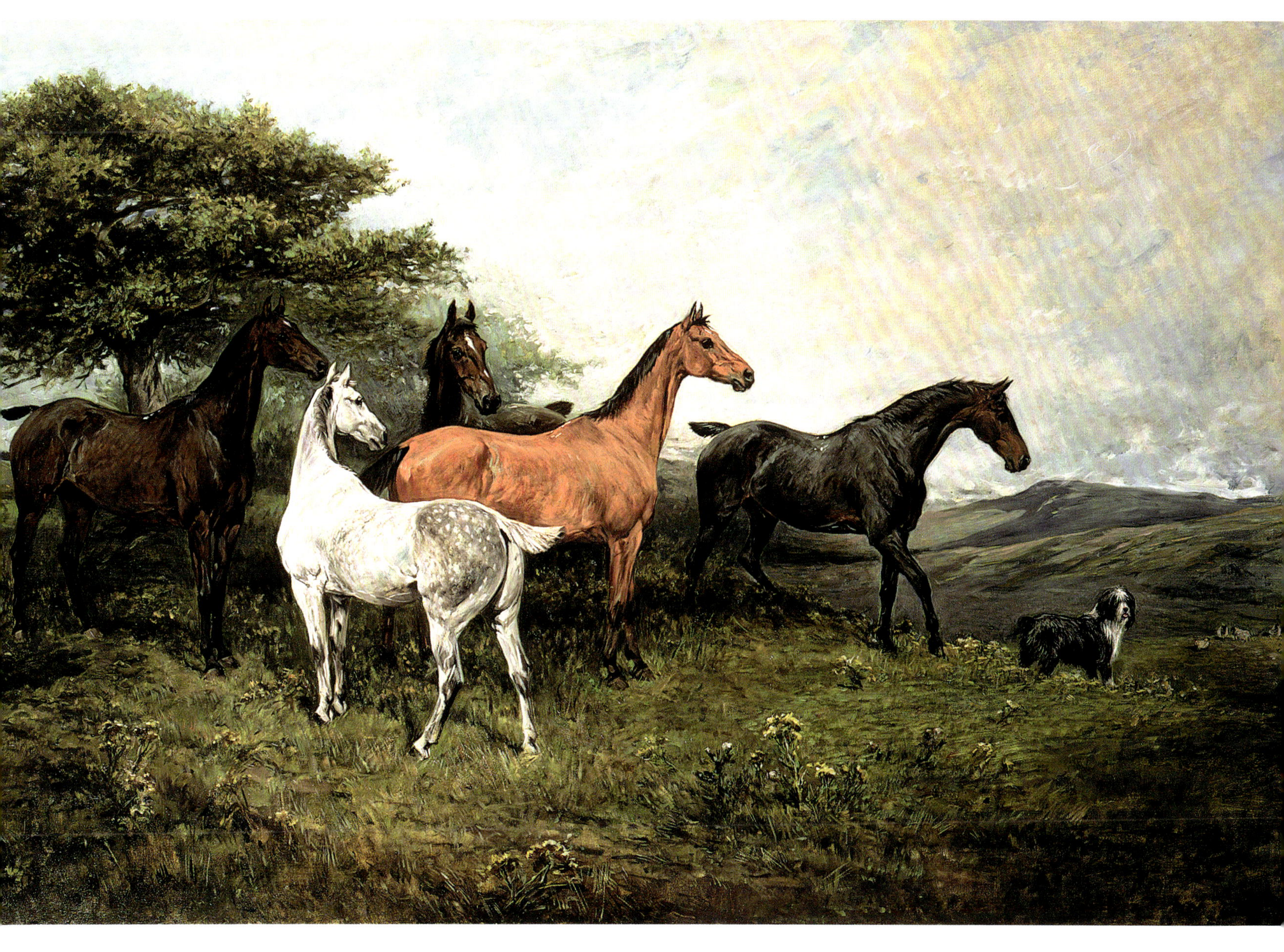

John Emms

Stuten und Fohlen mit einem Schäferhund

19. Jahrhundert | Öl auf Leinwand | Privatsammlung

6 | *Junge Pferde! Junge Pferde!*

Paul Boldt (1886–1919)

Wer die blühenden Wiesen kennt
Und die hingetragene Herde,
Die, das Maul am Winde, rennt:
Junge Pferde! Junge Pferde!

Über Gräben, Gräserstoppel
Und entlang den Rotdornhecken
Weht der Trab der scheuen Koppel,
Füchse, Braune, Schimmel, Schecken!

Junge Sommermorgen zogen
Weiß davon, sie wieherten.
Wolke warf den Blitz, sie flogen
Voll von Angst hin, galoppierten.

Selten graue Nüstern wittern,
Und dann nähern sie und nicken,
Ihre Augensterne zittern
In den engen Menschenblicken.

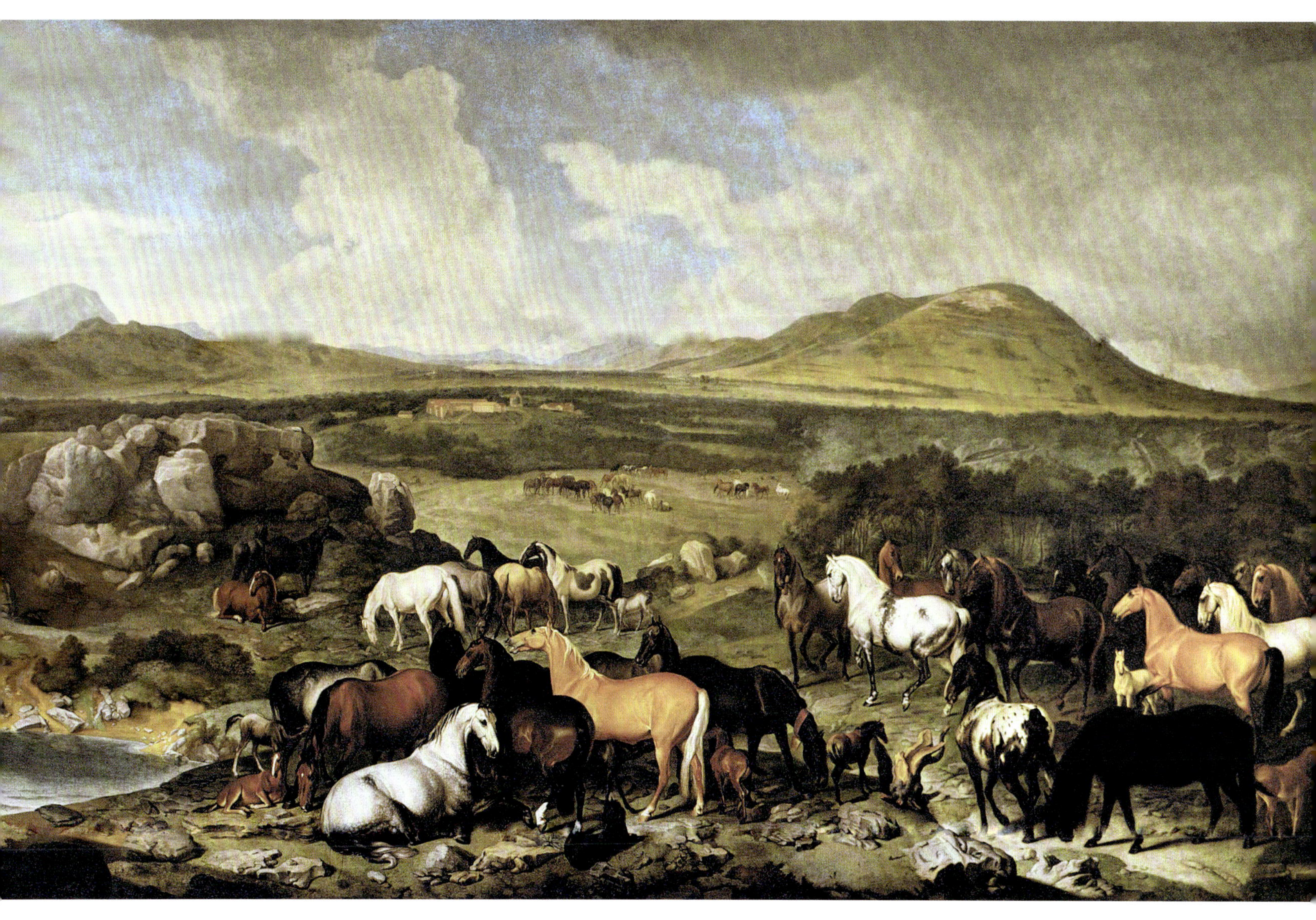

Johann Georg de Hamilton

Lipizzaner auf einer Weide in Lipica

1727 | Öl auf Leinwand | 181 x 282 cm | Kunsthistorisches Museum, Wien

7

Pferde und Reiter

Hilde Domin (1909–2006)

Die Lanzen der Reiter streiften den Himmel
und die Pferde waren sehr stolz darauf.
Ich malte die hohen und stolzen Pferde
ohne Reiter,
ohne Lanzen,
ohne Zaumzeug.
Und meine Pferde rasten wild übers Papier,
über Fußboden und Wände.
Nachher, als ich sie auf der Wiese freiließ,
wuchsen ihnen Flügel.

Und jetzt, wie sie am Himmel dahinziehen,
schreibe ich dies Gedicht zu ihrem Andenken.

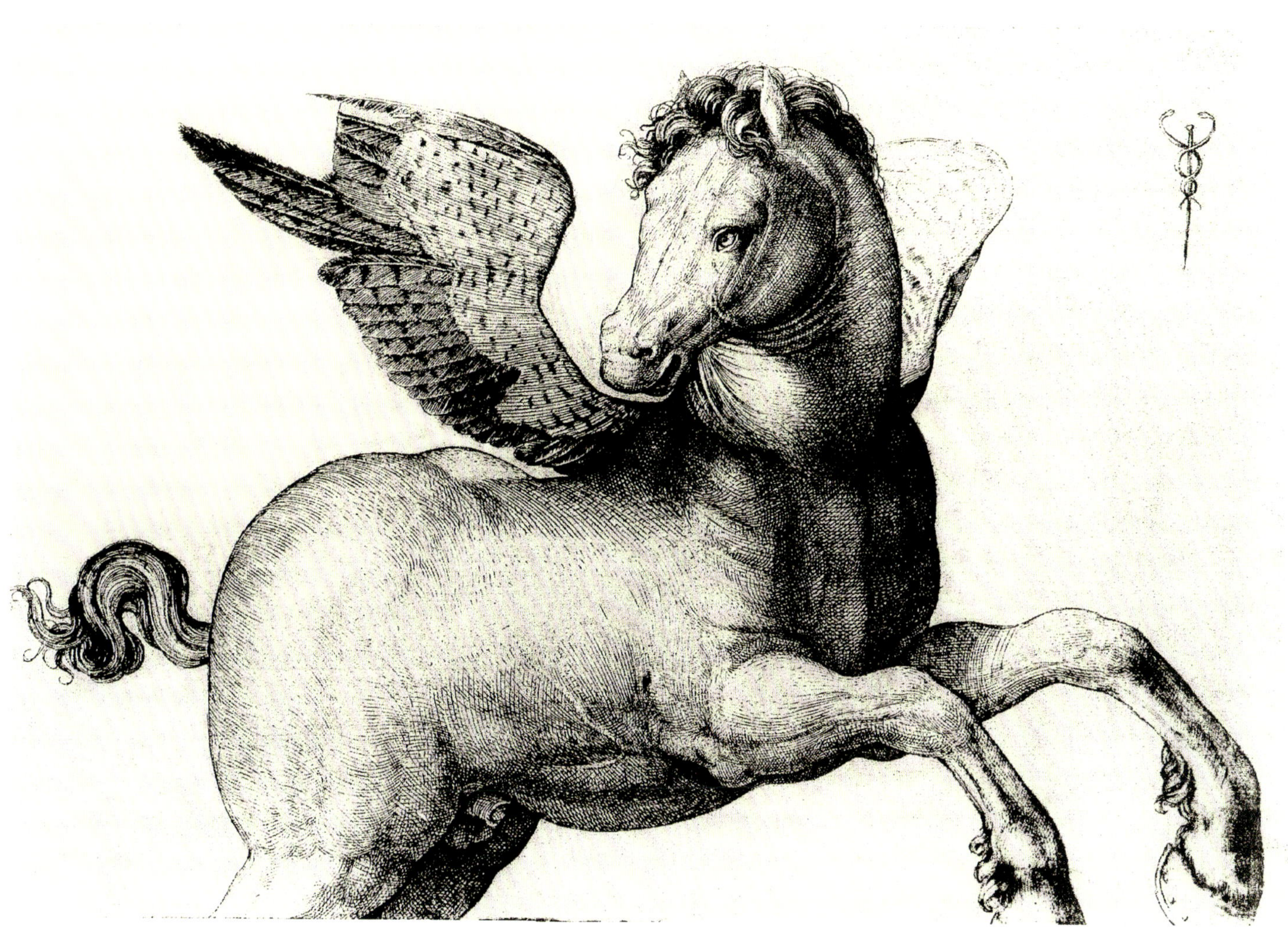

Jacopo de Barbari

Pegasus

um 1510 | Kupferstich | 15,4 x 22 cm

Ritte

Es hört sich so simpel und selbstverständlich an: Da reitet eine Person von A nach B oder sie reitet ohne Ziel zum Vergnügen durch die Gegend. Was ist daran so besonders, dass man diesem früher alltäglichen Vorgang einen literarischen Text widmet, ihn gar in einem Gedicht verewigt? Es gibt verschiedene Arten von Ritten: wilde oder ruhige, einsame oder zweisame, in Harmonie oder Kampf mit dem Pferd, im Mondenschein oder im Schneesturm. Und jeder dieser Ritte hat seinen besonderen Zauber, sodass durch alle Jahrhunderte hindurch Dichter die verschiedensten Ritte besungen haben.

Dieses Kapitel beginnt mit den begeisterten, jubelnden, schnellen, wilden und lauten Ritten, mit einem Aufruf zum Galopp, zum Dahinstürmen. Freiheit ist der Ruf, den diese Reiter schmettern, nur weg von allen Zwängen und gesellschaftlicher Enge, hinaus in die Natur und sich mit ihr und mit dem Pferd messen – oder wie Ferdinand Freiligrath (1810–1876) in seinem Gedicht „Der Reiter" schreibt:

„Und wenn auf mut'gen Rossen man zu dritt
Macht oder vieren einen wilden Ritt –
Sieh da! Die langgestreckten Renner schnauben,
Ihr beugt euch spornend vor, ohn' Unterlaß
Wehn euch die Mähnen in das Antlitz! – das
Ist Poesie, doch wollt ihr es nicht glauben."

„Zu Pferd! Zu Pferd!" ruft Friedrich Hebbel (1813–1863) auf den folgenden Seiten aus und er lässt den Reiter gemeinsam mit seinem Pferd den Kampf mit dem Schneesturm aufnehmen, so auch der Reiter in Hermann Kauffmanns (1808–1889) Bild „Im Schneesturm", der vielleicht einfach nur vom schlechten Wetter überrascht wurde. Hebbels Reiter jedoch genießt es, sich mit den entfesselten Elementen zu messen – aber er genießt es auch, die Macht über sein Reittier zu spüren. So schildert dieses Gedicht einen Ritt gegen den Sturm, in ihm, mit ihm und ihm voraus – dies alles getragen von Angriffslust und Euphorie – und den Genuss, sein Pferd voll und ganz zu unterwerfen.

Auch Johann Wolfgang von Goethe (1749–1832) beschreibt diesen Genuss in seinem Brief an Herder. Er schildert, wie er die Pferde überwältigt, wie er sie bändigt, zu einer Einheit niederzwingt und über ihre Kraft triumphiert. Damit drückt er all die Freude an dem Sich-Messen mit dem Pferd aus, die Lust an diesem Gefühl von Macht, Kraft und Freiheit. Das Bild von Wilhelm Simmler (1840–1914) illustriert die ungezügelte Kraft der Pferde und die Macht des Wagenlenkers.

Um Freiheit und Geschwindigkeit geht es dem Romantiker Achim von Arnim (1781–1831) in seinem Gedicht „Reiterlied". Es ist ein einziges Loblied auf den Ritt, auf das Gefühl des Losgelöstseins, des Schwebens. Dazu zeigt „Der schottische Reiter" des französischen Malers Gustave Moreau (1826–1898) einen fliegenden Reiter auf einem fast schon grotesk im Galopp gestreckten Pferd. Nikolaus Lenaus (1802–1850) „Reiterlied" unterscheidet zwischen dem passiven Nicht-Reiter, dem im Leben viel entgeht, und dem aktiven Reiter, der das Leben in vollen Zügen genießt. Das Gemälde von Ilja Jefimowitsch Repin (1844–1930) drückt dieses vorwärts stürmende Leben treffend aus.

Wassily Kandinsky (1866–1944) und Rudolf G. Binding (1867–1938) sind Zeitgenossen. Bindings 1924 erschienene Erzählung „Reitvorschrift für eine Geliebte" ist ein poetisches Bändchen mit liebenswürdigen Texten zum Thema Reiten und Pferd. Die ausgesuchte Passage macht die Reiterin zur Königin, setzt sie auf den Thron und unterwirft ihr den Rest der Welt – allein durch den Ritt. Die kokette Reiterin in Kandinskys Bild scheint den Aufruf zum Thronen auf dem Pferd des Textes verinnerlicht zu haben.

Die nächsten Ritte sind ganz anderer Natur. Man reitet einfach so vor sich hin, ruhig, besinnlich, verträumt. Jeder Reiter, der einmal dieses friedliche Schreiten, das scheinbare vollkommene Einverständnis zwischen Pferd und Reiter kennen gelernt hat, der wird Rainer Maria Rilkes (1875–1926) Ausruf „Ich atme tief. Ich werde Kaiser" ebenso verstehen wie das Empfinden des Freiherrn von Münchhausen (1874–1945) in seinem Gedicht „Nacht-Ritt auf dem Raine". Diese besinnlichen Ritte, die eine tiefe Verbundenheit mit dem Pferd, eine vollkommene Harmonie mit der Natur und ein fundamentales Glück beschreiben, waren leicht zu illustrieren. Viele bildende Künstler haben Reiter und Pferd in ruhiger Harmonie dargestellt. Ob Herrscherbilder wie Diego Velázquez' (1599–1660) Bild „Philipp III. zu Pferde" oder Peter Paul Rubens (1577–1640) „Studie für das Reiterbildnis des Herzogs von Lerma, ob ruhige Ausritte wie Max Liebermanns (1847–1935) „Reiter und Reiterin am Strand" oder der farbige „Reiter" von Wassily Kandinsky, sie alle sind Variationen eines ewigen Themas: des Rittes, der Harmonie zwischen Pferd und Reiter.

Doch Ritte müssen nicht immer einsam sein. Es gibt auch die Liebe, das reitende Liebespaar. In den Gedichten von Achim von Arnim und Freiherr von Münchhausen (1874–1945) finden sich Liebespaare hoch zu Ross, die in ruhigem Ton beschworen werden. Ihre ruhige Romantik wird in Marc Chagalls (1887–1985) „Das Hohelied IV" und von einem mittelalterlichen Bild gespiegelt.

Zum Abschluss dieses Kapitels findet sich ein besonderes Paar: Franz Kafka (1883–1924) und Carlo Carrà (1881–1966). In Kafkas Text zerfällt das Pferd scheinbar unter dem Reiter: Die Sporen sind weg, die Zügel verschwinden und schließlich sogar Pferdekopf und Pferdehals. „Der rote Reiter" von Carrà, einem führenden Vertreter des Futurismus, zeigt Pferd und Reiter in verschiedenen Bewegungsmomenten, sodass sie zu zerfallen scheinen.

Letztendlich ist der Ritt auf dem Pferd häufig dazu da, um sich Ruhe zu erreiten. Der schnelle Ritt in entfesselten Elementen schafft ebenso wie der ruhige in einer harmonischen Landschaft Ausgleich und Freiraum. Schon Friedrich Schiller wusste dies und ließ in „Kabale und Liebe" Lady Milford ausrufen:

„Geh Sophie – Man soll mir den wildesten Renner herausführen, der im Marstall ist. Ich muß ins Freie – Menschen sehen und blauen Himmel und mich leichter reiten ums Herz herum?"

8 | Zu Pferd! Zu Pferd!

Friedrich Hebbel (1813–1863)

Zu Pferd! Zu Pferd! Es saust der Wind!
Schneewolken, düstre, jagen!
Die schütten nun den Winter aus!
Zu Pferd! Zu Pferd! Durch Saus und Braus
Die heiße Brust zu tragen!

Mit krausen Nüstern prüft das Roß
Die Luft, dann wiehert's mutig;
Nur, wie ich herrsche, dient das Tier,
Ein Druck, von dannen fliegts mit mir,
Als wär mein Sporn schon blutig.

In meinem Mantel wühlt der Wind,
Er raubt mir fast die Mütze;
Ich hab' ihn gern auf meiner Spur,
An seiner Wut erprob ichs nur,
Wie fest ich oben sitze!

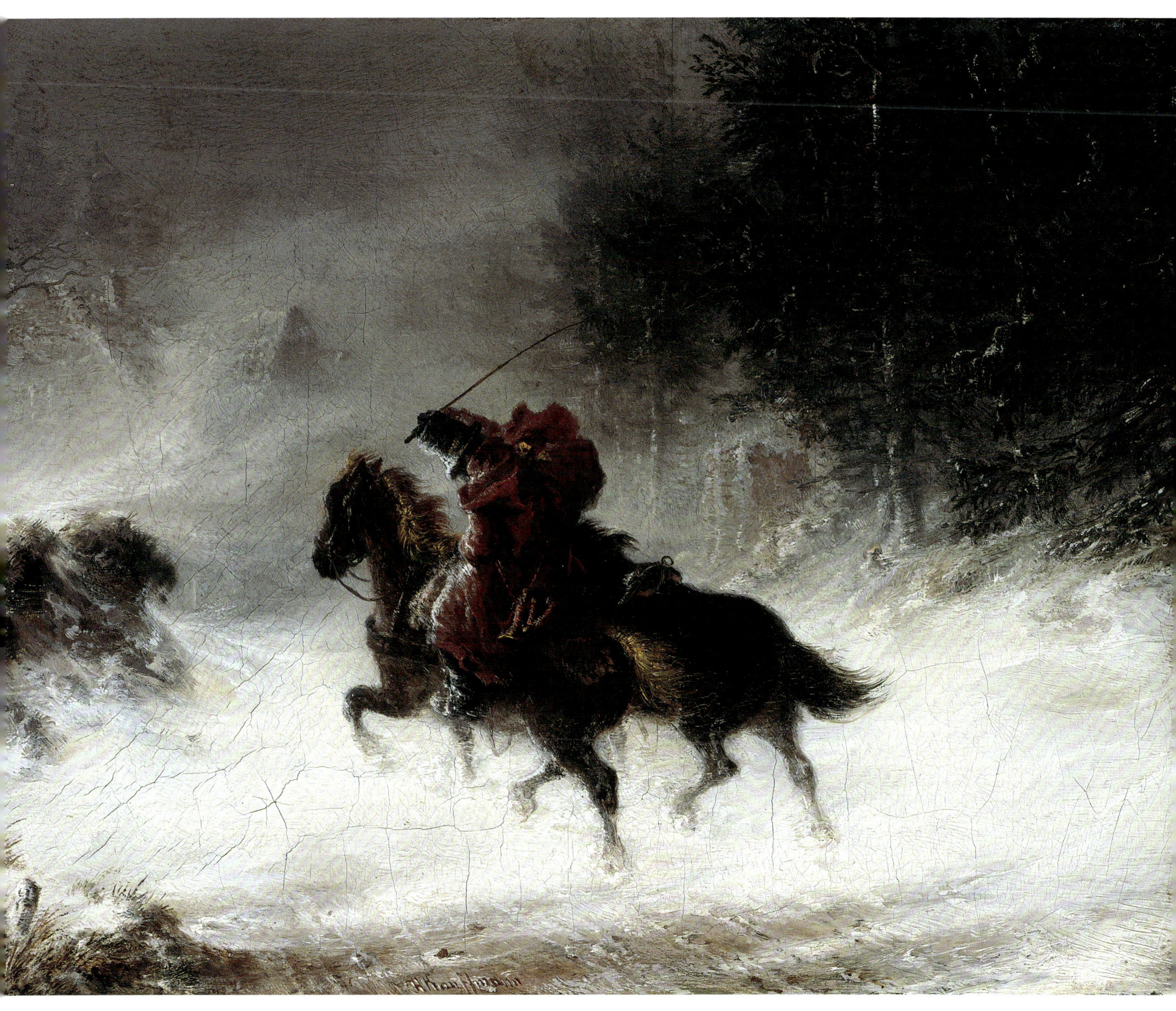

Hermann Kauffmann d. Ä.

Im Schneesturm

50er Jahre des 19. Jahrhunderts | Öl auf Leinwand | 25,7 x 33,3 cm
Niedersächsisches Landesmuseum, Hannover

9 | *Brief an Herder*

Johann Wolfgang von Goethe (1749–1832)

Über den Worten Pindars επικρατειν δυνασθαι ist mirs aufgegangen. Wenn du kühn im Wagen stehst, und vier neue Pferde wild unordentlich sich an deinen Zügeln bäumen, du ihre Krafft lenkst, den austretenden herbei, den aufbäumenden hinabpeitschest, und jagst und lenkst, und wendest, peitschest, hältst, und wieder ausjagst bis alle sechzehn Füße in einem Takt ans Ziel tragen. Das ist Meisterschaft, επικρατειν, Virtuosität.

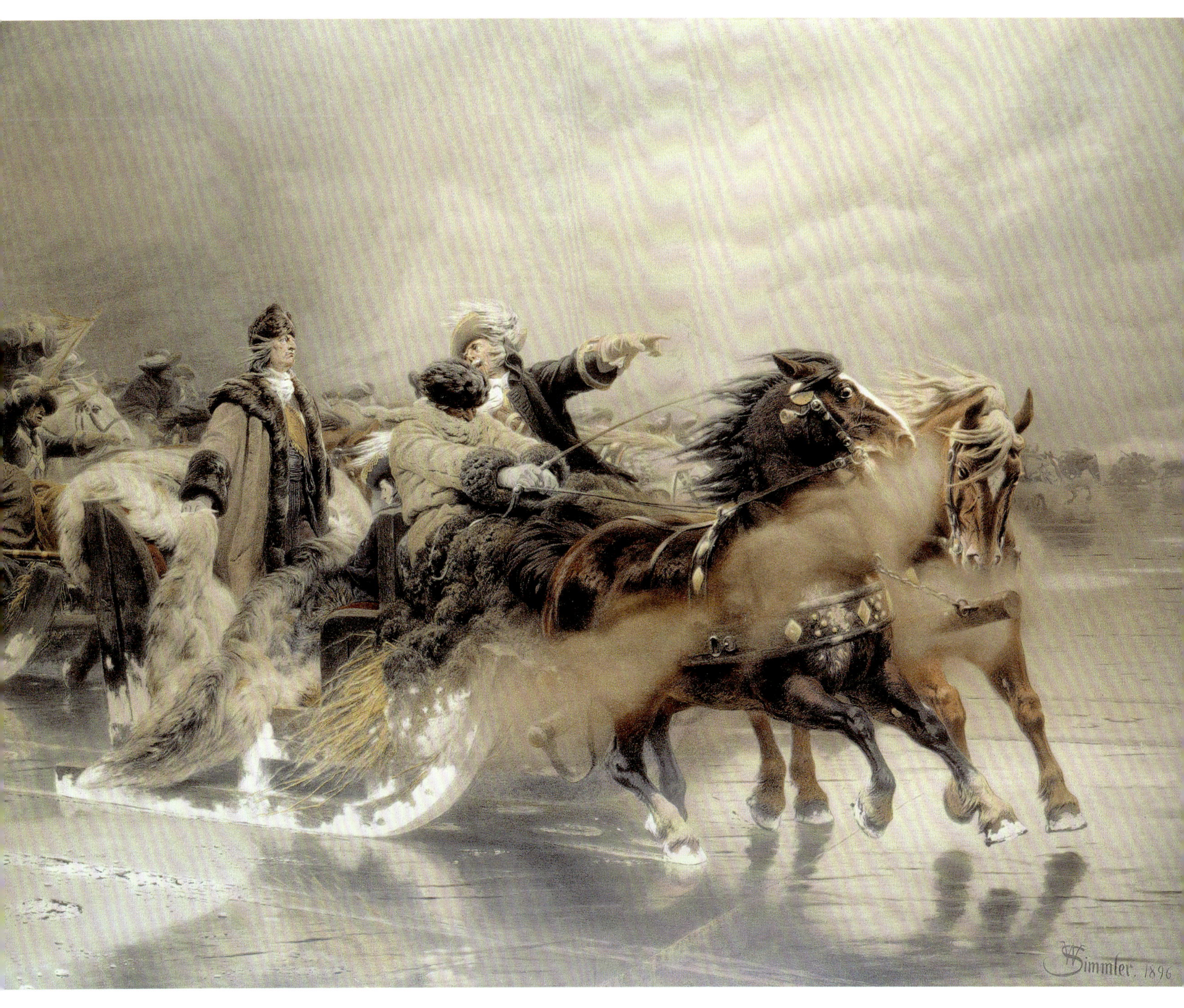

Wilhelm Simmler

Friedrich Wilhelm, Kurfürst v. Brandenburg

um 1898 | Mischtechnik

10

Reiterlied

Achim von Arnim (1781–1831)

Flüchtig Dasein auf den Rossen,
Kühnes Buhlen mit dem Winde
Schaut die Erde fortgestoßen
Rollet unter uns geschwinde.

Brausend strecken sich die Rosse
Schmal wie einer Jungfrau Leib,
Was auf Erden ich genossen,
Dies ist schnellster Zeitvertreib.

Grüne Äste überstreifend
Treiben fort die lästgen Fliegen,
Durch die grünen Wiesen schweifend
Gleiten wir in Wolkenzügen.

Unser Hufschlag schallet doppelt
An des Waldes grüner Wand,
Und die Sonne scheinet doppelt
Bebend an der Erde Rand.

In den Zügen, welch Geschreie,
In den Mähnen welch ein Hauch,
Über uns kommt eine Weihe,
Eine Träne in das Aug.

Wir vergessen schon der Stunden,
Wo wir zwischen Mauern wohnen,
Sind vom Abendglanz gebunden
Freier Lieb zur Nacht zu fronen.

Lange drückte schweigend Bangen
Meines Herzens tiefen Grund,
Seit mein Roß ist durchgegangen,
Füllt mit Jubel sich mein Mund.

Weggeworfen sind die Bügel,
Schwebend hält mich Gleichgewicht,
Freies Roß zerreiß die Zügel,
Jage nach dem Sonnenlicht.

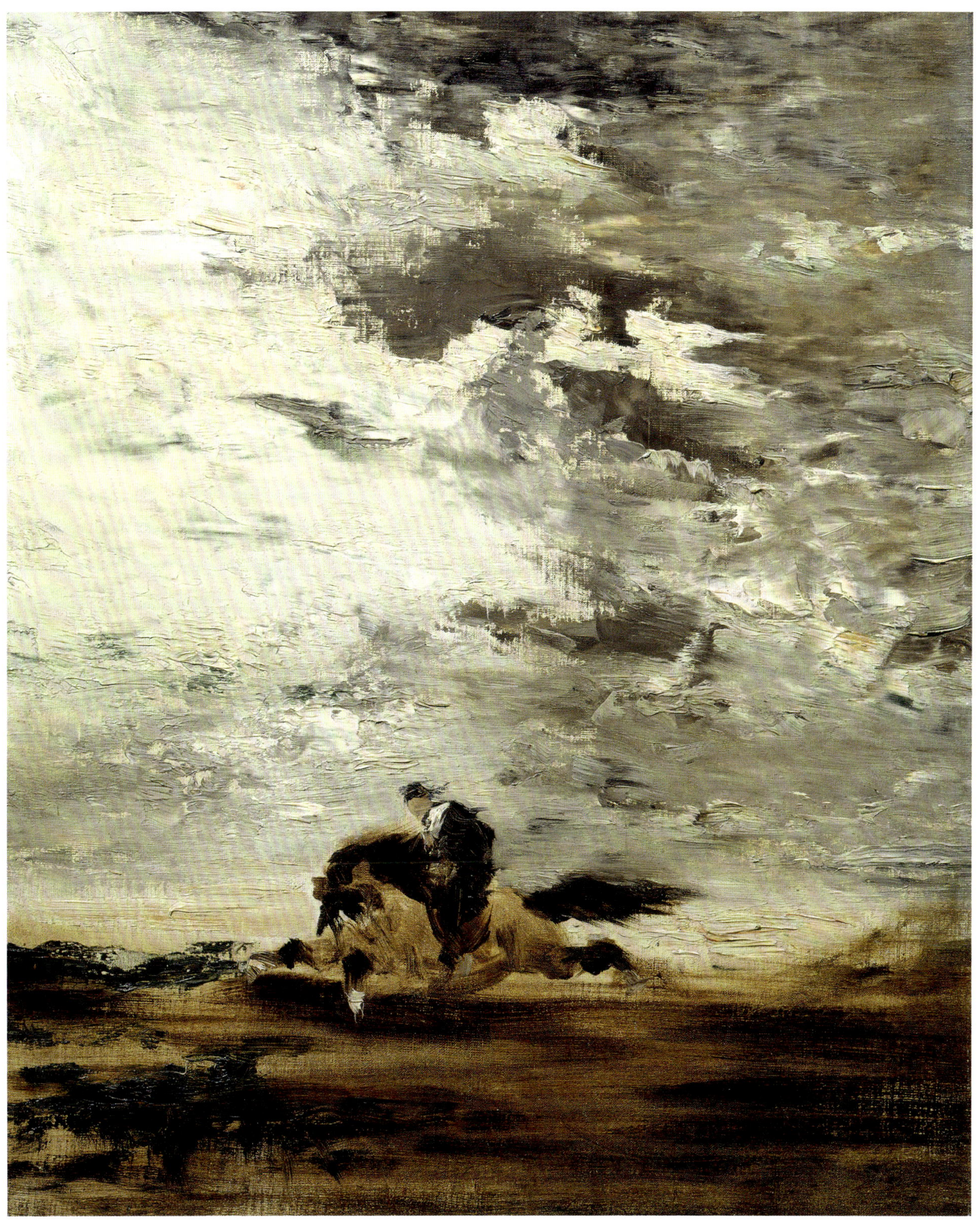

Gustave Moreau

Der schottische Reiter

um 1854 | Öl auf Leinwand | 45 x 37 cm | Musée Gustave-Moreau, Paris

11 | *Reiterlied*

Nikolaus Lenau (1802–1850)

Wir streifen durchs Leben im schnellen Zug,
Ohne Rast wie die stürmische Welle,
Wir haschen die Frucht im Vorüberflug,
Und schlummern nicht ein an der Quelle;
Wir pflücken die Rose, wir saugen den Duft,
Und streuen sie dann in die flatternde Luft.

Der Friedliche sitzet und lauert bang,
Bis das Glück ihm poch' an die Thüre,
Noch späht er beim Sterbeglöckleinklang,
Ob das Glück an der Klinke nicht rühre;
Wohl rührt sich die Klink', und es tritt herein,
Erschrick nicht, du Armer, – es ist Freund Hein!

Der Reiter verfolgt das entlaufende Glück,
Er faßt's an den fliehenden Locken,
Und zwingt es zu sich in den Sattel zurück,
Und umschlingt es mit wildem Frohlocken:
„Mußt reiten mit mir durch Nacht und Graus,
Durch Strom und Geklüft zum blutigen Strauß!"

Wir reiten hinein in die laute Schlacht,
Es tanzen die wiehernden Rosse
Dahin, wo der Donner am stärksten kracht,
Weit voran dem trippelnden Trosse;
Dem Reiter kredenzt auf sein stürmisch Gebot
Den ersten, den feurigsten Trunk der Tod!

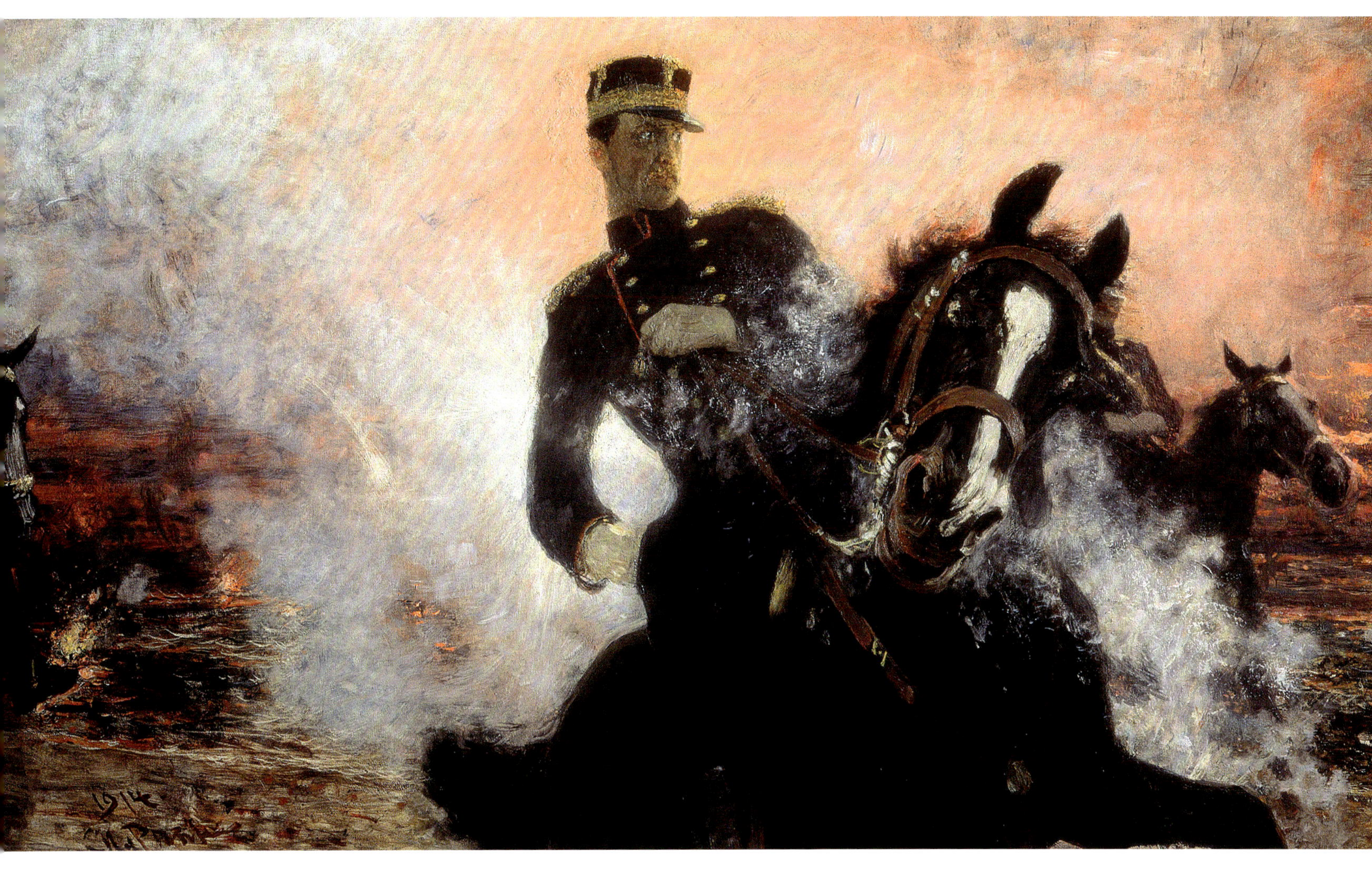

Ilja Jefimowitsch Repin

König Albert I. von Belgien

1914 | Öl auf Leinwand | 144 x 246 cm | Staatliches Kunstmuseum, Samara

12 |
Reitvorschrift für eine Geliebte

Rudolf G. Binding (1867–1938)

Denn dies, Geliebte, ist meine Verheißung: Deines Pferdes Rücken unterwirft dir die Welt. Zu einem Thron für dich will ich ihn machen, von dem du ein Szepter der Macht, der Freude und der Freiheit führen sollst, wie du es nie geahnt.

Wassily Kandinsky

Amazone in den Bergen

1918 | Hinterglasmalerei | 31 x 24,7 cm | Staatliches Russisches Museum, St. Petersburg

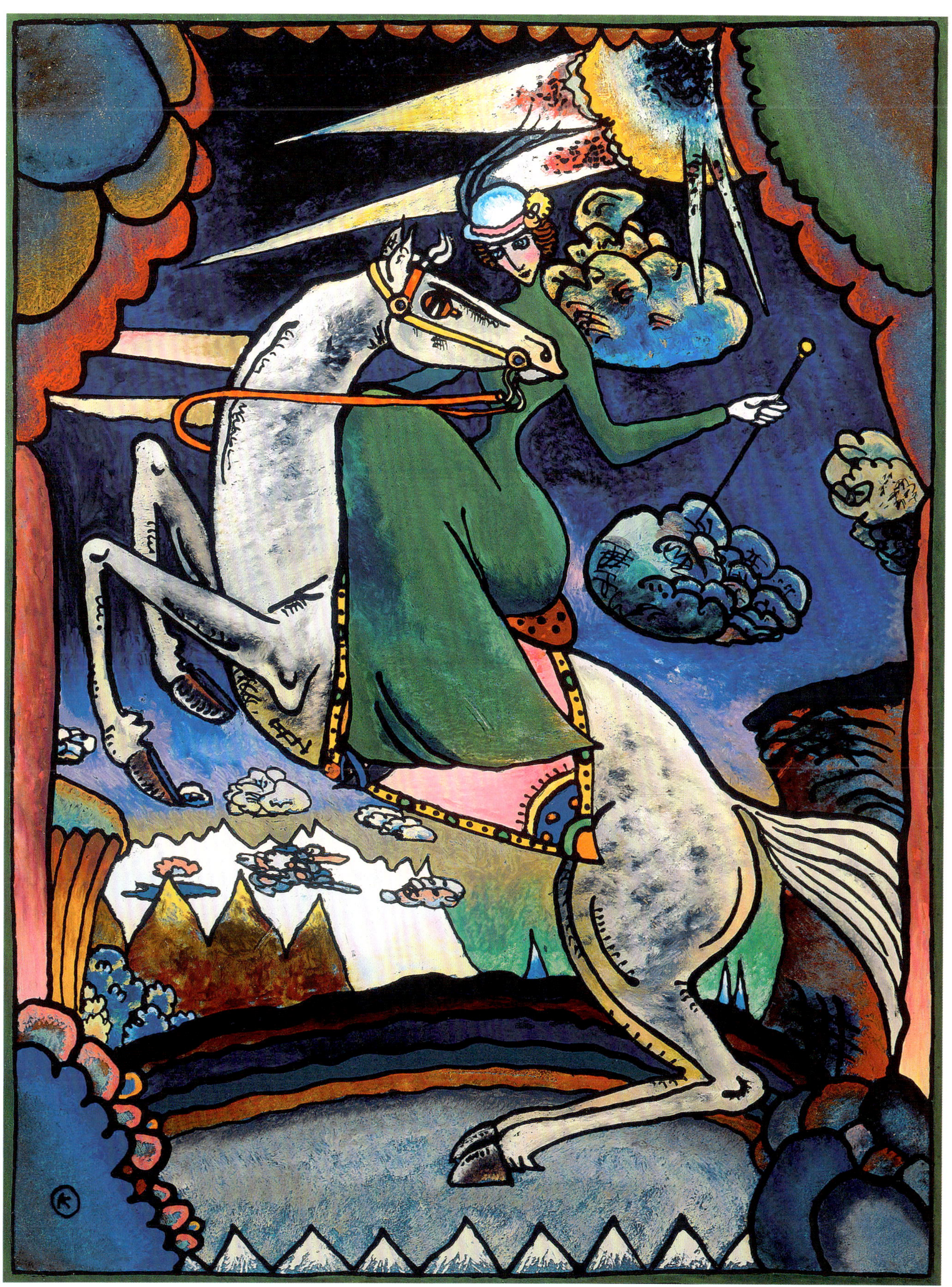

13 | *Freisinn*

Johann Wolfgang von Goethe (1749–1832)

Laßt mich nur auf meinem Sattel gelten!
Bleibt in euren Hütten, euren Zelten!
Und ich reite froh in alle Ferne,
Über meiner Mütze nur die Sterne.

Er hat euch die Gestirne gesetzt
Als Leiter zu Land und See,
Damit ihr euch daran ergetzt,
Stets blickend in die Höh.

Diego Velázquez

Reiterbildnis Philipps III. von Spanien

1635 | Öl auf Leinwand | 300 x 314 cm (hier: Ausschnitt) | Museo del Prado, Madrid

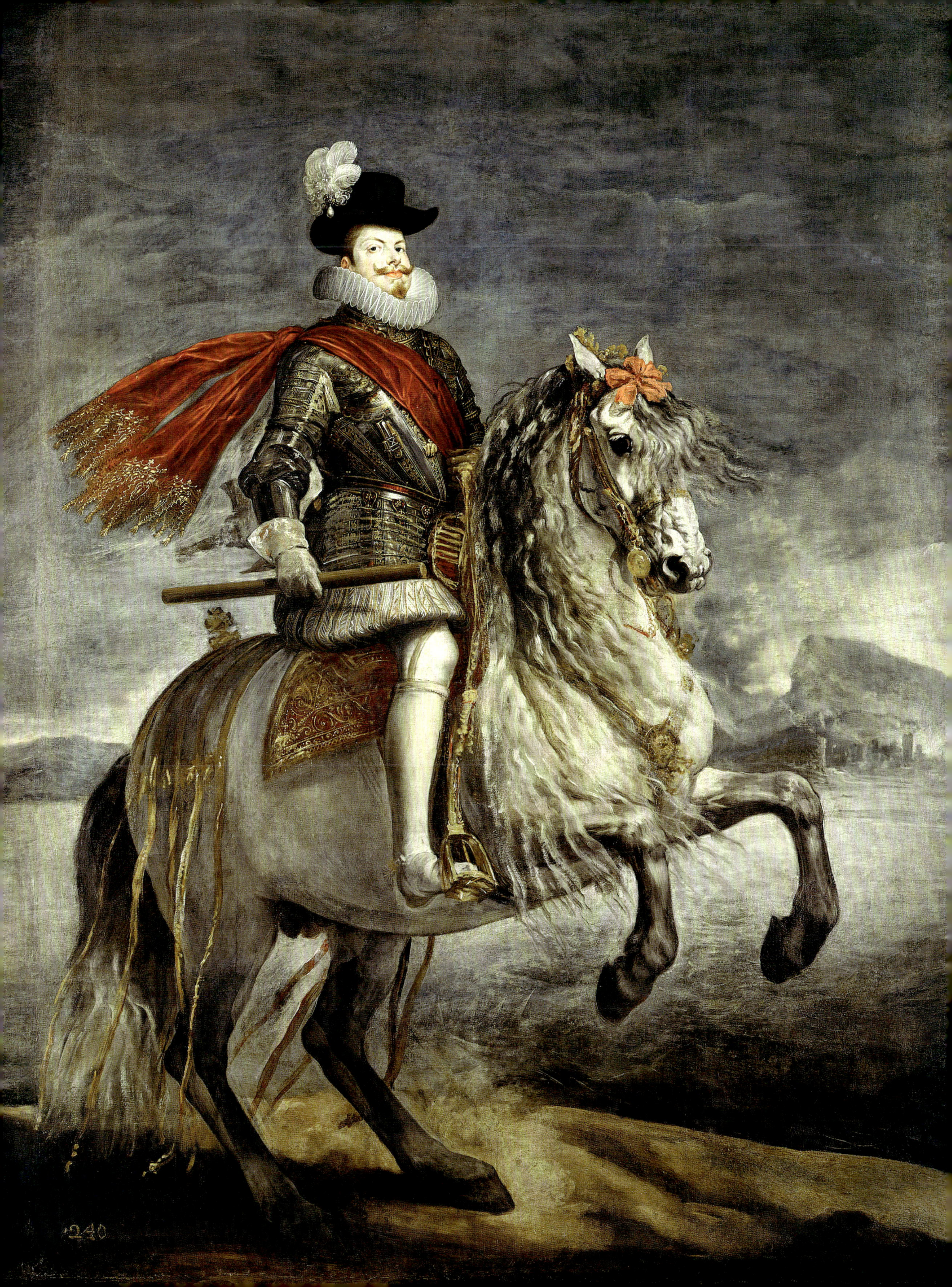
240

14 | *Reitergedanken*

Werner Bergengruen (1892–1964)

Die beigezäumte Stute
setzt langsam Sprung an Sprung.
Es läuft in meinem Blute
der gleiche Gang und Schwung.

Da ist kein einziger Tropfen
willkürlich und allein
und alle Pulse klopfen
mit Freuden überein.

Leicht knarrt es von den Ledern,
und leicht ist mir zu Sinn.
Den Sattel spür ich federn
wie eine Tänzerin.

Was soll durch Tal und Hügel
die tolle Brausefahrt?
Fest ist der Gaul am Zügel,
der Sporn hält ihn verwahrt.

Was soll die ungespaltne,
geschwinde Leidenschaft?
Denn mehr ist die gehaltne
als die entsandte Kraft. […]

In solchem Selbstvergessen,
da hab ich unvermerkt
mit leichtem Schenkelpressen
des Tieres Gang verstärkt.

Gebüsch und Hecken gleiten
vorüber wie geträumt,
und vor mir aus den Weiten
kommt hell ein Wind geschäumt. […]

Und so auf meinem Ritte,
da ist es mir zuletzt,
als sei ich in die Mitte
der ganzen Welt gesetzt.

Da fühl ich allerwegen,
daß mir gewiß und gut
der ganzen Welt Bewegen
in Hand und Schenkel ruht.

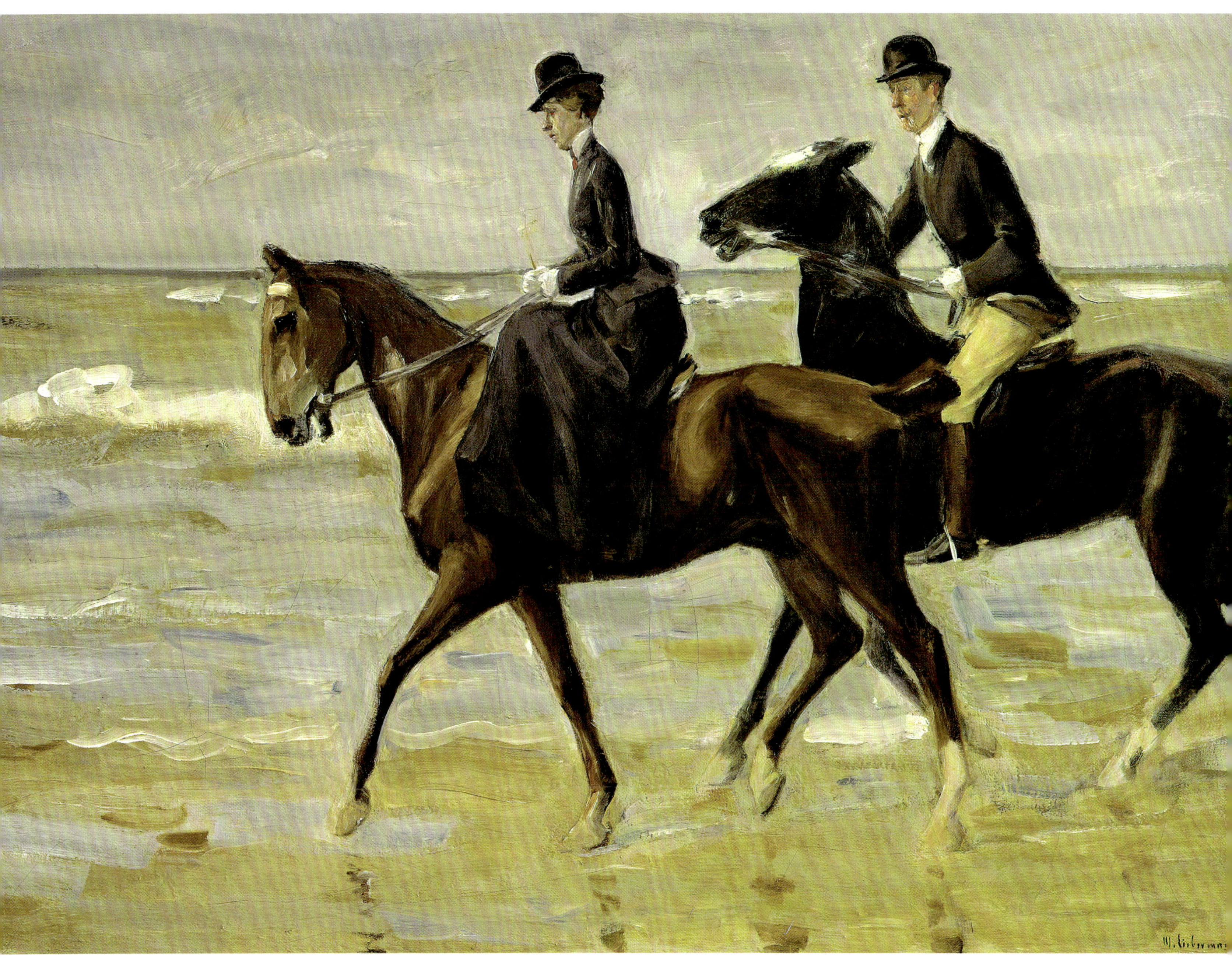

Max Liebermann

Reiter und Reiterin am Strand

1903 | Öl auf Leinwand | 72,5 x 101 cm | Wallraf-Richartz-Museum, Köln

15 | *Zwei Meilen Trab*

Detlev von Liliencron (1844–1909)

Es sät der Huf, der Sattel knarrt,
Der Bügel jankt, es wippt mein Bart
In immer gleichem Trabe.

Auf stillen Wegen wiegt mich längst
Mein alter Mecklenburger Hengst
Im Trab, im Trab, im Trabe.

Der sammetweichen Sommernacht
Violenduft und Blütenpracht
Begleiten mich im Trabe.

Ein grünes Blatt, ich nahm es mit,
Das meiner Stirn vorüberglitt
Im Trabe, Trabe, Trabe.

Hut ab, ich nestle wohlgemut,
Hut auf, schon sitzt das Zweiglein gut,
Ich blieb im gleichen Trabe.

Bisweilen hätschelt meine Hand
Und liebkost Hals und Mähnenwand
Dem guten Tier im Trabe.

Ich pfeif aus Flick und Flock ihm vor,
Er prustet, er bewegt das Ohr,
Und sing ihm eins im Trabe.

Ein Nixchen, das im nahen Bach
Sich badet, plantscht und spritzt mir nach
Im Trabe, Trabe, Trabe.

Und wohlig weg im gleichen Maß,
Daß ich die ganze Welt vergaß,
Im Trabe, Trabe, Trabe.

Und immer fort, der Fackel zu,
Dem Torfahrtlicht der ew'gen Ruh,
Im Trabe, Trabe, Trabe.

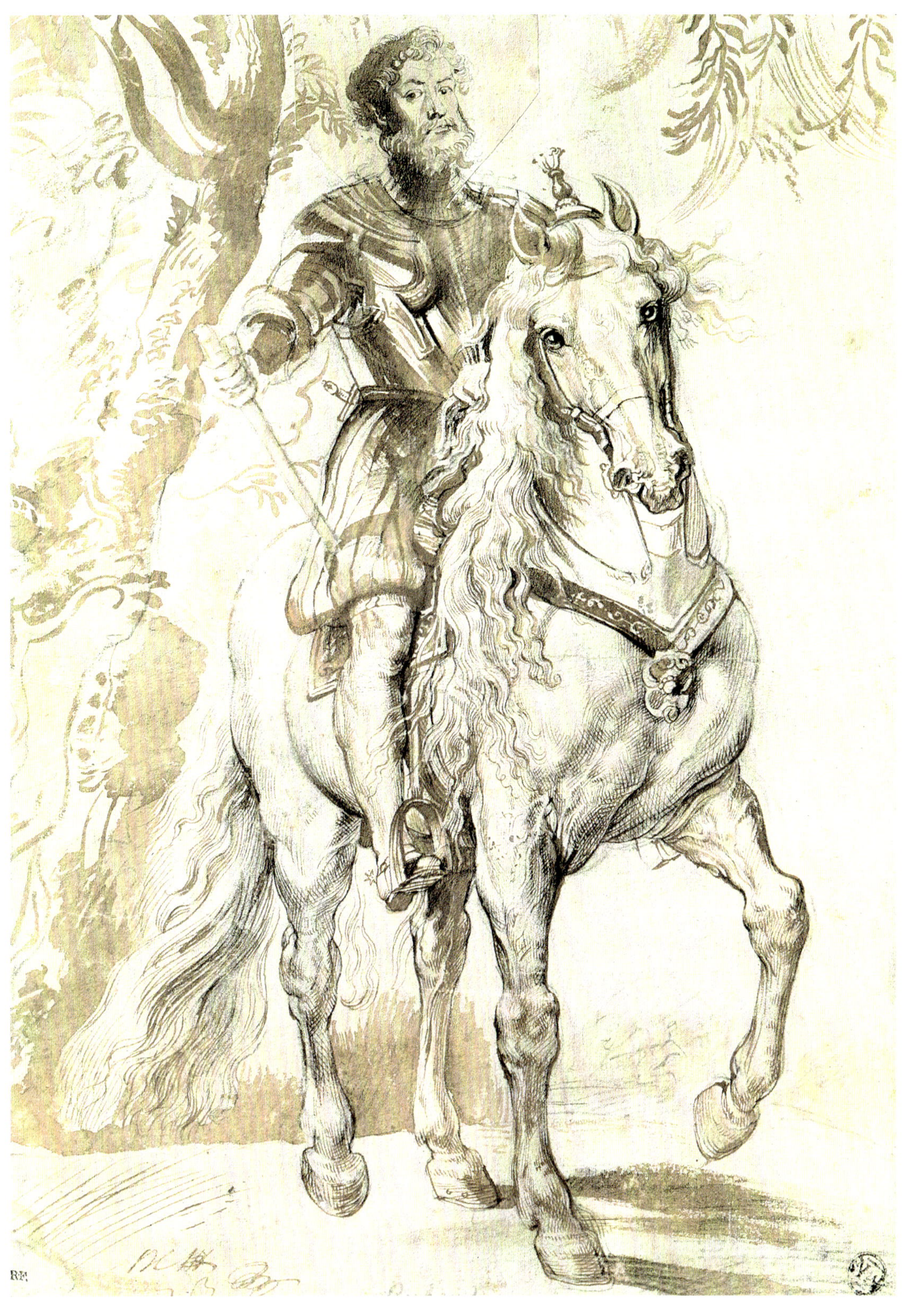

Peter Paul Rubens

Studie zum Reiterbildnis des Herzogs von Lerma

1603 | Feder und Tusche auf Papier, braun laviert | Musée du Louvre, Paris

16 | *Nacht-Ritt auf dem Raine*

Börries Freiherr von Münchhausen (1874–1945)

Der hat nicht gelebt,
Der nicht in blauer Mondnacht mitten
Durch die starrenden Felder geritten,
Wenn der Weizen wie wellendes Meer
Drängte über die Raine her,
Und die gelbe Gottesflut stand
Hoch, daß der Schaum ihrer Ähren bebt
Tauübertropfend an lässiger Zügelhand, –
Nein, der hat nicht gelebt!

Und als ich so ritt,
Klang mein Herz in den rasengedämpften Schritt,
Klang ins Schnauben und Trensenspiel meinem Schimmel,
Und eine Seligkeit hat mein Herz durchhellt,
Und ich wußte: fiele ich jetzt aus der Welt:
Ich fiel in Himmel!

Francisco de Goya

Maria Teresa da Vallabriga zu Pferde

1783 | Öl auf Leinwand | 82 x 61 cm | Galleria degli Uffizi, Florenz

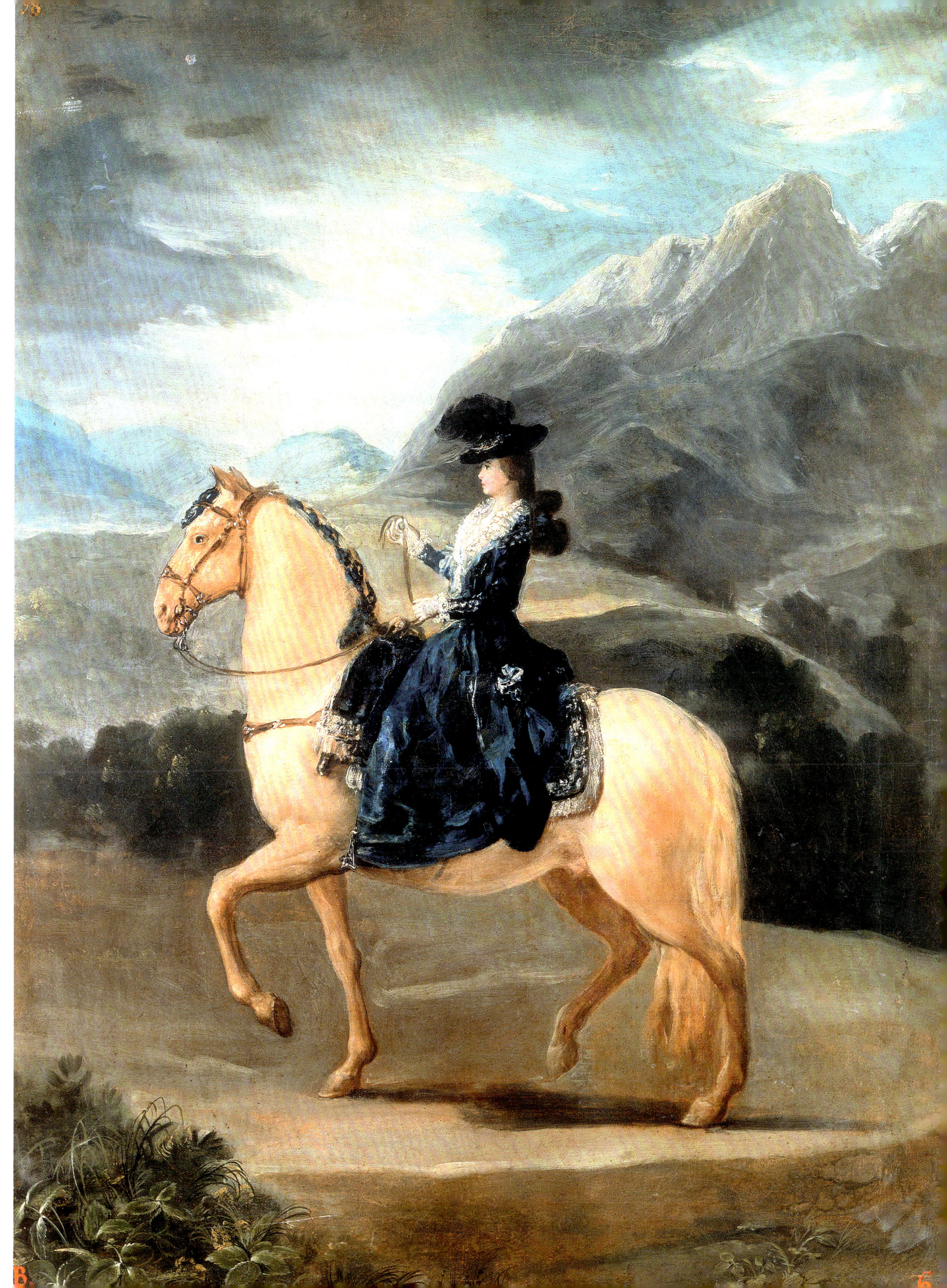

17 | *Es kommt in prunkenden Gebreiten*

Rainer Maria Rilke (1875–1926)

Es kommt in prunkenden Gebreiten
der Abend wie ein leiser Gott.
Den Rappen vor! Jetzt will ich reiten
durch purpurbunte Einsamkeiten
in bügelleichtem Träumertrott.

Ich atme tief. Ich werde Kaiser.
Mein heller Helm ist losgeschnallt,
Und meine Stirne streifen Reiser
und rauschen so. Und leiser, leiser
hallt Huf und Ruf im roten Wald.

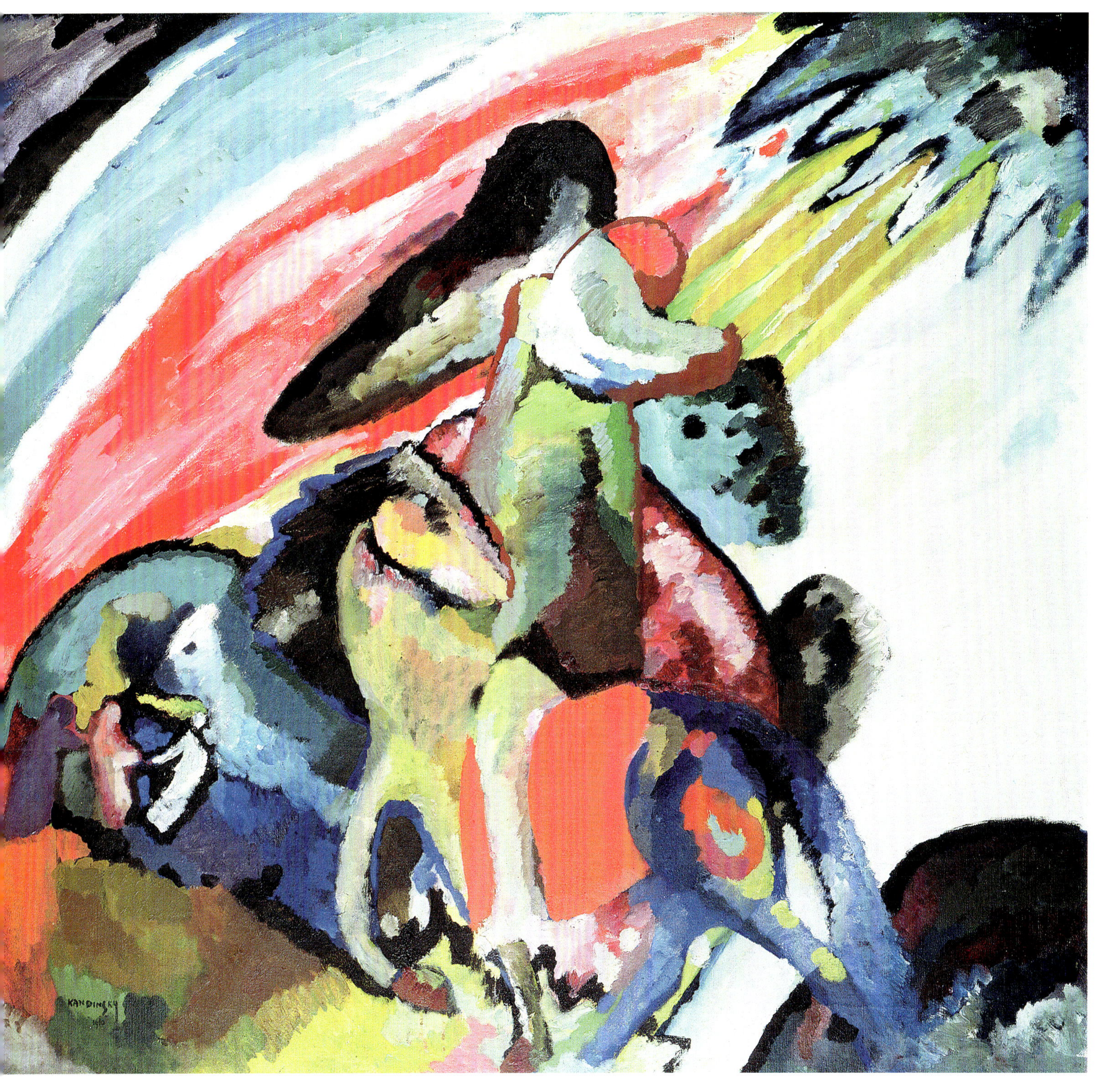

Wassily Kandinsky

Der Reiter

1911 | Öl auf Leinwand | 97 x 106,5 cm | Staatsgalerie Moderner Kunst, München

18 | *Ritt im Mondschein*

Achim von Arnim (1781–1831)

Herz zum Herzen ist nicht weit
Unter lichten Sternen,
Und das Aug, von Tau geweiht,
Blickt zu lieben Fernen;
Unterm Hufschlag klingt die Welt
Und die Himmel schweigen
Zwischen beiden mir gesellt
Will der Mond sich zeigen.

Zeigt sich heut in roter Glut
An dem Erdenrande,
Gleich als ob mit heißem Blut
Er auf Erden lande,
Doch nun flieht er scheu empor
Glänzt in reinem Lichte,
Und ich scheue mich auch vor
Seinem Angesichte.

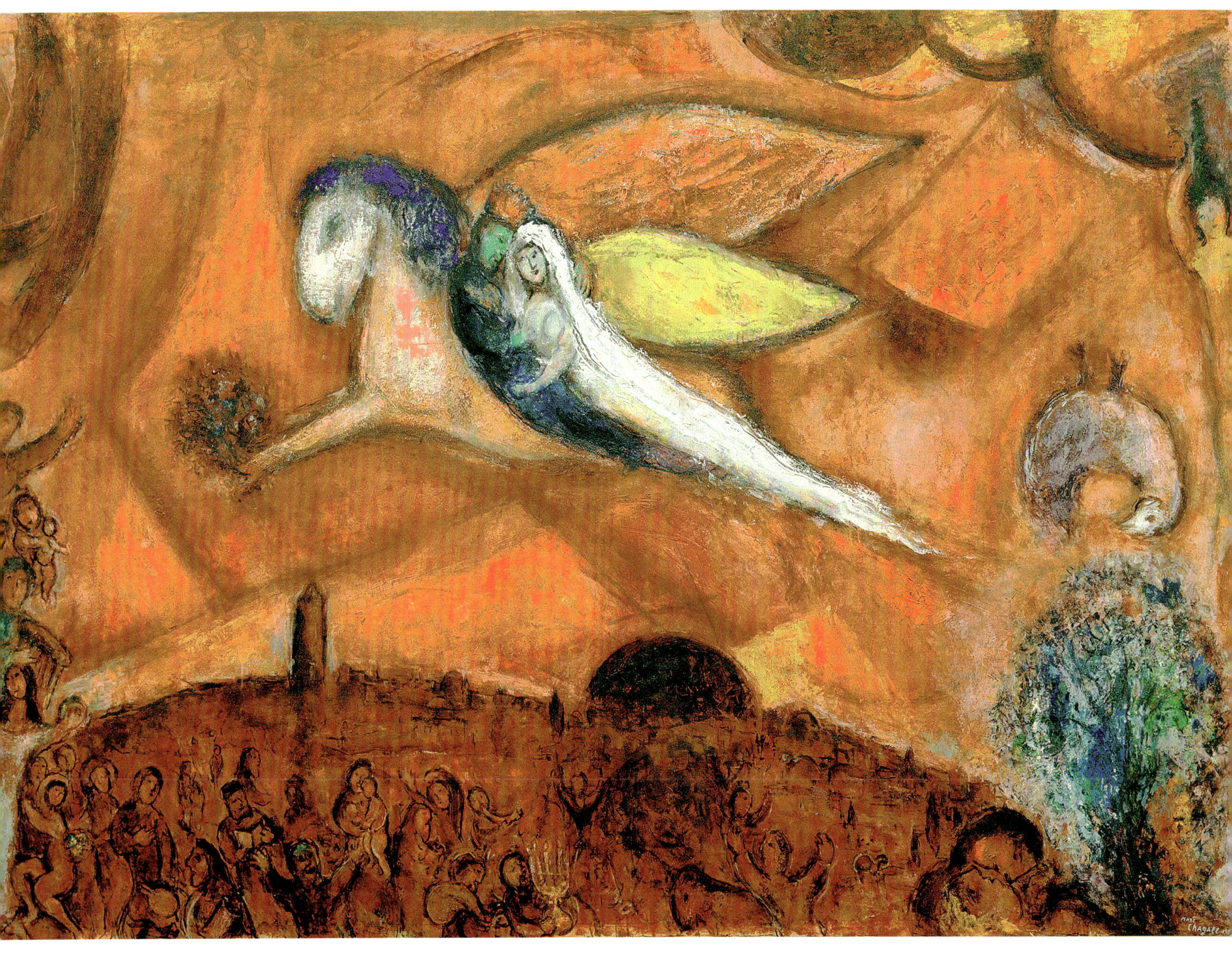

Marc Chagall

Das Hohelied IV

1958 | Öl auf Papier, auf Leinwand kaschiert | 144,5 x 210,5 cm
Musée National Marc Chagall, Nizza

19 | *Pferd und Frau*

Börries Freiherr von Münchhausen (1874–1945)

Ich habe manches Weib geküßt
In deutschem und in welschem Land,
Auf manches Pferdes Widerrist
Lag zügelhaltend meine Hand.

Um manches Weib ich ritt und stritt,
Hab keine doch wie sie gekürt,
Und ging kein Fuchs so leichten Schritt
Wie jener, drauf ich sie entführt. –

Die Tanne singt, die Quelle klingt, –
Ein weidend Roß, wie wieherts hell!
Die Tanne klingt, die Quelle singt,
Wir lagern am vergeßnen Quell.

An meines Spornes Silberrad
Da klebt in Blut ein rostrot Haar,
In meines Panzers Silberdraht
Wiegt leise sich ein goldnes Haar.

Der Fuchs ward müd der Weide längst
Und lagert sich in Tal und Tau, –
Ich streichle meinen roten Hengst
Und küsse meine blonde Frau.

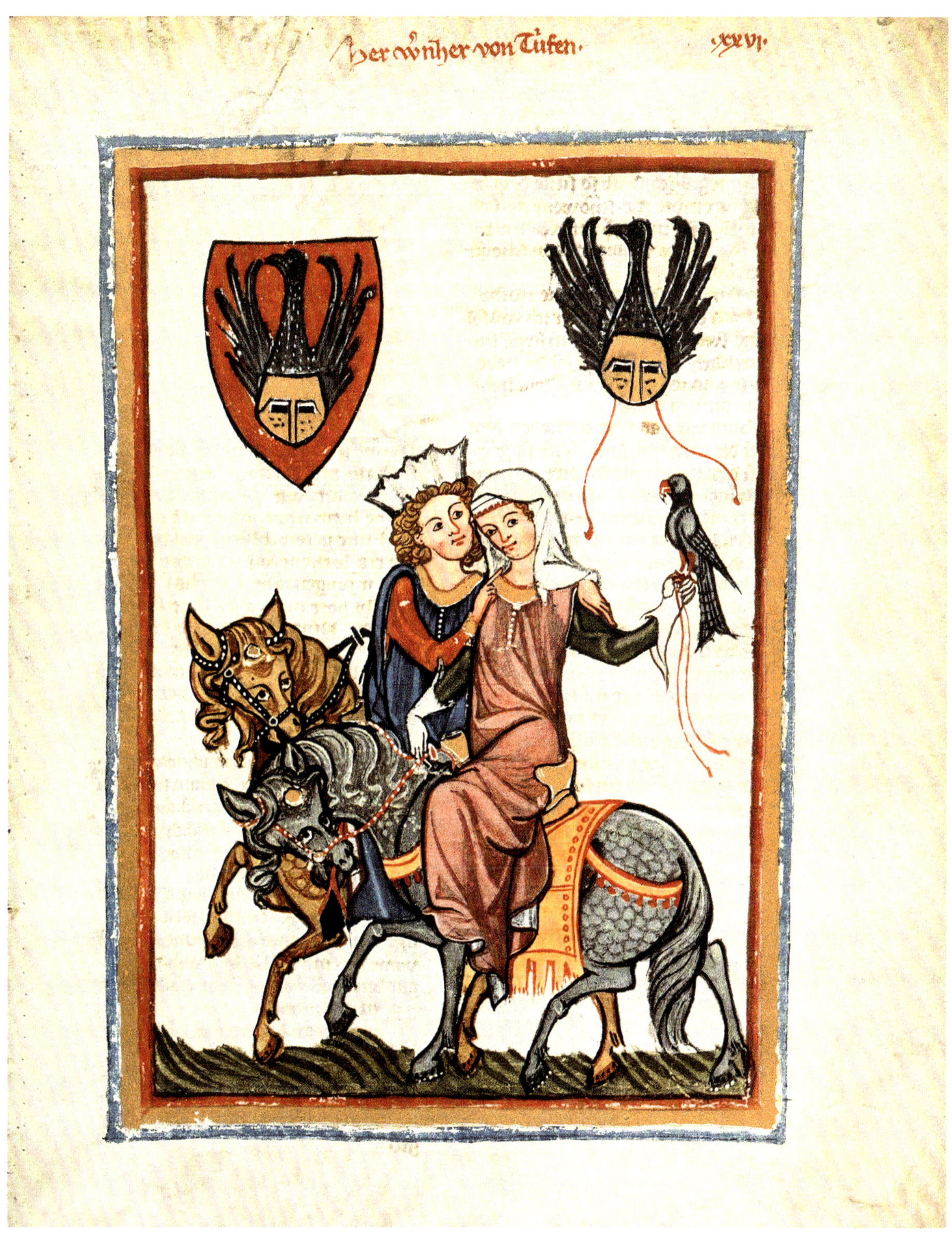

Wernher von Teufen

Codex Manesse

1310 | Auf Pergament, Buchmalerei | 35,5 x 25 cm | Universitätsbibliothek, Heidelberg

20 | *Wunsch, Indianer zu werden*

Franz Kafka (1883–1924)

Wenn man doch ein Indianer wäre, gleich bereit, und auf dem rennenden Pferde, schief in der Luft, immer wieder kurz erzitterte über dem zitternden Boden, bis man die Sporen ließ, denn es gab keine Sporen, bis man die Zügel wegwarf, denn es gab keine Zügel, und kaum das Land vor sich als glatt gemähte Heide sah, schon ohne Pferdehals und Pferdekopf.

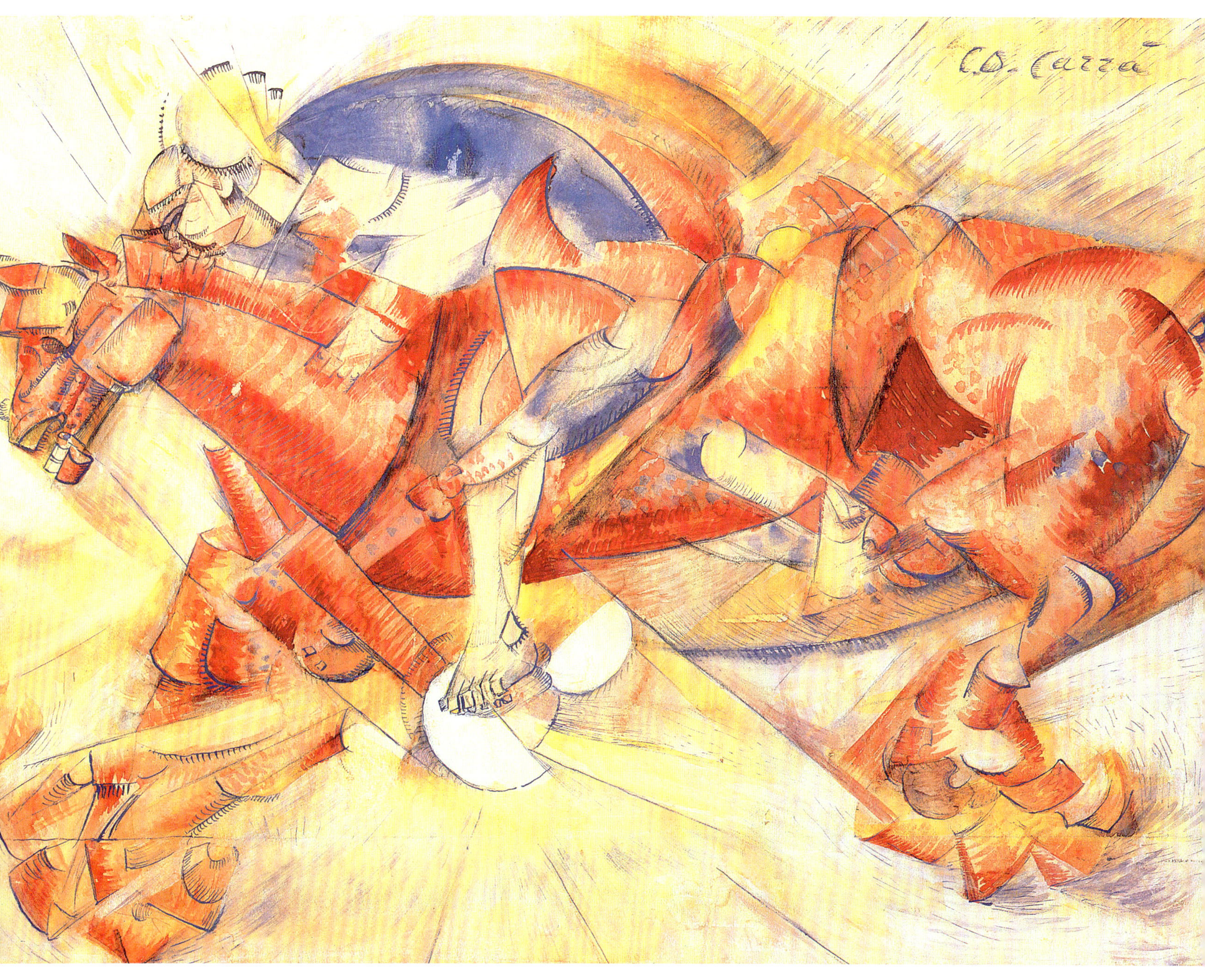

Carlo Carrà

Der rote Reiter

1914 | Farbe und Tempera auf Papier, auf Leinwand aufgezogen | 26 x 36 cm
Civ. Museo d'Arte Contemporanea, Mailand

Bewunderung

Es gibt viele Gründe dafür, ein Pferd zu lobpreisen und zu verehren: die große und starke Gestalt, die Eleganz der Bewegung, die seidenweiche, wehende Mähne, die scheinbare Intelligenz und Treue. Es ist immer wieder erstaunlich, wie bewundernd der Mensch vom Pferd spricht, wie er sein Äußeres lobt und seine inneren Werte schätzt. Die folgenden Worte des Propheten Mohammed sollen um 630 nach Christus aufgeschrieben worden sein:

„Als der Erschaffende das Pferd erschaffen wollte, sagte er zum Wind: Von dir will ich ein Wesen gebären, das geeignet ist, meine Verehrer zu tragen. Dieses Wesen soll geliebt sein von allen meinen Sklaven, es soll aber gefürchtet sein von allen, die meinen Geboten zuwiderhandeln. Und er schuf das Pferd und rief ihm zu:
Dich habe ich geschaffen ohnegleichen. Alle Schätze dieser Erde ruhen zwischen deinen Augen. Meine Feinde sollst du treten unter deine Hufe, meine Freunde aber sollst du tragen auf deinem Rücken, von dem Gebete zu mir aufsteigen. Auf der ganzen Welt sollst du glücklich sein und vorgezogen allen Geschöpfen dieser Erde. Denn dir soll sein die Liebe des Herrn der Schöpfung. Du sollst fliegen ohne Flügel, Du sollst siegen ohne Schwert."

Die Hochschätzung der Schönheit des Pferdes hat auch zu vielerlei Modeerscheinungen geführt. Schätzte man in Europa im Mittelalter eher das grobe Ross, so war es später das arabische Pferd, das gepriesen wurde. Kopfform, Körperbau, Mähnenfall, wacher Blick, schlanke Fessel, schmaler Huf – man könnte, wenn man einige Worte austauscht, meinen, dass von einer Frau die Rede wäre. Pferd und Frau – diese Beziehung bzw. dieser Vergleich gäben Stoff für ein eigenes Kapitel; Pferd und Erotik für ein weiteres.
Das Pferd als schönes Statussymbol, als charakterstarker Begleiter war ein hoch geschätzter und gelobter Gefährte. Es wurde besungen, verherrlicht, vergöttlicht, verehrt, unsterblich gemacht von den Malern und natürlich auch von den Dichtern.
Georg Britting (1891–1964) hat in seinem Gedicht „Das Roß" besonders die Wildheit, Kraft und Größe des Pferdes beschrieben. Gleich einem mythologischen Wesen steht es da, den Kopf in den Wind gereckt, die Mähne weht im Sturm. Das Bild „Der Schimmel" von Eugène Delacroix (1798–1863) zeigt ein solch schönes, kräftiges und angespanntes Pferd, das sich dem Wind entgegenstellt. Das Gedicht greift an seinem Ende genauso wie zuvor das von Hilde Domin (S. 52) auf Pegasus zurück und lässt dem ungeheuerlichen Pferd Flügel wachsen, damit es mit seinem Reiter den festen Boden verlassen und davonfliegen kann.
„Das Pferd" in Robert Walsers (1878–1956) kurzem Text wird von allen Seiten beleuchtet, seine Gemütslage betrachtet und seine Verbindung mit der Reiterin hervorgehoben. Schließlich zeichnet der Schweizer Autor ein Bild: das Bild einer Reiterin, die liebevoll den Hals ihres Reittieres streichelt, mit ihm spricht und seine Aufmerksamkeit erlangt. Das Gemälde von Alfred de Dreux (1810–1860) „Die Reiterin Kipler" scheint zu diesem Text geschaffen zu sein. Der Rappe und die ganz in Schwarz gekleidete Reiterin bilden eine tänzelnde Einheit, ganz Harmo-

nie. Und doch deutet das Weiße im Auge des Pferdes auf ein gewisses Misstrauen hin, auf eine Störung der Einheit, die in Walsers Text ebenso hervortritt.

Jean Louis André Théodore Géricault (1791–1824) hat einige der ausdrucksstärksten Pferdebilder geschaffen, die die Kunstgeschichte kennt. „Tête de cheval blanc“ zeigt frontal einen Pferdekopf, die dunklen Augen des Schimmels schauen den Betrachter an. Es ist ein ruhiges Bild, ein Bild der Gelassenheit. Ruhig und gelassen ist auch das Gedicht „An sein Reitpferd“ von Leopold Friedrich Günther von Goeckingk (1748–1828). Der alte Hengst, der seinen Herrn sein Leben lang begleitet hat, trägt ihn nun gemächlich zu seiner Frau, seiner Liebe. So sind diese Zeilen auch ein Liebesgedicht: Zum einen spricht es von der Liebe des Reiters zu seinem alten Pferd, zum anderen von der Liebe zu seiner Frau.

Die mittelalterliche Literatur lobt immer wieder die Pferde der Ritter, aber auch der Damen. Und sie stellt den Status des Reiters mit Hilfe wunderschöner oder heruntergekommener Pferde anschaulich dar. Pferde wurden reich geschmückt, um den Status ihres Reiters zu zeigen. Ein Text Hartmann von Aues aus der 2. Hälfte des 13. Jahrhunderts beschreibt ein Pferd mit ungewöhnlichen Farben: Seine linke Seite ist strahlend weiß, die rechte tiefschwarz. Dazwischen läuft von der Brust über das Maul, die Ohren, den Hals, den Rücken, die Kruppe ein grüner Strich. Die Augen sind grün umkreist. Vielleicht waren solche Pferde bemalt, vielleicht sollte diese Beschreibung ein Ausdruck der Eigenheit dieses Tieres sein. Ein Bild aus der Weingartner Liederhandschrift, die aus dem Anfang des 14. Jahrhunderts stammt, zeigt kein solch buntes Pferd, sondern den Dichter, Hartmann von Aue, hoch zu Ross.

Christian Morgenstern (1871–1914) klärt in seinem Text darüber auf, wie der Apfelschimmel entstand. Der treuherzige Apfelschimmel auf dem Gemälde des niederländischen Barockmalers Paulus Potter (1625–1654) steht passend zum Gedicht so da, als hätten ihn gerade die Äpfel des Baumes getroffen.

Den Abschluss dieses Kapitels bilden einige Zeilen aus Else Lasker-Schülers (1869–1945) Prosatext „Zirkuspferde“. Ihre häufig stark emotionale Dichtung gipfelt hier in der Verherrlichung der Schönheit des Pferdes. Oskar Mertes (1872–1938) Bild „Vier Pferdeköpfe“ zeigt Anmut und Grazie der geschmückten Schimmel, die auf ihren Auftritt zu warten scheinen.

21 | *Das Roß*

Georg Britting (1891–1964)

Witternd hebt es auf das Haupt,
Stolz den Hals gedreht,
Und mit nassen Nüstern schnaubt es,
Mit entblößtem Zahne,
Daß im Wind die Mähne weht,
Flatternde Haarfahne.

Bäumend, ragend aufgerichtet,
Schenkelmächtig, riesengroß –
Wiehert es: Trompetenstoß!
Als ob es den Feind gesichtet.
Seine Stärke zu erweisen
Schlägt es mit den Vordereisen
Einen Trommelwirbel wild –
Und die Brust glänzt wie ein Schild
Jetzt dem Höllenungeheuer.
Bei dem wüsten Erdgestampf,
Bei dem fabelhaften Kampf,
Ist es nicht, als fahre Dampf
Aus seinem Maul und Feuer?

Wüchs ihm jetzt ein Flügelpaar,
Wie es in der Vorzeit war,
Gewaltig an der Hüfte,
Stiegs, vom Gotte angerührt,
Der in ihm das Feuer schürt,
Fittichschlagend,
Seinen Harfenreiter tragend,
Glänzend in die Lüfte.

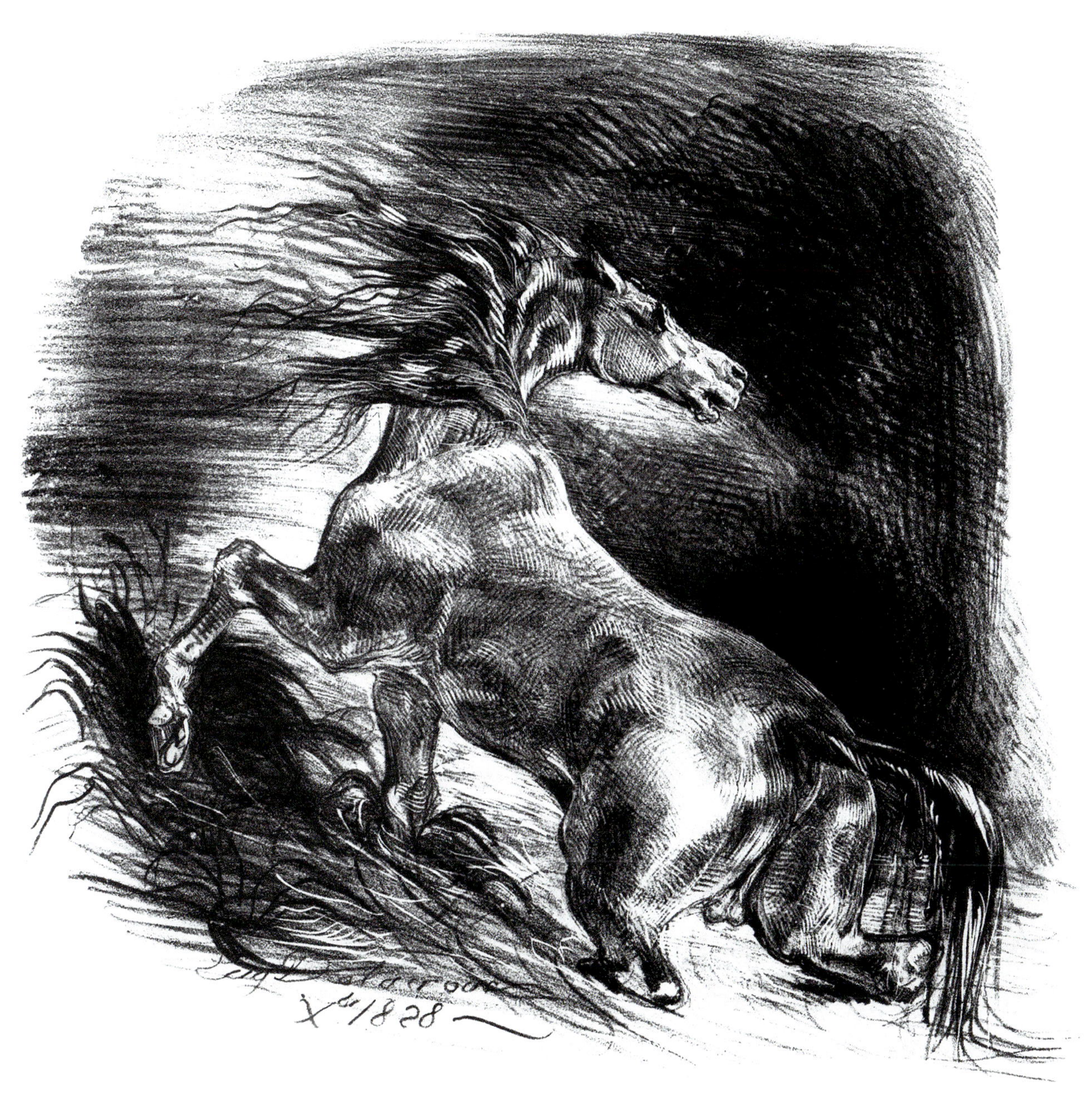

Eugène Delacroix

Wildpferd oder ein aufgeschrecktes Pferd, das aus dem Wasser springt

1828 | Lithographie | 30,1 x 28 cm

22 | *Das Pferd*

Robert Walser (1878–1956)

So ein Pferd, hübsch geputzt, gesattelt, darf stolz sein. Welches Wesen besitzt straffere Beine? An des Pferdes edlem Auftreten ist kaum zu zweifeln. Mitunter blicken seine treuen Augen beinah etwas traurig. Warum? Weil es seine uns erfreuende Gestalt beklagt, weil es sich nicht versteht oder nur zu sehr? Es duldet seinen Reiter mit Würde, mit Ungeduld und Sanftheit, in reizender Empörtheit und zugleich Ergebung. Eine schöne Frau mit lang herabfallendem Haar, die Gerte leicht in der behandschuhten Hand, träumend von ich weiß nicht was, faßt es beim Hals und Kopf, fährt ihm über die braune Haut, schaut es an, spricht mit ihm, und das Pferd sieht aus, als höre es das Anvertraute.

Alfred de Dreux

Die Reiterin Kipler

undatiert | Öl auf Leinwand | 92,5 x 73,5 cm | Musée du Petit-Palais, Paris

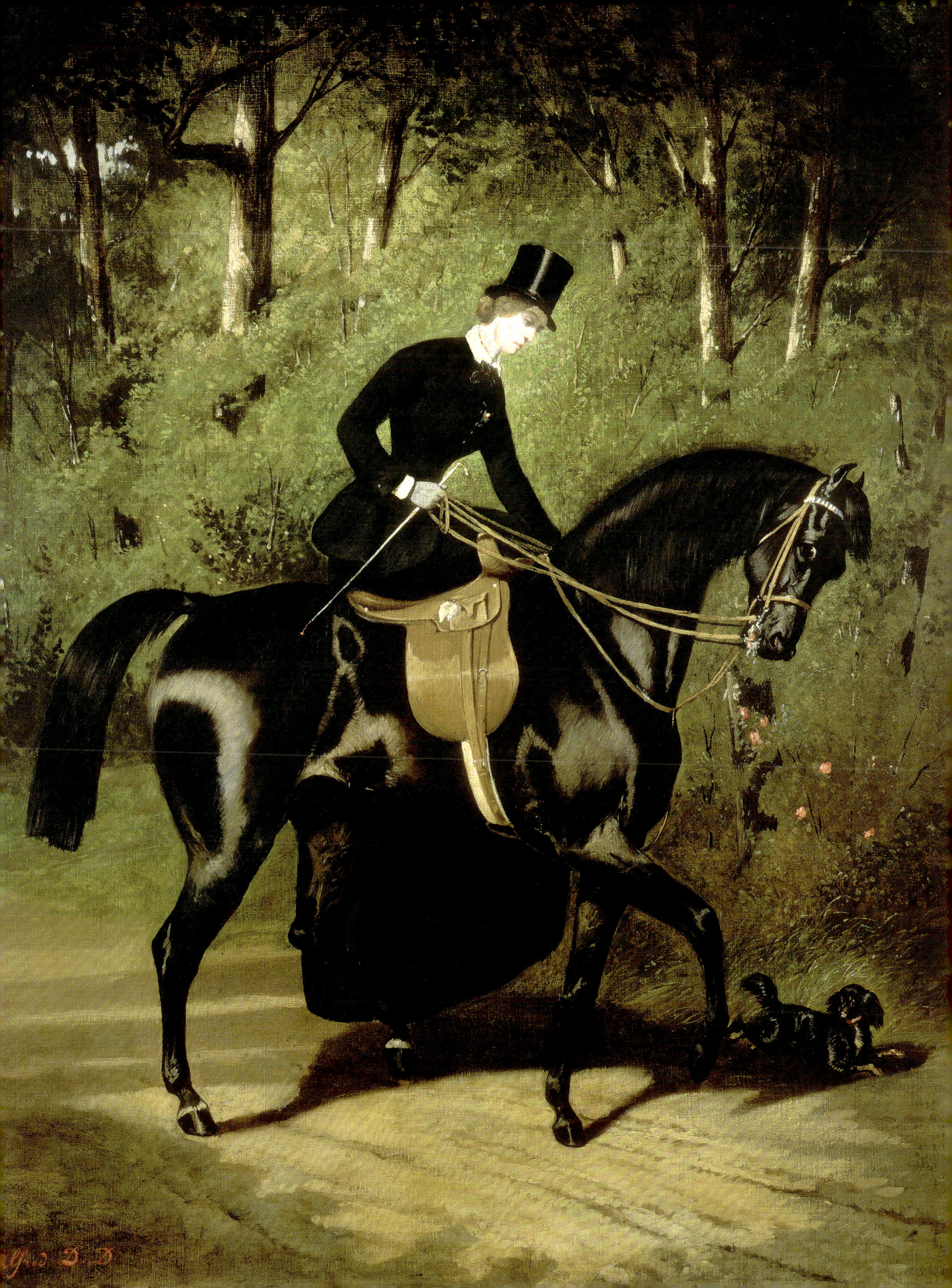

23 | *An sein Reitpferd*

Leopold Friedrich Günther Goeckingk (1748–1828)

Mein treuer Hengst! du weißt, ich liebe dich;
Du sollst auch alt in meinem Stalle sterben;
Du weißt, nicht Zorn, nicht Wettlauf reizte mich,
Mit deinem Blut die Sporen rot zu färben.

Ich will nicht reich durch deine Füße werden,
Mehr bist du mir als Gold der Wetten wert,
Und warest doch von allen schnellen Pferden
In Newmarket das allerschnellste Pferd!

Ach! gutes Tier, was sind fünftausend Pfund,
Die so geschwind dein leichter Huf errennet?
Mich machten sie nicht glücklich, nicht gesund,
Mich Kranken, der ein einzig Gut nur kennet.

Dies ist das Ziel, zu dem wir heute fliegen,
Und dieses Ziel, mein Alles in der Welt;
Der Ruhm, o Roß! hat dich gelehrt zu siegen,
Die Liebe lehrt allein, wie man gefällt.

Kein Wasser sei zu tief, schwimm du hinüber,
Kein Schlagbaum sei zu hoch, kein Weg zu schmal,
Kein Graben dir zu breit, spring rasch darüber,
Sei nirgend, Roß! und sei doch überall!

Sieh auf, mein Pferd! auf halbem Wege schreitet
Die Sonne schon, doch eh ihr letzter Schein
Noch Purpurfarb auf mein Gesicht verbreitet,
Muß ich im Arm von meinem Nantchen sein.

Nun biege dich, und nimm geschwind mich auf!
Rasch! tummle dich! dies Ziel noch zu erreichen.
Wie wird sie dir, zum Preis für deinen Lauf,
Den Schwanenhals mit sanften Händen streichen!

Théodore Géricault

Kopf eines Schimmels

um 1815 | Öl auf Leinwand | 65,5 x 54,5 cm | Musée du Louvre, Paris

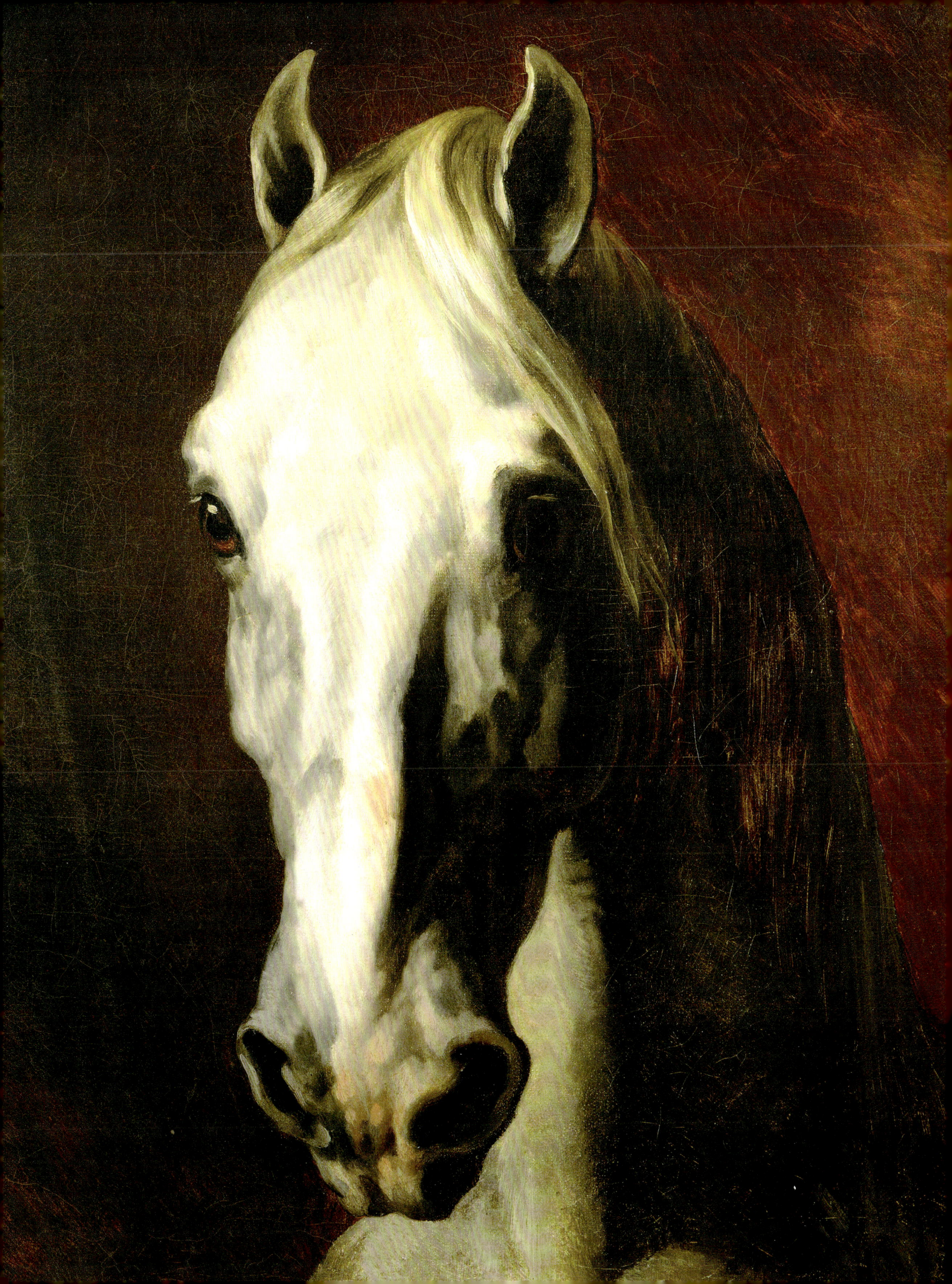

24 Erec

Hartmann von Aue (2. Hälfte 13. Jhdt.)

Alzan genzlîchen wîz
sô disiu schilthalben was
von der ich iu nû dâ las,
also swarz was disiu hie
dâ diu wîze abe gie.
ez was et swarz unde wîz.
dirre mislîche vlîz
was schône underscheiden:
zwischen den varwen beiden
was ein strich über geleit
wol eines halben vingers breit.
der strich grüene was
unde lieht sam ein gras.
an dem mûle er ane vie,
als ein penselstrich er gie
zwischen den ôren dane,
vil ebene über die mane,
engegen den goffen über den grât,
unz dâ daz phert ende hât,
zwischen den brüsten nider alsam,

als ez doch wol gezam.
diz wâren seltsæniu dinc.
umbe ietweder ouge gienc ein rinc
der selben varwe, daz ist wâr.
weich und reit was im daz hâr,
nâch dem teile gevangen,
daz hin was gehangen,
zu rehte dic und niht tief:
niht vol ez an diu knie enswief.
der zoph was vür daz houbet lanc,
halp swarz, halp blanc,
als in diu grüene varwe schiet.
der zagel alsam geriet.

So weiß
die linke Seite war,
von der ich euch eben vorgelesen habe,
so schwarz war diese,
Wo nichts Weißes war.
Es war also schwarz und weiß.
Dieser Kontrast
war in schöner Weise getrennt:
zwischen beiden Farben
lief ein Strich,
Etwa einen halben Finger breit.
Der Strich war grün
Und leuchtend wie Gras.
Er fing an dem Maule an
und lief wie ein Pinselstrich
zwischen den Ohren entlang,
gerade über die Mähne
auf die Kruppe zu über das Rückgrat
bis dahin, wo das Pferd aufhört,
und ich gleicher Weise zwischen den
Vorderbeinen hindurch
Wie es sich gehörte.
Das war staunenswert.
Um jedes Auge ging ein Kreis
Von gleicher Farbe, das ist wahr.
Seine Mähne war weich und lockig,
dort an der Stelle,
wo sie herunterhing,
gerade von richtiger Länge und Dichte,
Sie reichte nicht ganz bis an die Knie;
die Stirnfransen standen über den Kopf hinaus
halb schwarz, halb weiß
Wie die grüne Farbe sie teilte.
Der Schwanz war genauso.

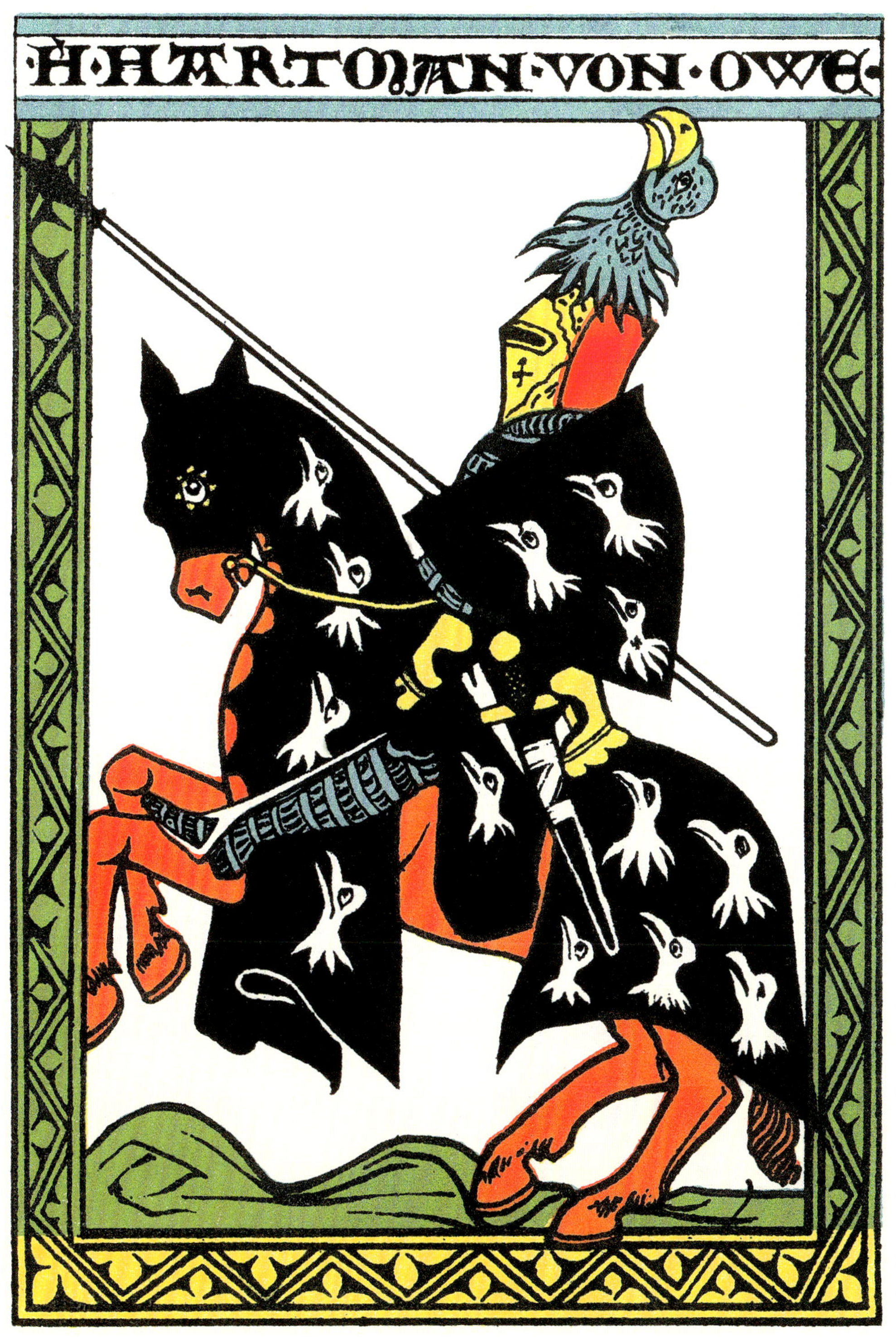

Hartmann von Aue

1330 | Buchmalerei, Aus der Weingartner Liederhandschrift
Württembergische Landesbibliothek, Stuttgart

25 | *Der Apfelschimmel*

Christian Morgenstern (1871–1914)

Eine Geschichte,
von der man nicht weiß, ob man sie Paul Schnurrbart zuschreiben darf oder nicht.

Es war einmal ein Schimmel, der war so weiß, daß man ihn gar nicht sah.
Eines Tages stand dieser Schimmel an einem Apfelbaum und rieb sich den Hals an seinem Stamm.
Der Apfelbaum wurde fast verrückt; denn er sah niemanden, der sich an ihm rieb, und fühlte doch, daß es so war.
Und er begann seinen Verstand zu verlieren und seine Äpfel dazu.
Der Schimmel aber erschrak so sehr über die plötzlich herabregnenden Äpfel, daß er eine Hautkrankheit bekam, welche die Äpfel nachahmte.
Seitdem gibt es Apfelschimmel.
Seit wann es aber die wunderbaren Spiele der Natur, ja diese Natur selbst, gibt – das weiß niemand zu sagen.

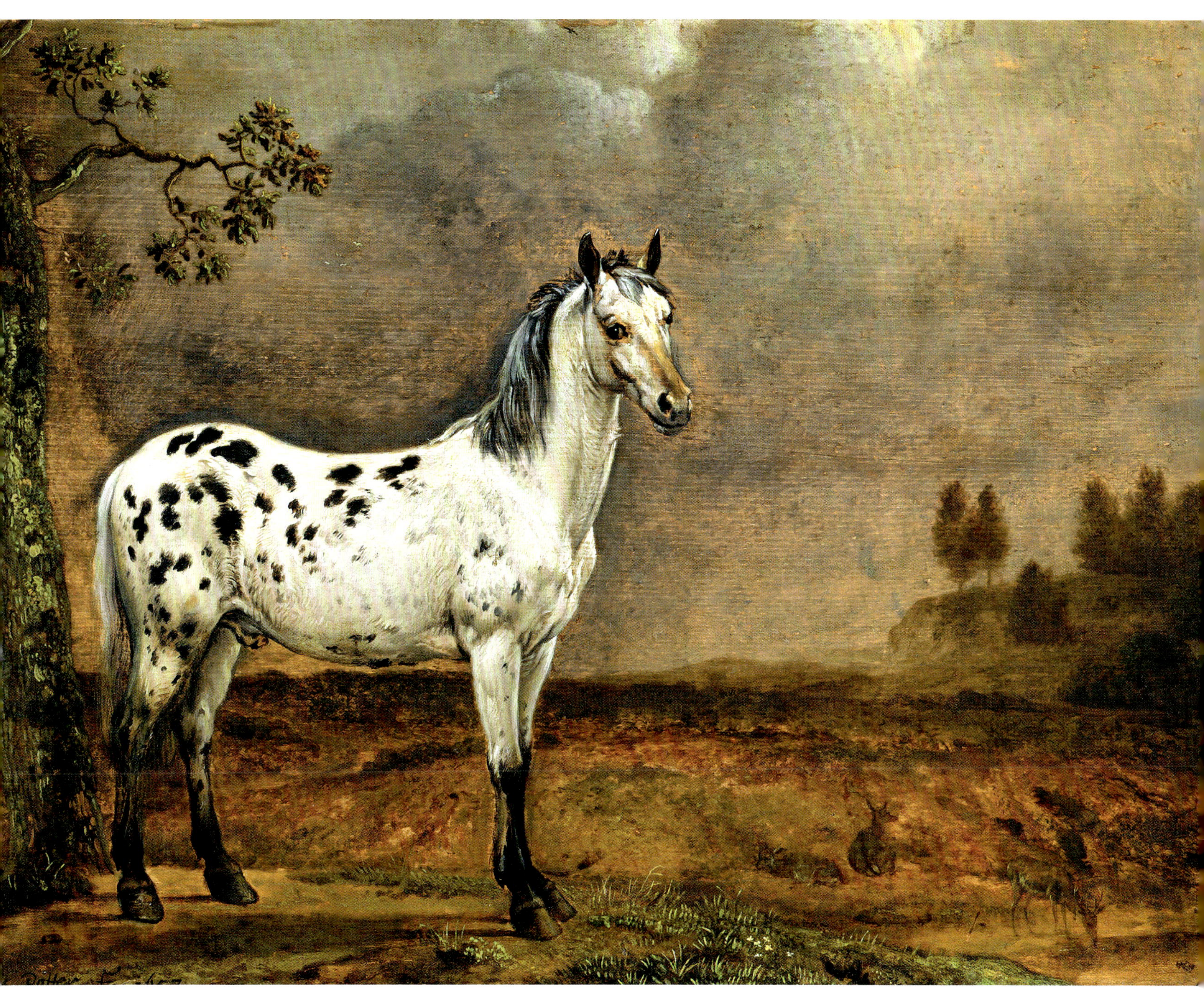

Paulus Potter

Das gescheckte Pferd

1653 | Öl auf Holz | 30,5 x 41 cm | Musée du Louvre, Paris

26 | *Zirkuspferde*

Else Lasker-Schüler (1869–1945)

Ich liebe euch, ihr Pferde mit den langen Seidenschweifen, Atlas ist eure Haut und feuerfarbener Samt eure Augen. Solche Schönheit ist die Frömmigkeit der Pferde, gezüchtet, spielfähig und buntgebenedeit.

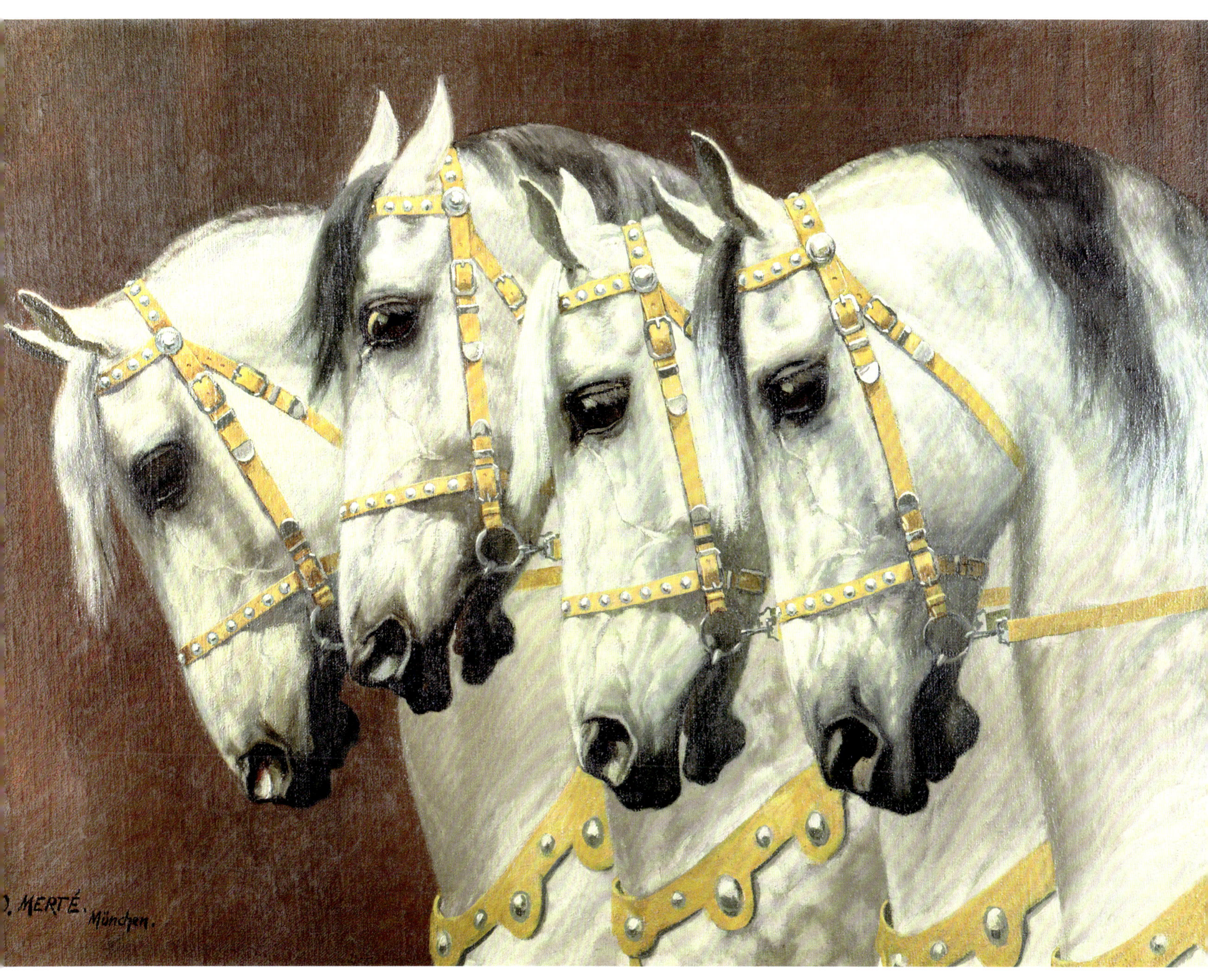

Oskar Merte

Vier Pferdeköpfe

1872 | Öl auf Leinwand | Privatsammlung

Heroen und Opfer

Heldenhaft und mutig waren die Pferde, die früher ihren Reiter in die Schlacht trugen. Waren sie das wirklich? Natürlich nicht, denn was sie taten, geschah durch den Einfluss und auf Befehl des Menschen. Pferd und Krieg, das ist ein trauriges Kapitel. Früher sah man vor lauter Patriotismus weder das Leid der Tiere noch die Massen der Pferde, die in der Schlacht verstümmelt wurden und starben. Einerseits waren sie unentbehrliche Begleiter des Soldaten, andererseits waren sie mehr als entbehrlich, da rasch zu ersetzen. Der Idealismus, für das eigene Land zu kämpfen und zu sterben, wurde auf das Pferd übertragen, weshalb man in der Literatur etliche Texte findet, in denen Pferde todesmutig und heldenhaft in die Schlacht galoppieren. Die Begeisterung für den Krieg zeigt sich in manchem literarischen Text, der den Ritt in das Gefecht verherrlicht. Auf den folgenden Seiten finden sich nur drei Beispiele dafür. Das direkteste ist wohl das Husarenlied von Nikolaus Lenau (1802–1850), in dem das „lustige Pferd“ mit vom Blut „rothem Huf“ davonspringt. Das großartige Bild von Théodore Géricault (1791–1824) zeigt ein prächtig geschmücktes Kriegspferd, einen Schimmel, der mit seinem säbelschwingenden Reiter eine kampferprobte Einheit bildet.

In Friedrich Schillers (1759–1805) „Reiterlied“ wird noch dem mutigen Ritt in die Schlacht ein Loblied gesungen. Ebenso in dem Gedicht „Reiters Morgenlied“ des wegen seiner Märchen bekannten Wilhelm Hauff (1802–1827). In seinen Versen wird der Tod nicht mehr als patriotische Gabe herbeigesehnt, sondern demütig entgegengenommen. Zu diesem Gedicht passt ein Ausschnitt des Teppichs von Bayeux, der Ende des 11. Jahrhunderts entstanden ist. Das fast 70 Meter lange und 50 Zentimeter breite Meisterwerk zeigt die Eroberung Englands im Jahr 1066. In dem gewählten Ausschnitt blickt man auf gefallene Soldaten, die unter die dahinstürmenden Pferde geraten sind.

Den Opfern des Krieges setzte besonders die expressionistische Literatur zu Beginn des letzten Jahrhunderts ein Denkmal. Ein Grund lag sicher in den Erfahrungen des Ersten Weltkriegs, an dem etwa 1,5 Millionen Pferde beteiligt waren. Von diesen starben circa eine Million. Noch im Zweiten Weltkrieg wurden etwa 1,8 der 2,7 Millionen beteiligten Pferden getötet – was bedeutet, dass pro Tag etwa 860 Pferde starben. Der polnische Reporter Ryszard Kapuściński (1932–2007) bezeichnete in seinem Buch „Imperium“ den Zweiten Weltkrieg als „Krieg der Pferde“, da die toten Tiere häufig auf den Schlachtfeldern liegengelassen wurden, weil niemand sie vergrub.

Die Stimmung hatte sich also gewandelt. Mitleid machte sich breit: Mitleid mit dem getöteten und gequälten Pferd. Ungeschönt wurde nun das Leiden des Tieres geschildert, sein Sterben seziert. Das zeigen im folgenden Kapitel Gedichte von Georg Heym (1887–1912) und Peter Huchel (1903–1981) sowie ein Ausschnitt aus Erich Maria Remarques (1898–1970) Roman „Im Westen nichts Neues“. Heym und Huchel beschreiben das Bild nach der Schlacht: ein verlassenes Schlachtfeld mit den Leichnamen der Soldaten und der Pferde. Bilder zu finden, die genau diese Szene zeigen, gelang nicht. Hingegen gibt es viele Bilder, die gestürzte oder tote Pferde in der Schlacht zeigen. Paolo Uccellos (1397–1475) Gemälde zeigt im gewählten Ausschnitt ein gestürztes Pferd, dessen dicker Bauch seine kräftige Statur zeigt. Jedoch erinnert er an den aufgedunsenen Bauch des toten Pferdes in Heyms Gedicht. Dieser Bauch steht für den grausamen Tod und die Verwesung des Pferdes. In Huchels Gedicht verweist alles auf Tod und Flucht. Man sieht kein lebendes Wesen mehr in diesem unheimlichen, schweigenden Szenario, in dem die toten Pferde mit dem Acker zu verschmelzen scheinen, also schon in die Verwesung übergegangen sind. Das Leiden dieser Pferde wird in dem Ausschnitt des Gemäldes von Eugène Delacroix deutlich, das ein sich im Todeskampf aufbäumendes Pferd auf dem Schlachtfeld zeigt. Der Ausschnitt aus Erich Maria Remarques (1898–1970) bekanntestem Roman „Im Westen nichts Neues“ schildert keine Verwundung, keine Verstümmelung. Kein Blick fällt auf ein verletztes oder totes Pferd. Man hört sie nur, man hört die sterbenden Pferde schreien und man spürt die Verzweiflung der Soldaten angesichts dieser Schreie. Das Bild von A. Paul Weber (1893–1980) mit dem Titel „Das Grauen“ ist wie für diesen Text gemacht. Es ist eines der beredtesten Zeugnisse der Grausamkeiten und Unmenschlichkeiten des Krieges.

Krieg und Tod – um diesem realistischen Kontext gerecht zu werden, ist auf den folgenden Seiten ein Paar aus Bild und Text zu sehen, das aus dem Rahmen fällt: Kein Paar bestehend aus literarischem Text und Gemälde wurde hier gewählt, sondern ein Sachtext und ein Photo. Der Journalist, Filmemacher und Schriftsteller Horst Stern (*1922) hat in den sechziger und siebziger Jahren des letzten Jahrhunderts mit seinen Tier-Sendungen und -Publikationen die unsentimentale Berichterstattung über Tiere in die Wohnzimmer gebracht. Der Tenor seiner Tierreportagen in „Sterns Stunde“ war neu, realistisch und legte Wert auf ökologische Informationen für die Zuschauer. In seinem Buch „Bemerkungen über Pferde“ hat Horst Stern gleich auf der ersten Seite ein Plädoyer für das Pferd und gegen die Verhamlosung des grausamen Sterbens im Krieg formuliert. Diesem Sachtext steht ein Photo aus dem Zweiten Weltkrieg gegenüber. Es zeigt drei der Millionen getöteten Pferde dieses Krieges.

Zu den Opfern dieses Kapitels gehören nicht nur die Pferde, die im Krieg starben, sondern auch solche Tiere, die vom Menschen gequält und misshandelt wurden und werden. Eine Metapher dafür ist der Droschkengaul, der von seinem Kutscher gepeitscht und ausgebeutet wurde. Theodor Däubler (1876–1934) beschreibt in „Die Droschke“ ein Pferd, das wartet, während sein Kutscher in der Kneipe zecht. Passiv steht es da und es werden kein anstrengendes Ziehen des Wagens und keine Peitschenschläge beschrieben, aber alles in diesem Gedicht spricht von einem schlecht genährten, müden Tier, das für seinen Herrn nicht mehr ist als ein Gebrauchsgegenstand. Edwin Landseers (1802–1873) Gemälde „Elend“ bedarf dazu keiner Erklärung.

Drastisch ist das Gedicht „Pferd“ von Alfred Wolfenstein (1883–1945) aus dem Jahr 1914. Ohne seinen Titel könnte man es nicht verstehen, denn die Schilderung des Rückens und einzelner geschundener Körperteile des Pferdes ist wie verschlüsselt dargestellt. Das Gemälde Paulus Potters (1625–1654) zeigt zwei abgearbeitete Pferde, die die Gewalt der Wolfensteinschen Worte nur in geringem Maße wiedergeben.

Und schließlich Paul Zech (1881–1946): Er schrieb 1912 das Gedicht „Das Grubenpferd“ und schildert darin das Schicksal eines blinden Pferdes, das tief unter Tage eingeschlossen für den Menschen arbeiten muss. Zech war aus sozialem Idealismus als Hauer und Steiger in den Kohlenzechen des Ruhrgebiets und auch in den Eisenhütten Belgiens und Nordfrankreichs tätig. So kannte er das Schicksal der Grubenpferde aus erster Hand. In seinem Gedicht schildert er eine beklagenswerte, jammervolle und trostlose Existenz, die sich schließlich wie in einem Anfall von Wahnsinn an die Freiheit und die Natur erinnert und sich in den Tod stürzt. Diesem Tod des Pferdes im Gedicht steht als Bild der Kopf eines toten Pferdes gegenüber. Adolph von Menzel (1815–1905) fertigte eine Folge von Gemälden toter Pferdeköpfe an, die er sich aus dem Schlachthof beschafft hatte. Der Kopf des Schimmels, der hier gezeigt wird, kündigt von harter Arbeit und Nichtbeachtung im Tod, denn er ist mit seinem Zaumzeug quasi auf den Müll geworfen worden.

27 |

Husarenlieder IV

Nikolaus Lenau (1802–1850)

Da liegt der Feinde gestreckte Schaar,
Sie liegt in ihrem blutrothen Blut,
Wie haut er so scharf, wie haut er so gut,
Der flinke Hußar!

Da liegen sie, ha! so bleich und roth,
Es zittern und wanken noch husch! husch!
Ihre Seelen auf seinem Federbusch,
Da liegen sie todt.

Und weiter ruft der Trompetenruf,
Er wischt an die Mähne sein nasses Schwert,
Und weiter springt sein lustiges Pferd,
Mit rothem Huf.

Théodore Géricault

Offizier der kaiserlichen Garde zu Pferd

1812 | Öl auf Leinwand | 349 x 266 cm | Musée du Louvre, Paris

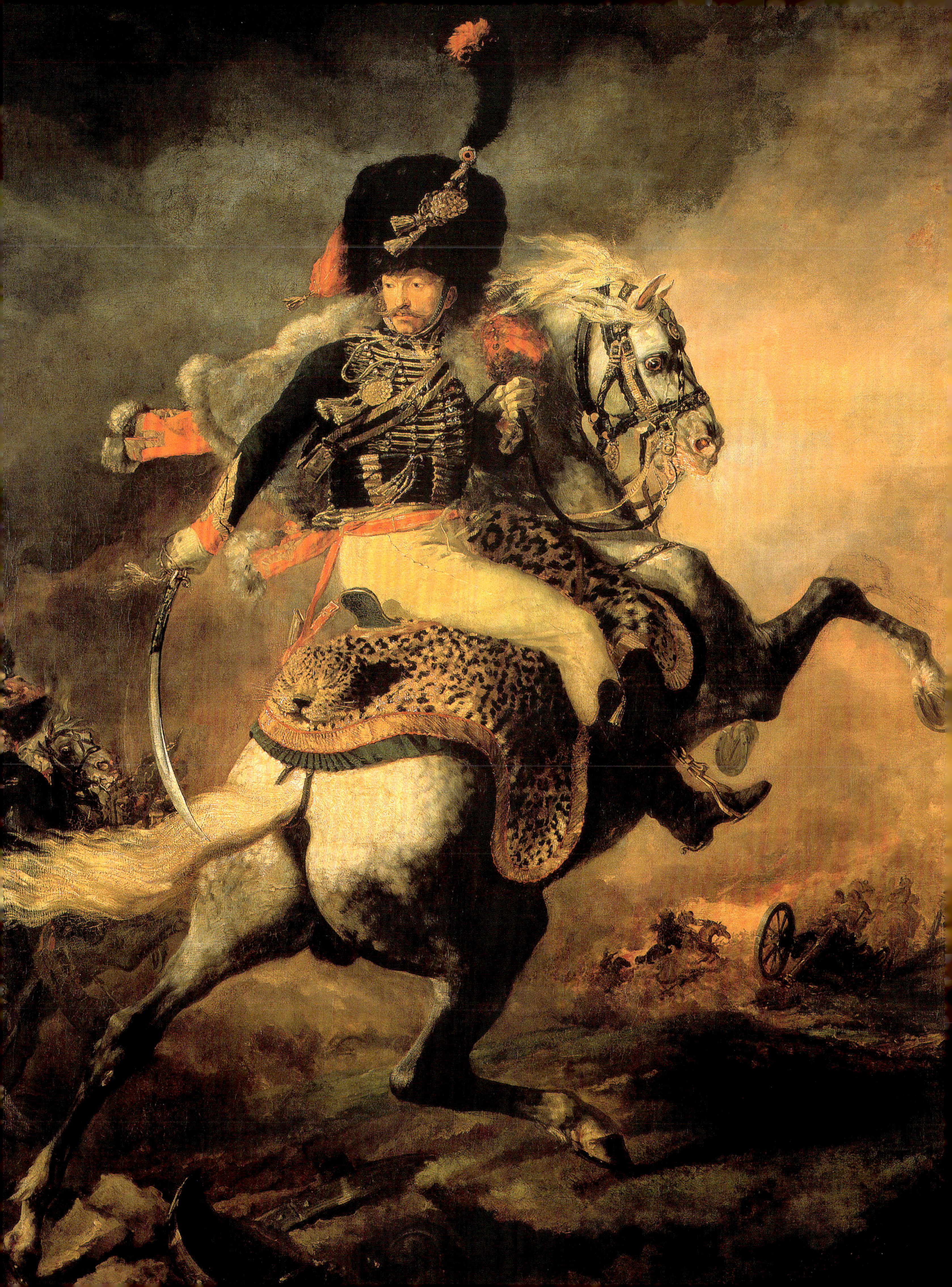

28 | *Reiterlied*

Friedrich Schiller (1759–1805)

Wohlauf Kameraden, aufs Pferd, aufs Pferd!
Ins Feld, in die Freiheit gezogen.
Im Feld, da ist der Mann noch was wert,
Da wird das Herz noch gewogen.
Da tritt kein anderer für ihn ein,
Auf sich selber steht er da ganz allein. [...]

Des Lebens Ängsten, er wirft sie weg,
Hat nicht mehr zu fürchten, zu sorgen,
Er reitet dem Schicksal entgegen keck,
Triffts heute nicht, trifft es doch morgen,
Und trifft es morgen, so lasset uns heut
Noch schlürfen die Neige der köstlichen Zeit. [...]

Der Reiter und sein geschwindes Roß,
Sie sind gefürchtete Gäste,
Es flimmern die Lampen im Hochzeitsschloß
Ungeladen kommt er zum Feste.
Er wirbt nicht lange, er zeiget nicht Gold,
Im Sturm erringt er den Minnesold [...]

Drum frisch, Kameraden, den Rappen gezäumt,
Die Brust im Gefechte gelüftet.
Die Jugend brauset, das Leben schäumt,
Frisch auf, eh der Geist noch verdüftet!
Und setzet ihr nicht das Leben ein,
Nie wird euch das Leben gewonnen sein.

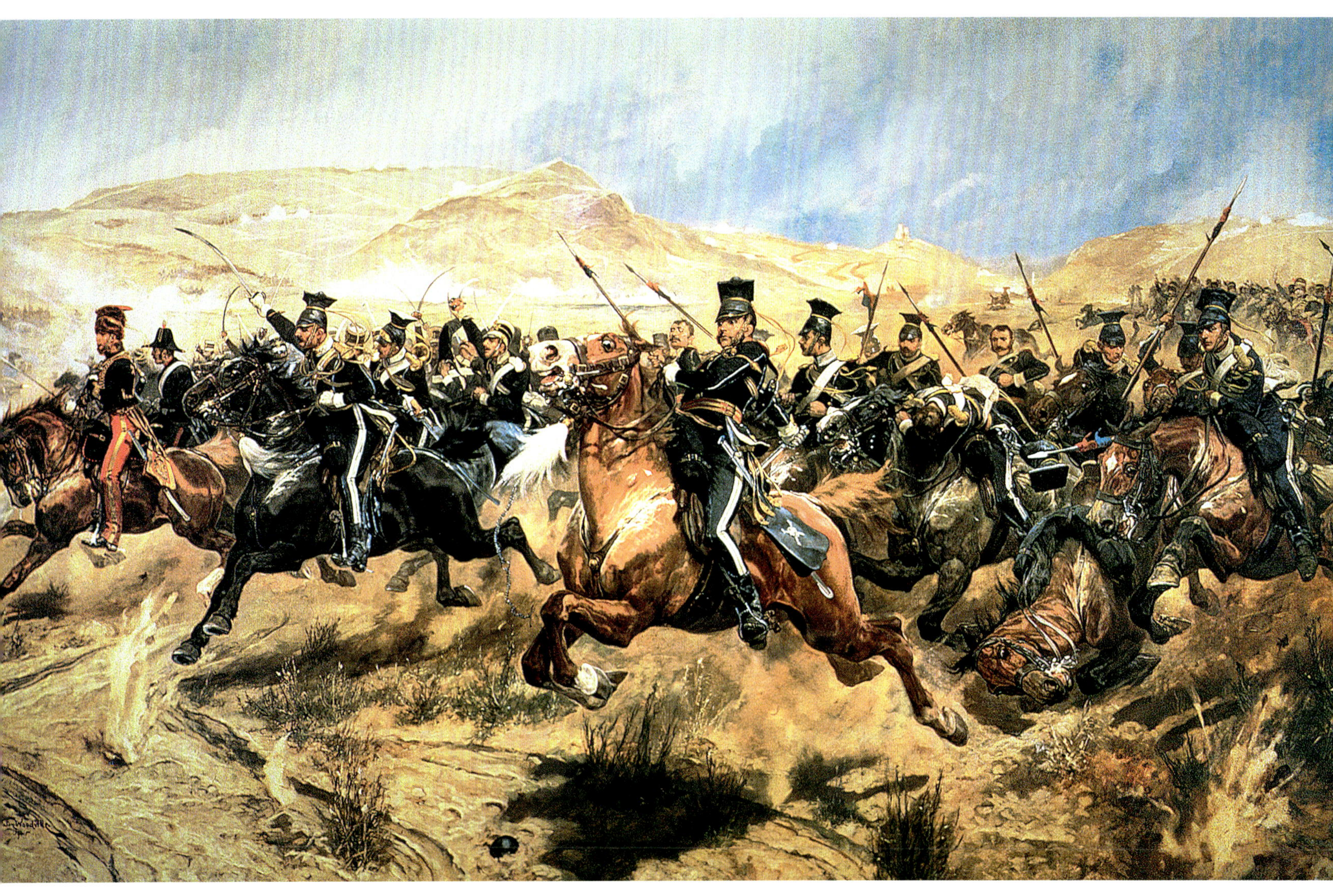

Richard Caton II. Woodville

Charge of the Light Brigade

1897 | Farblithografie | 76 x 114 cm

29 | *Reiters Morgenlied*

Wilhelm Hauff (1802–1827)

Morgenrot,
Leuchtest mir zum frühen Tod?
Bald wird die Trompete blasen,
Dann muß ich mein Leben lassen,
Ich und mancher Kamerad!

Kaum gedacht,
War der Lust ein End' gemacht,
Gestern noch auf stolzen Rossen,
Heute durch die Brust geschossen,
Morgen in das kühle Grab.

Ach, wie bald
Schwindet Schönheit und Gestalt!
Tust du stolz mit deinen Wangen,
Die mit Milch und Purpur prangen?
Ach, die Rosen welken all!

Darum still
Füg' ich mich, wie Gott es will.
Nun, so will ich wacker streiten,
Und sollt' ich den Tod erleiden,
Stirbt ein braver Reitersmann.

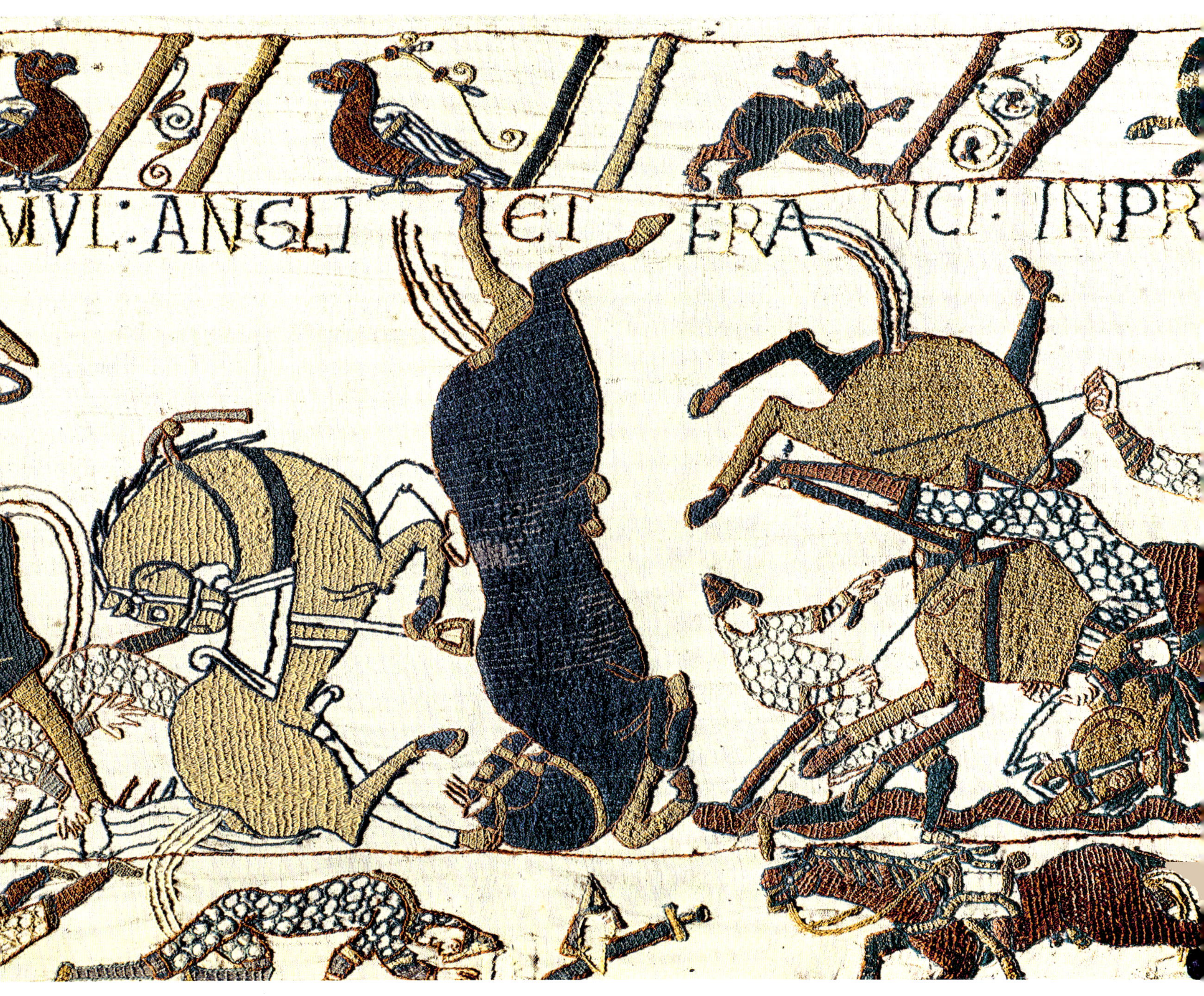

Schlacht von Hastings *(Teppich von Bayeux, Ausschnitt)*

um 1080 | Stickerei auf Leinen | 50 x 700 cm | Musée de la Tapisserie, Bayeux

30 | *Nach der Schlacht*

Georg Heym (1887–1912)

In Maiensaaten liegen eng die Leichen,
Im grünen Rain, auf Blumen, ihren Betten.
Verlorne Waffen, Räder ohne Speichen,
Und umgestürzt die eisernen Lafetten.

Aus vielen Pfützen dampft des Blutes Rauch,
Die schwarz und rot den braunen Feldweg decken.
Und weißlich quillt der toten Pferde Bauch,
Die ihre Beine in die Frühe strecken.

Im kühlen Winde friert noch das Gewimmer
Von Sterbenden, da in des Osten Tore
Ein blasser Glanz erscheint, ein grüner Schimmer,
Das dünne Band der flüchtigen Aurore.

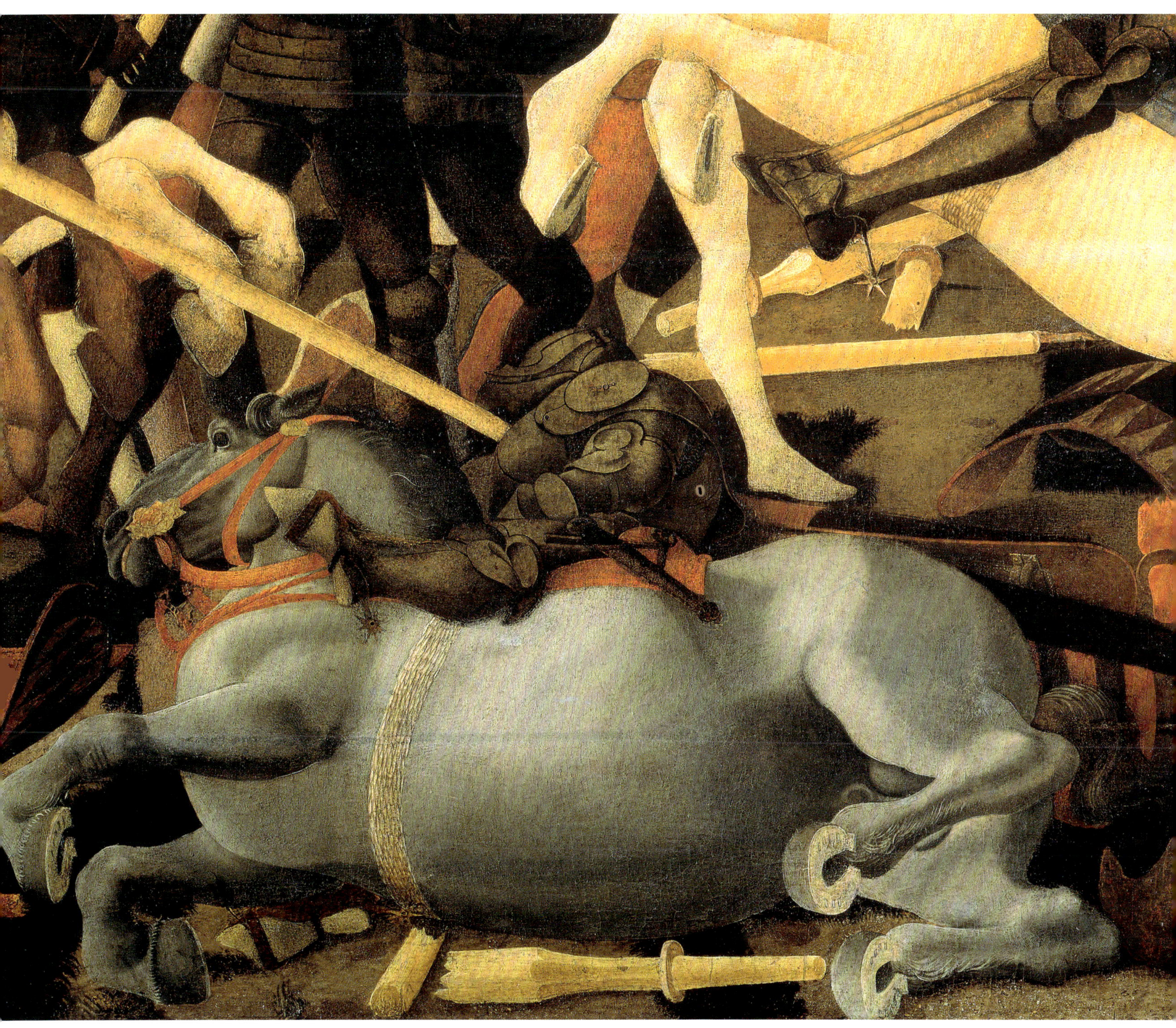

Paolo Uccello

Die Schlacht von San Romano *(Ausschnitt)*

1456 | Tempera auf Holz | 182 x 323 cm | Galleria degli Uffizi, Florenz

31 *Chausseen*

Peter Huchel (1903–1981)

Erwürgte Abendröte
Stürzender Zeit!
Chausseen. Chausseen.
Kreuzwege der Flucht.
Wagenspuren über den Acker,
Der mit den Augen
Erschlagener Pferde
Den brennenden Himmel sah.

Nächte mit Lungen voll Rauch,
Mit hartem Atem der Fliehenden,
Wenn Schüsse
Auf die Dämmerung schlugen.
Aus zerbrochenem Tor
Trat lautlos Asche und Wind,
Ein Feuer,
Das mürrisch das Dunkel kaute.

Tote,
Über die Gleise geschleudert,
Den erstickten Schrei
Wie einen Stein am Gaumen.
Ein schwarzes
Summendes Tuch aus Fliegen
Schloß ihre Wunden.

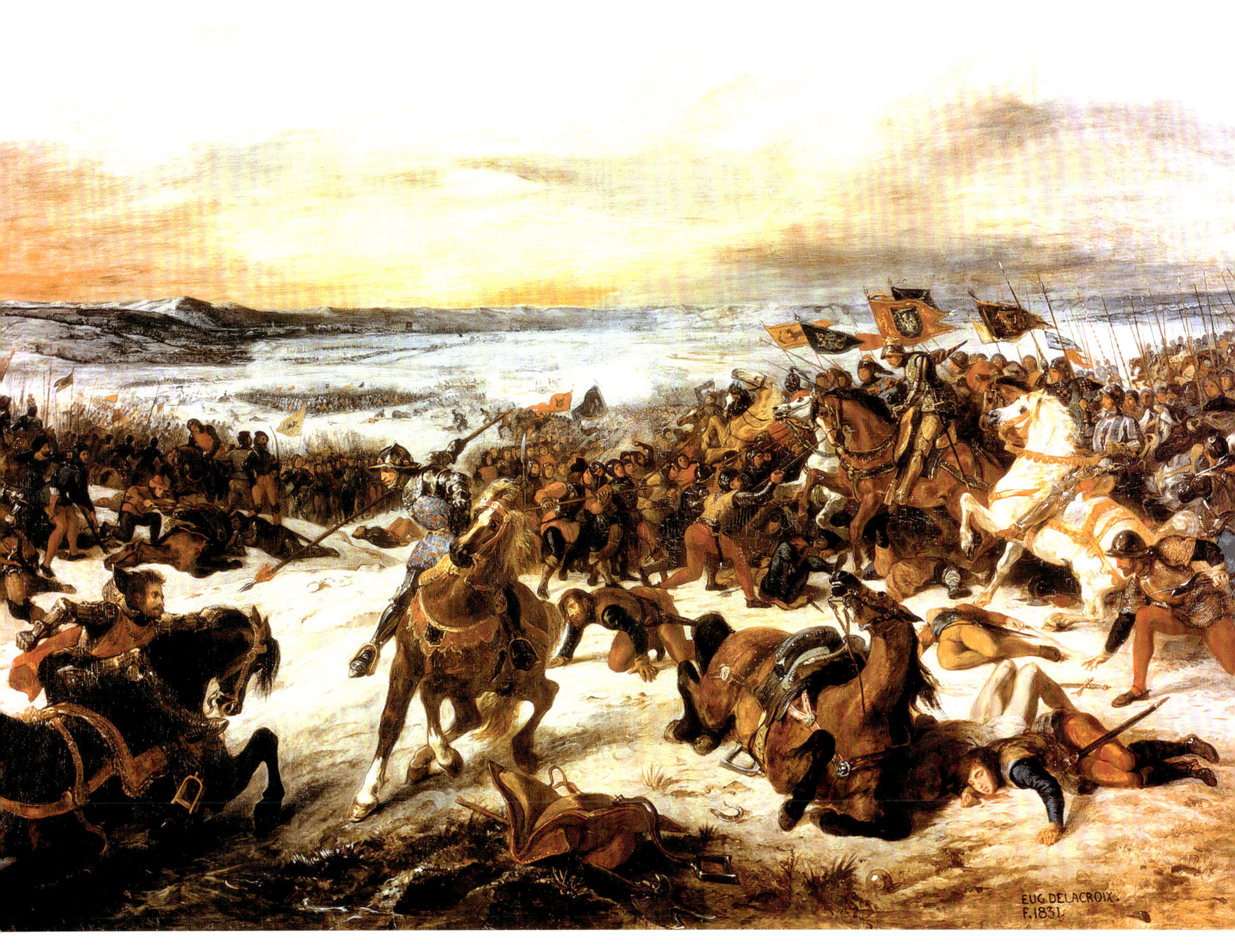

Eugene Delacroix

Tod Karls des Kühnen in der Schlacht v. Nancy

1831 | Öl auf Leinwand | 239 x 359 cm | Musée des Beaux-Arts, Nancy

32 | *Im Westen nichts Neues*

Erich Maria Remarque (1898–1970)

Das Schreien dauert an. Es sind keine Menschen, sie können nicht so furchtbar schreien.

Kat sagt: „Verwundete Pferde.“

Ich habe noch nie Pferde schreien gehört und kann es kaum glauben. Es ist der Jammer der Welt, es ist die gemarterte Kreatur, ein wilder grauenvoller Schmerz, der da stöhnt. Wir sind bleich. Detering richtet sich auf. „Schinder, Schinder! Schießt sie doch ab!“

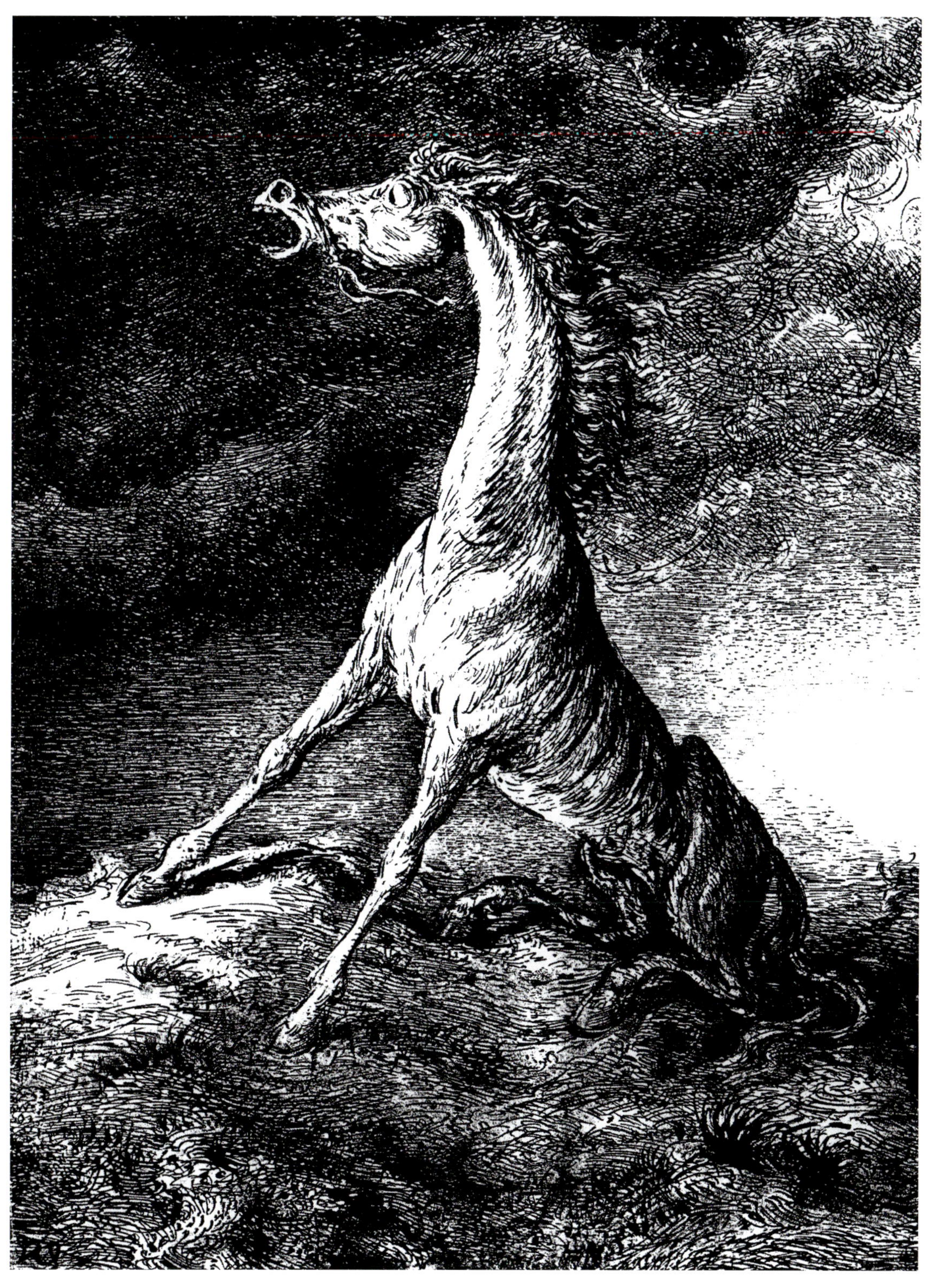

Andreas Paul Weber

Das Grauen

1963 | Grafik | 40 x 31 cm

33 | *Bemerkungen über Pferde*

*Horst Stern (*1922)*

Ich kann der gängigen Etikettierung des Pferdes mit Gemütsmetaphern, wie zum Beispiel „treuester Kriegskamerad des Menschen“, nur einen sehr faden Geschmack abgewinnen, wenn ich bedenke, daß Pferde zu keiner Zeit freiwillig und mit einem patriotischen Liedlein auf den Lippen aufs Feld der menschlichen Ehre galoppierten, wo allein im letzten, nur halbwegs noch zu Pferd geführten Krieg (1870/71) über 15 000 Tiere starben, um nicht sogleich ehrlich zu schreiben: verreckten.

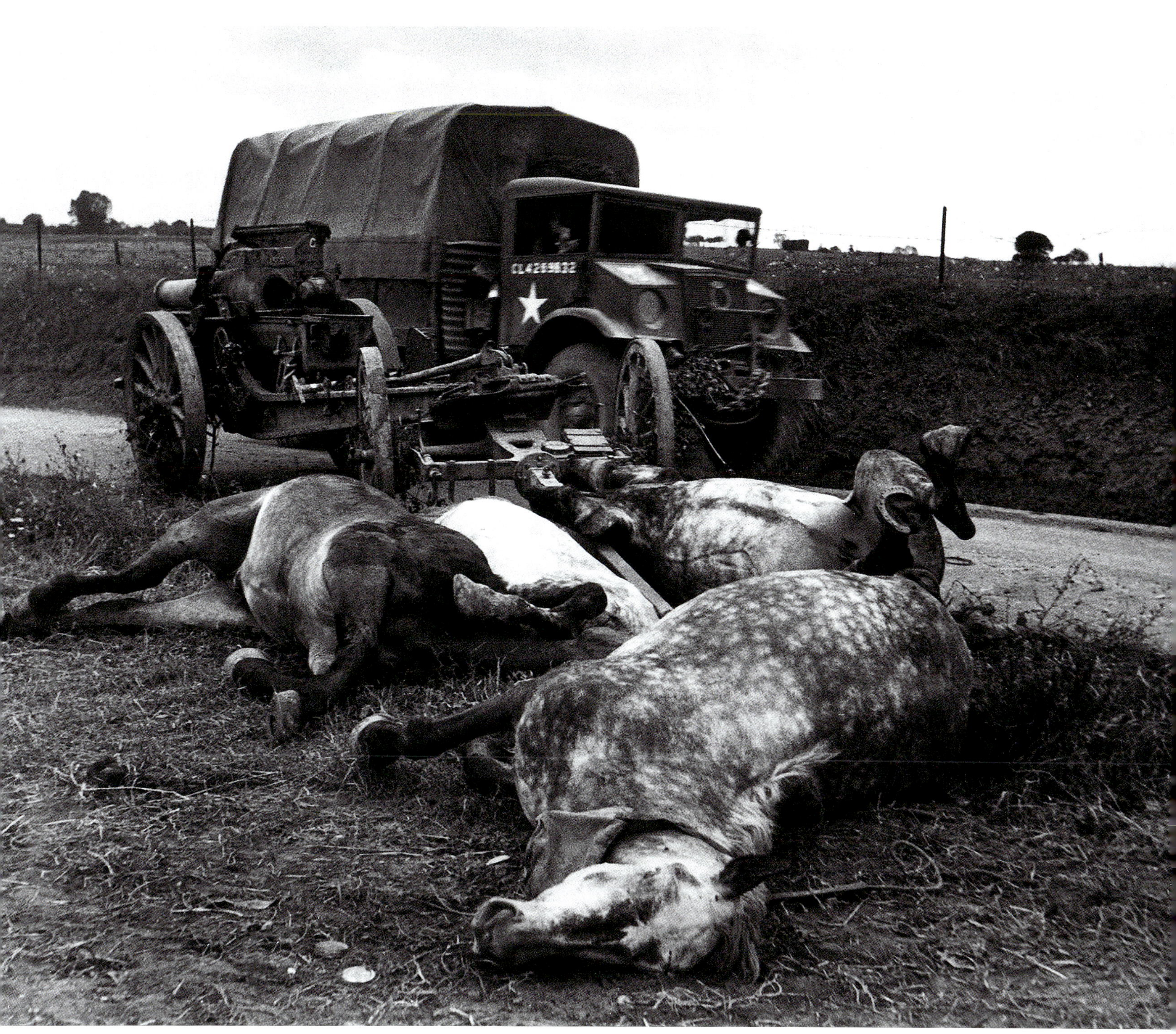

Tote Pferde vor einem deutschen Geschütz am Straßenrand

1944 | Fotografie

34

Die Droschke

Theodor Däubler (1876–1934)

Ein Wagen steht vor einer finstern Schenke,
Das viele Mondlicht wird dem Pferd zu schwer.
Die Droschke und die Gassenflucht sind leer:
Oft stampft das Tier, daß seiner wer gedenke.

Es halten diese Mähre halb nur die Gelenke,
Denn an der Deichsel hängt sie immer mehr.
Sie baumelt mit dem Kopfe hin und her,
Daß sie zum Warten sich zusammenrenke.

Aus ihrem Traume scheucht sie das Gezänke
Und oft das geile Lachen aus der Schenke.
Da macht sie einen Schritt, zur Fahrt bereit.

Dann meint sie schlafhaft, daß sie heimwärtslenke,
Und hängt sich an sich selbst aus Schläfrigkeit,
Noch einmal poltern da die Droschkenbänke.

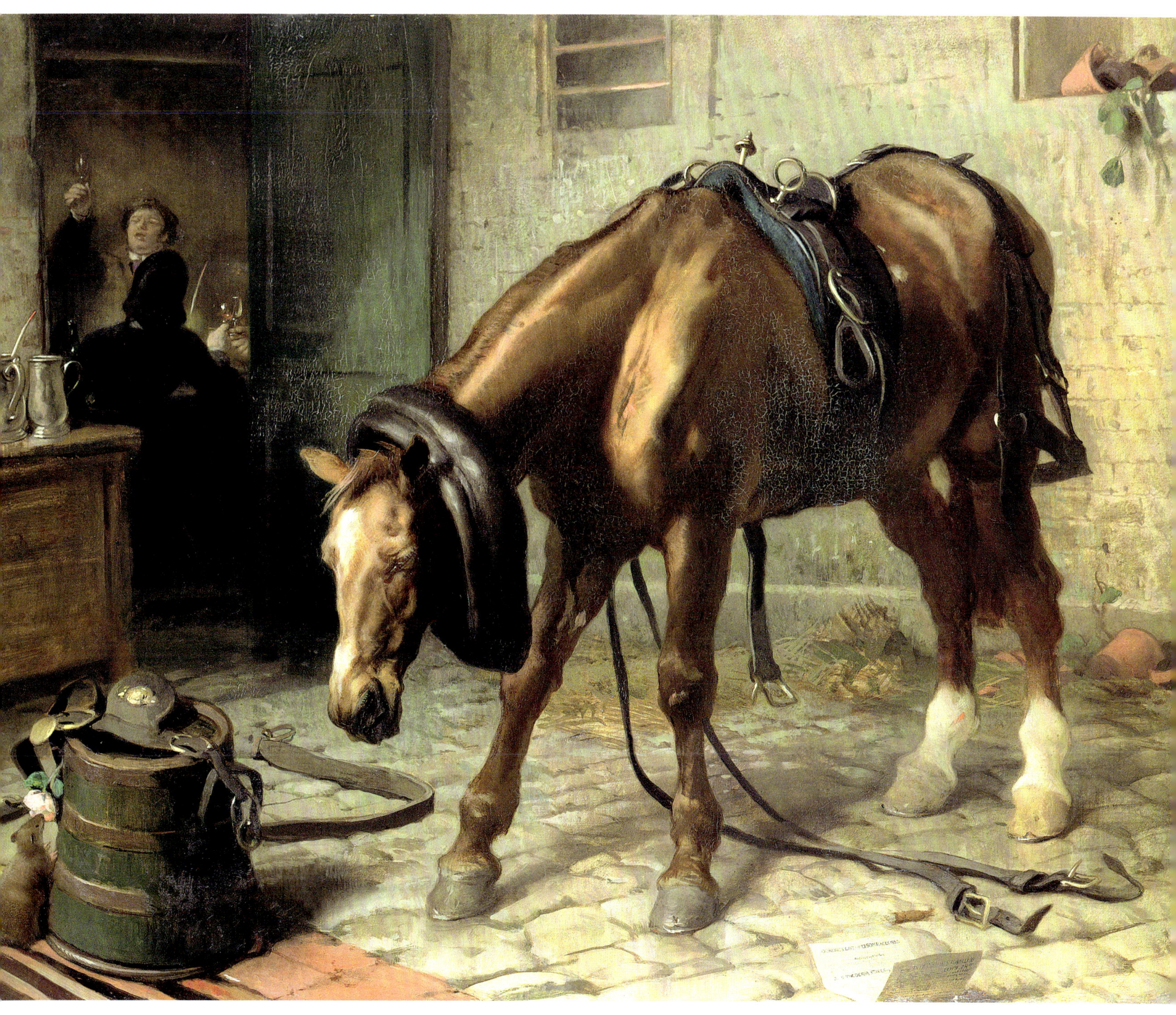

Sir Edwin Landseer

Adversity (Elend)

1857 | Öl auf Leinwand | Privatsammlung

35 | *Pferd*

Alfred Wolfenstein (1883–1945)

Hüglig gehöhlt und gehöht liegt ein Rücken
Leblos drückend auf steilen Gliedern
Wie auf stummem Stuhl … bloße Fleische bücken
Sich zu Steinen, die die dumpfe Last erwidern …

… Plötzlich bewegt vor sich vorwärts hasten
Stärken, daran die fremden Willen laut saugen
… Vorn eingesperrt in den knochigen Kasten
Summt sein armes Hirn an die Löcher der Augen.

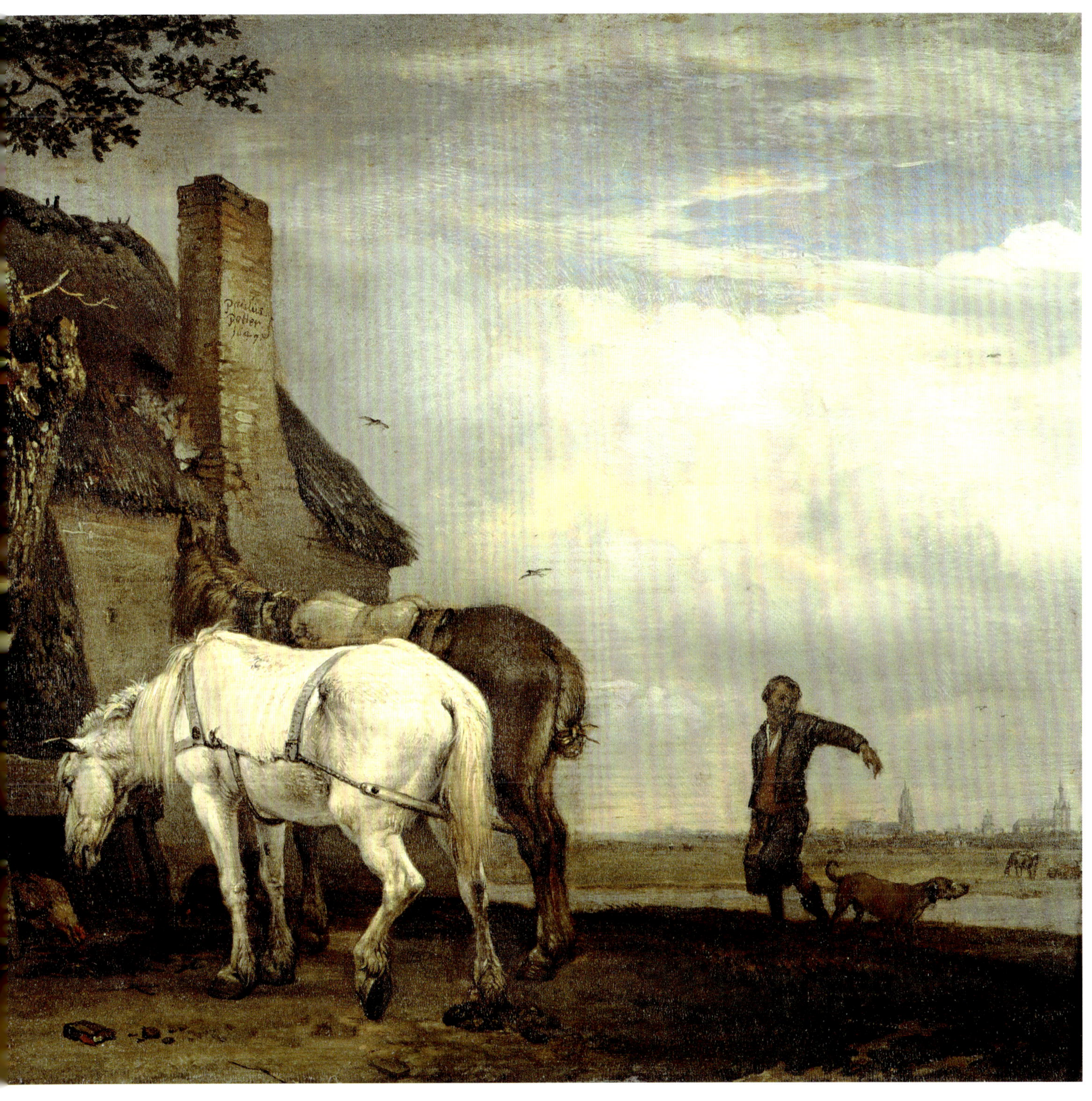

Paulus Potter

Zwei Pferde vor einer Bauernhütte

1649 | Öl auf Leinwand | 23,5 x 25,5 cm | Musée du Louvre, Paris

36 | *Das Grubenpferd*

Paul Zech (1881–1946)

So schwarz weint keine Nacht am schwarzen Gitter
wie in dem schwarzen Schacht das blinde Pferd.
Ihm ist, als ob die Wiese, die es bitter
in jedem Grashalm schmeckt, nie wiederkehrt.

Es wittert durch das schwarze Fleisch der Steine
den Tod und sieht ihn mit den toten Augen an,
und ist mit ihm die ganze Nacht alleine
und geht nur widerwillig ins Gespann.

Der Knabe, der es durch die Gänge treibt,
will es mit Brot und Zucker fröhlich machen.
… Es kann nicht mehr wie andere Pferde lachen.
In seinen Augen wurmt die Nacht und bleibt.

Nur manchmal, wenn mit dem Geruch von Laub
waldfrisches Holz nach unten wird gefahren – :
hebt es den Kopf und beißt sich in den Haaren
des Knaben fest und stampft ihn in den Staub.

Und rast durch schwarzer Schächte Labyrinth
und stürzt im Fliehn die steile Felsentreppe
herab und wiehert durch die grüne Steppe,
auf der die toten Pferde mächtig sind.

Adolph von Menzel

Pferdestudie

1848 | Öl auf Pappe, auf Papier aufgezogen | 64,2 x 50 cm | Nationalgalerie, Berlin

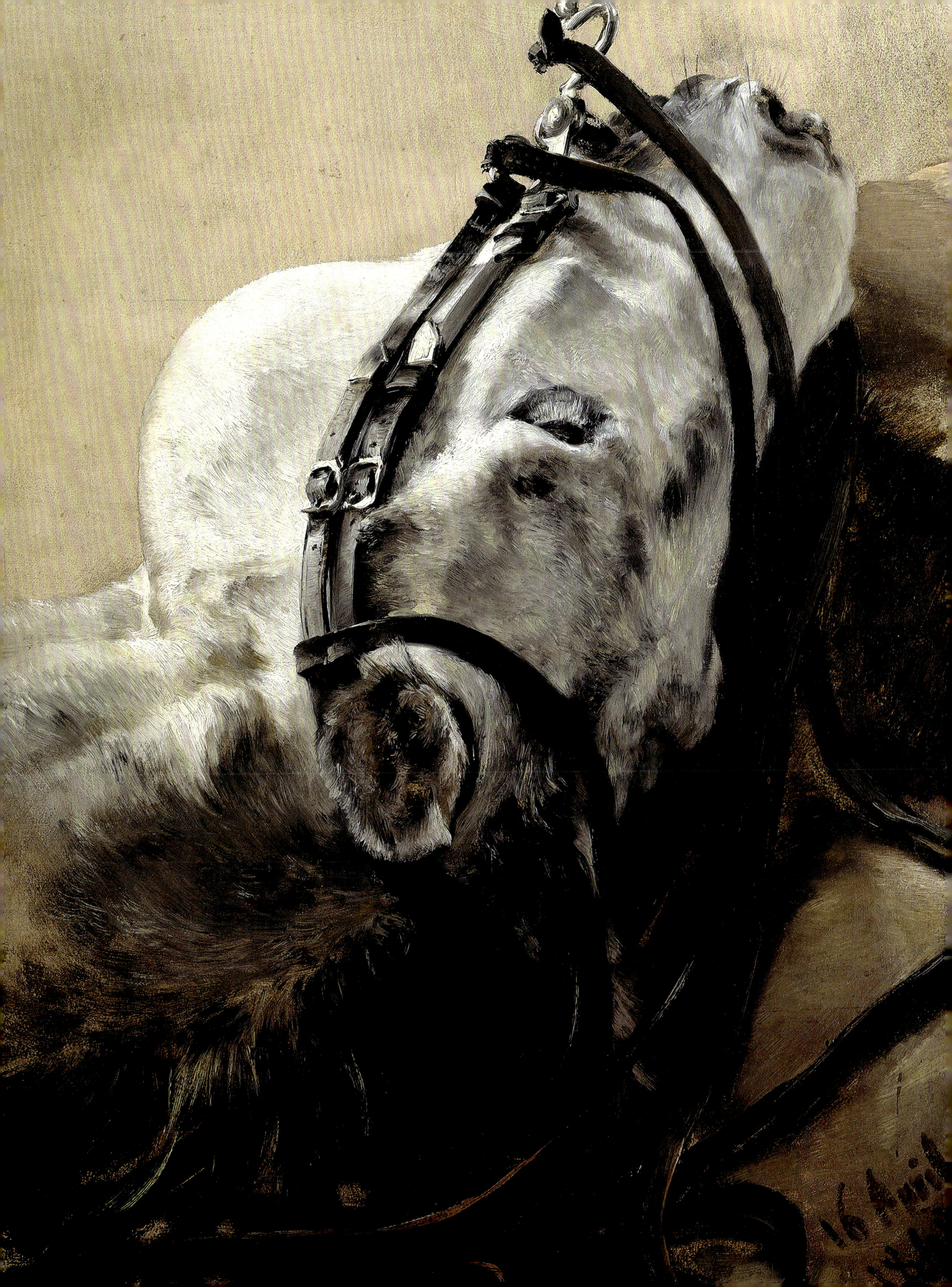
16 April

Text zum Bild

Es ist ein seltenes Vergnügen, bei der Suche nach Pferdetexten über Gedanken zu stolpern, die sich Dichter zu einem bestimmten Gemälde oder anderen Kunstwerk gemacht haben. Drei Beispiele sind auf den folgenden Seiten zusammengestellt.

Johannes Bobrowski (1917–1965) hat ein Gedicht dem bekannten Kupferstich von Albrecht Dürer (1471–1528) gewidmet. „Der Reuter“ beschreibt einen der drei Meisterstiche Dürers: „Ritter, Tod und Teufel“. Bobrowski schlüpft in seinen Versen in die Person des zentralen Reiters und schildert dessen Standpunkt und dessen Empfindungen.

Georg Britting (1891–1964) hat in seiner Erzählung „Das Duell der Pferde“ einen Holzstich von Hans Baldung Grien (1484–1545) erwähnt. Eine Kopie dieses Bildes hing in Brittings Arbeitszimmer. Es zeigt mehrere recht steife Pferdekörper in Bewegung. In Brittings Beschreibung werden diese Pferde zu dämonischen Gestalten – passend zu seiner Erzählung vom Duell der Pferde.

Rainer Maria Rilke (1875–1926) unternahm im Sommer 1900 mit Lou Andreas-Salomé eine Russlandreise, seine zweite. Als der Dichter 22 Jahre später seine „Duineser Elegien“ und besonders das hier zitierte Sonett I 20 fertig gestellt hatte, schrieb er der Freundin einen enthusiastischen Brief:

*„Und stell Dir vor, noch eins, in einem anderen Zusammenhang, eben vorher (in den ‚**Sonetten an Orpheus**‘, fünfundzwanzig Sonetten, geschrieben, plötzlich, im Vor-Sturm, als ein Grab-Mal für Wera Knoop) schrieb ich,*
machte, das Pferd, weißt Du, den freien, glücklichen Schimmel mit dem Pflock am Fuß, der uns einmal, gegen Abend, auf einer Wolga-Wiese im Galopp entgegensprang –:
***wie** hab ich ihn gemacht, als ein ‚**Ex-voto**‘ für **Orpheus**! – Was ist Zeit? – Wann ist Gegenwart?*
Über so viel Jahre sprang er mir, mit seinem völligen Glück, ins weitoffne Gefühl.“

Kontrastieren wir einmal diese Zeilen des Dichters mit der wahrscheinlich sehr viel realistischeren und pragmatischeren Erinnerung seiner Begleiterin, Andreas-Salomé, die in ihrem Tagebuch die Begegnung mit dem Schimmel weitaus weniger spektakulär schildert:

„Während wir an der Wolga standen, ertönte in den ganz stillen Abend Gewieher, und ein munteres Pferdchen trabte schnell, nach vollbrachtem Arbeitstag, der Herde zu, die irgendwo, weitab, in der Wiesensteppe nächtigte, […] Ein zweites Pferdchen, anderswoher, folgte mühsamer nach einer Weile: man hatte ihm, um es am wilden Springen ins Korn zu hindern, einen Holzblock an das eine Bein gebunden.“

Ein munteres Pferdchen oder ein freier, glücklicher Schimmel? Egal, die Begebenheit ist auf jeden Fall belegt und mit ihr ist einerseits ganz sicher dieses Erlebnis der Ausgangspunkt für das Sonett. Andererseits hat die Forschung entdeckt, dass Rilke das Gemälde „Galoppierender Schimmel" des italienischen Malers Giovanni Segantini (1858–1899) kannte, das seinem Gedicht hier zugeordnet ist. 1902 besprach er einen Ausstellungskatalog, in dem es abgebildet war. So wird vermutet, dass auch das Bild in die Zeilen einfloss.

37 „Der Reuter“ – Ein Kupferstich von Albrecht Dürer

Johannes Bobrowski (1917–1965)

Hoch das Visier! Durch Felsenschlüfte
geht jeder Weg jedweden Tag,
und stündlich stehen Totengrüfte
geöffnet. Unterm Hufeschlag

des Rosses steigen Moderdüfte.
Doch sicher geht's, solang ich wag
zu reiten! Stürben auch die Lüfte
vom Anhauch deiner Nache, sag,

Tod, der zu meiner Rechten hebt
das Stundenglas empor, soll Schmerz
ich zeigen, Schmerz, der mich vergräbt

in andres Dasein, fernenwärts,
Höll, Himmel, wo ich nie gelebt? –
Ich halt ein' feste Burg: das Herz!

Albrecht Dürer

Ritter, Tod und Teufel

1513 | Kupferstich | 24,6 x 19 cm

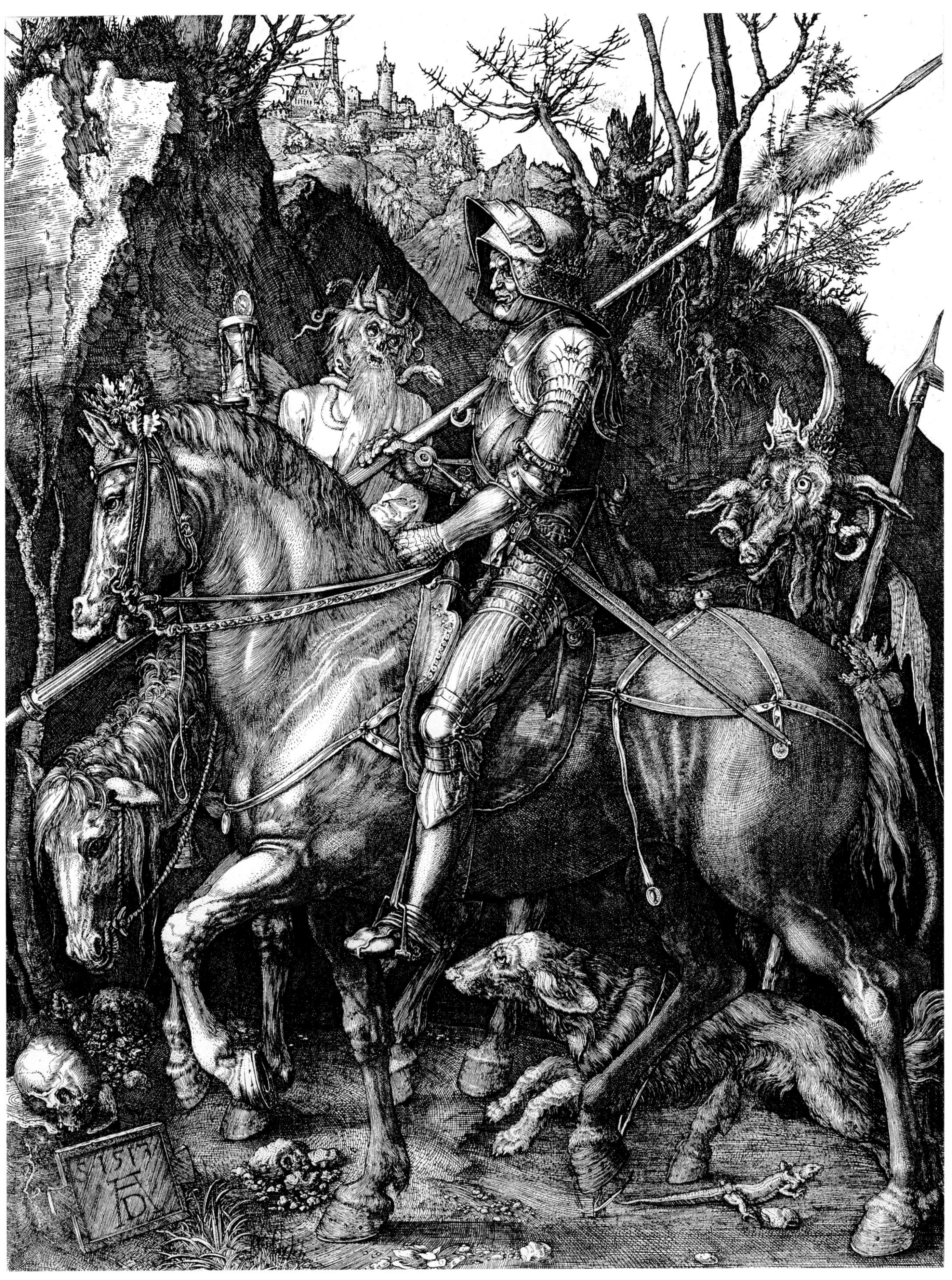

38 | *Das Duell der Pferde*

Georg Britting (1891–1964)

Auf dem Blatt des Hans Baldung Grien, das Herr von M. eben in der Hand hielt, tobte eine entfesselte Schar von Pferden, von riesigen Rössern und Gäulen, mit runden, kugelrunden, wie aus Stein geschnittenen, menschlichen Augen, mit prallen Schenkeln, auf denen die hervortretenden Muskeln wie Schlangen sich wanden. Die Leiber waren nicht aus Fleisch, nicht aus zuckendem Pferdefleisch, aus weißem Erz waren diese Leiber. Die Gesichter keine Pferdegesichter: Menschengesichter, Fratzen von Dämonen, und die starren Schwänze bogen sich, wie der Wasserstrahl sich biegt, der aus einem Brunnenrohr hart niederfällt. Die langen Leiber wanden sich im Spiel und Kampf und Krampf verschlungen, wie die Strangenden eines aufgedrehten, ausgefransten dicken Stricks.

Hans Baldung Grien

Holzschnittfolge „Kampf der Hengste"

1534 | Holzschnitt | zwischen 23 x 30,4 cm und 28,8 x 33,9 cm

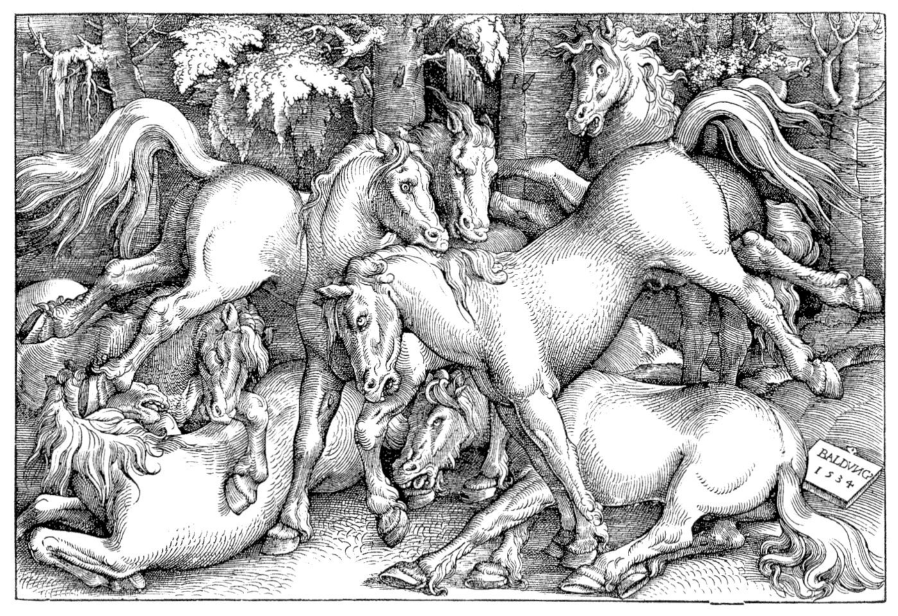
BALDVNG
1534

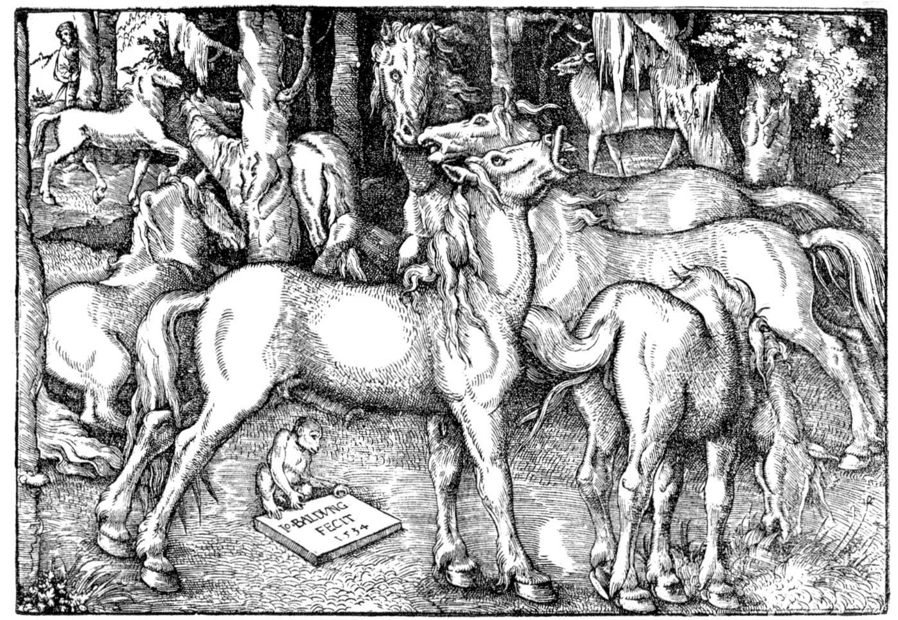
Io·BALDVNG
FECIT
1534

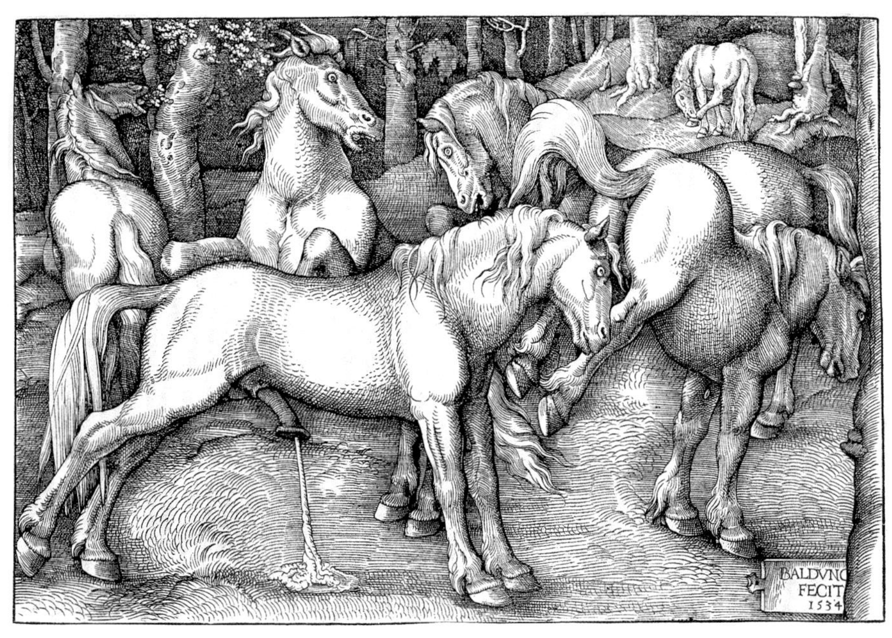
BALDVNG
FECIT
1534

39 | *Sonette an Orpheus I 20*

Rainer Maria Rilke (1875–1926)

Dir aber, Herr, o was weih ich dir, sag,
der das Ohr den Geschöpfen gelehrt? –
Mein Erinnern an einen Frühlingstag,
seinen Abend, in Rußland –, ein Pferd...

Herüber vom Dorf kam der Schimmel allein,
an der vorderen Fessel den Pflock,
um die Nacht auf den Wiesen allein zu sein;
wie schlug seiner Mähne Gelock

an den Hals im Takte des Übermuts,
bei dem grob gehemmten Galopp.
Wie sprangen die Quellen des Rossebluts!

Der fühlte die Weiten, und ob!
Der sang und der hörte -, dein Sagenkreis
War in ihm geschlossen.
Sein Bild: ich weih's

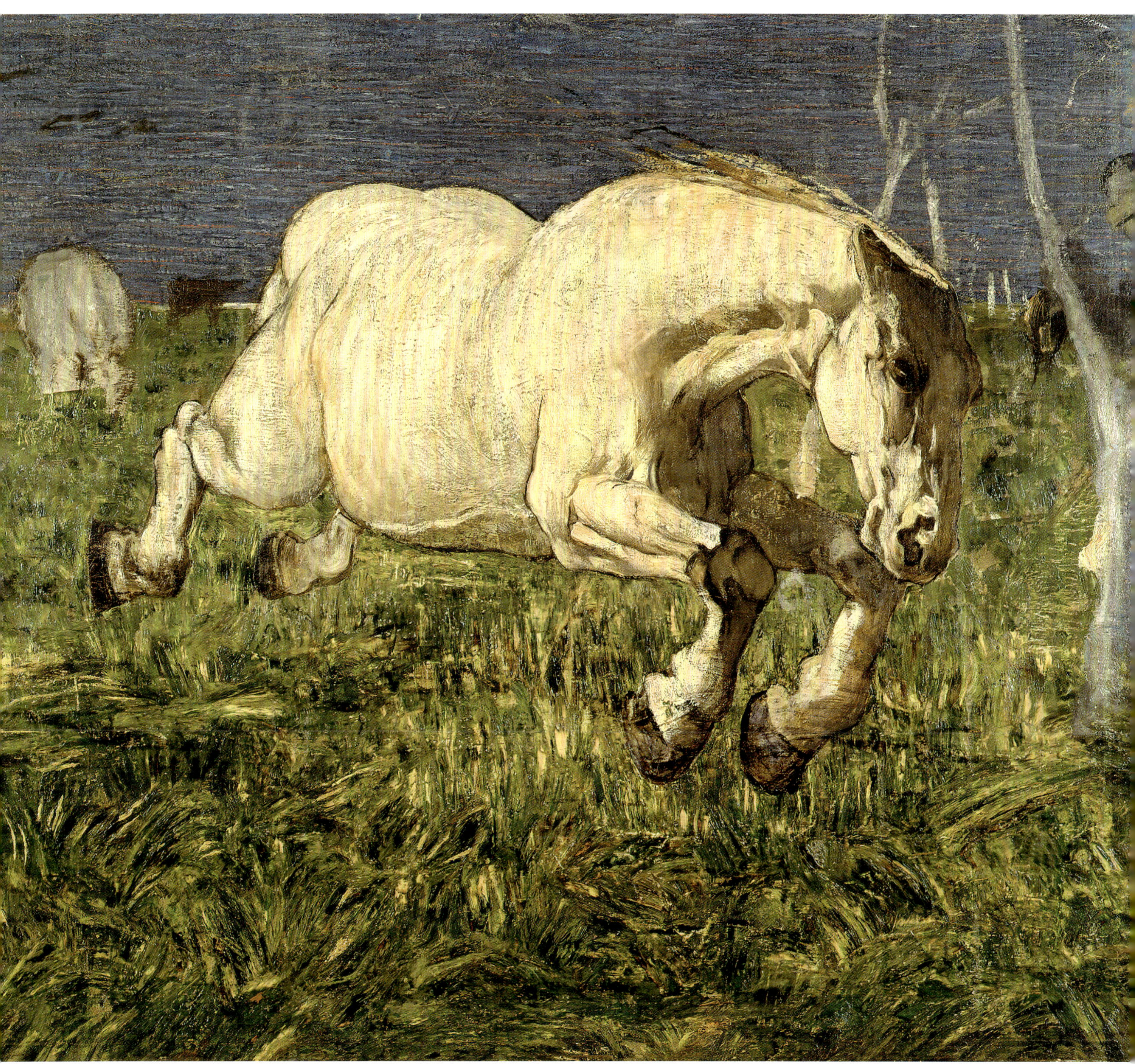

Giovanni Segantini

Galoppierendes Pferd

um 1887–89 | Öl auf Leinwand | 82 x 97 cm | Galleria d'Arte Moderna, Mailand

MYTHOS UND ABERGLAUBE

Träume

Dieses Kapitel ist schwer einzuordnen. Es handelt von Träumen, sowohl von Träumen über Pferde als auch von der abergläubischen Annahme, dass der Traum selbst ein Pferd sei. Damit gehört es in den Bereich von Mythos und Aberglauben.

Nightmare, Alptraum: Das englische Wort heißt übersetzt „Nachtstute“. Es spiegelt die Vorstellung, dass ein schlechter Traum sich in Form eines unheimlichen Pferdes dem Schlafenden nähert, sich gar auf seine Brust setzt, ihn einengt und bedrängt. Damit nähern wir uns den Geisterpferden, die im übernächsten Kapitel angesprochen und vorgeführt werden.

Das Bild „Nachtmahr“ von Johann Heinrich Füssli (1741–1825) zeigt diesen Aberglauben und lässt ein unheimliches Pferd durch einen Vorhang auf eine Schlafende schauen. (Von diesem Bild gibt es mehrere Versionen, was die Faszination des Malers für dieses Thema zeigt.) Hierzu passt ein Gedicht von Rainer Maria Rilke (1875–1926), in dem der Traum mit einem jagenden und verschreckten Pferd gleichgesetzt wird, das seinem Spiegelbild begegnet. Dieses Motiv der Begegnung mit einem Spiegelbild, das, wenn man die Hand nach ihm ausstreckt, verschwindet, ist hier auf Pferd und Reiter ausgedehnt worden.

Die anderen drei Gedichte sind eher leichterer Natur. Sie schildern Träume, in denen Pferde vorkommen – mal verträumt, mal behände.

„Reiter zwischen Tag und Tat“ von Reiner Kunze (*1933) bezieht sich auf das morgendliche Aufstehen. Das Bild des Pferdes erscheint in den reitenden Gedanken, die durch das Aufstehen am wilden Ritt gehindert werden sollen. Die Auswahl des Gemäldes von Odilon Redon (1840–1916) geschah allein aufgrund der phantastischen und ausgefallenen Atmosphäre, die es verbreitet. Der Pegasus in einem roten Nebel, das sich aufbäumende Sagenpferd sind phantastische Eindrücke, die einem Traum entsprungen zu sein scheinen.

Nicht vom Aufwachen, sondern vom Einschlafen erzählt das zweite Gedicht von Reiner Kunze. „Wie man einschlafen kann“, ist ein Kindergedicht. Das Kissen wird zum Pferd, an dem man sich festhalten, mit dem man einschlafen und träumen kann. Diesem Gedicht wurde das Bild „Stallungen“ von Franz Marc (1880–1916) zur Seite gestellt. Die geometrischen Formen dieses Bildes, die farbenfrohe und doch ruhige und freundliche Atmosphäre sind die richtige Stimmung für einen Kindertraum.

Schließlich Günter Eichs (1907–1972) „Japanischer Holzschnitt“: Hier taucht ein rosa Pferd auf. Der Betrachter wird aufgefordert, in das Bild einzutreten und die Zügel zu ergreifen. In einer erweiterten Version dieses Gedichtes wird klar, dass der Autor diese Szene mit einem Traum in Verbindung bringt. Roy Lichtenstein (1923–1997) malte die Endstudie zu „Waldszene“ 1980 und dieses Bild lässt eine träumerische Szenerie entstehen, in der sich Mensch und Pferd harmonisch zu begegnen scheinen.

40 | *Die weiße Fürstin*

Rainer Maria Rilke (1875–1926)

Nun stell dir vor, der Traum ist nicht vorbei.
Sei tief im Traum, du Schlafende. Es sei
dein Traum und meiner. Hast du oft geträumt,
so weißt du auch, wie unberechenbar
der Traum uns trägt. Er wendet sich, er bäumt
sich auf und er ist voll Gefahr.
Er rennt und jagt, dann wieder steht er still
und will nicht weiter; und er zittert so
wie Pferde zittern, wenn von irgendwo
genau derselbe Reiter noch einmal
entgegenkommt, genau dasselbe Tier,
derselbe Herr darauf, verzerrt und fahl –.
So, nicht wahr, ohne Absehen träumen wir.
Du weißt, im Traum kann so vielerlei
geschehn. Und es kann so verwandelt sein.
Wie eine Blume lautlos schläfst du ein
und du erwachst vielleicht in einem Schrei …

Johann Heinrich Füssli

Die Nachtmahr

1790 | Öl auf Leinwand | 76,5 x 63,5 cm | Freies Dt. Hochstift, Frankfurt am Main

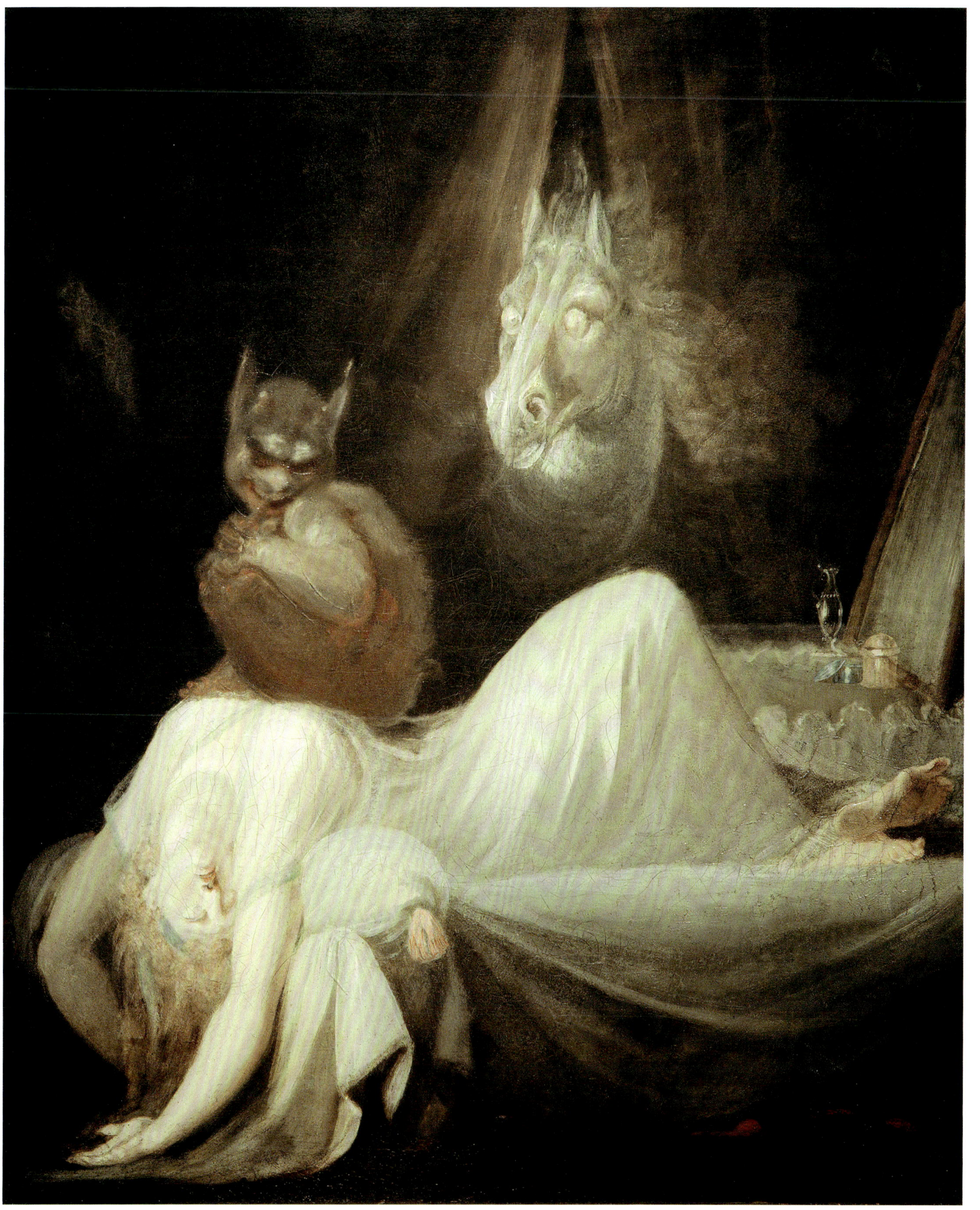

41 | *Reiter zwischen Tag und Tat*

*Reiner Kunze (*1933)*

Die vögel zersingen den schlaf
Die gedanken
geben dem herzen die sporen
Sie sprengen davon, während ich
liege
Sie werden es zuschanden reiten, wenn ich nicht aufsteh

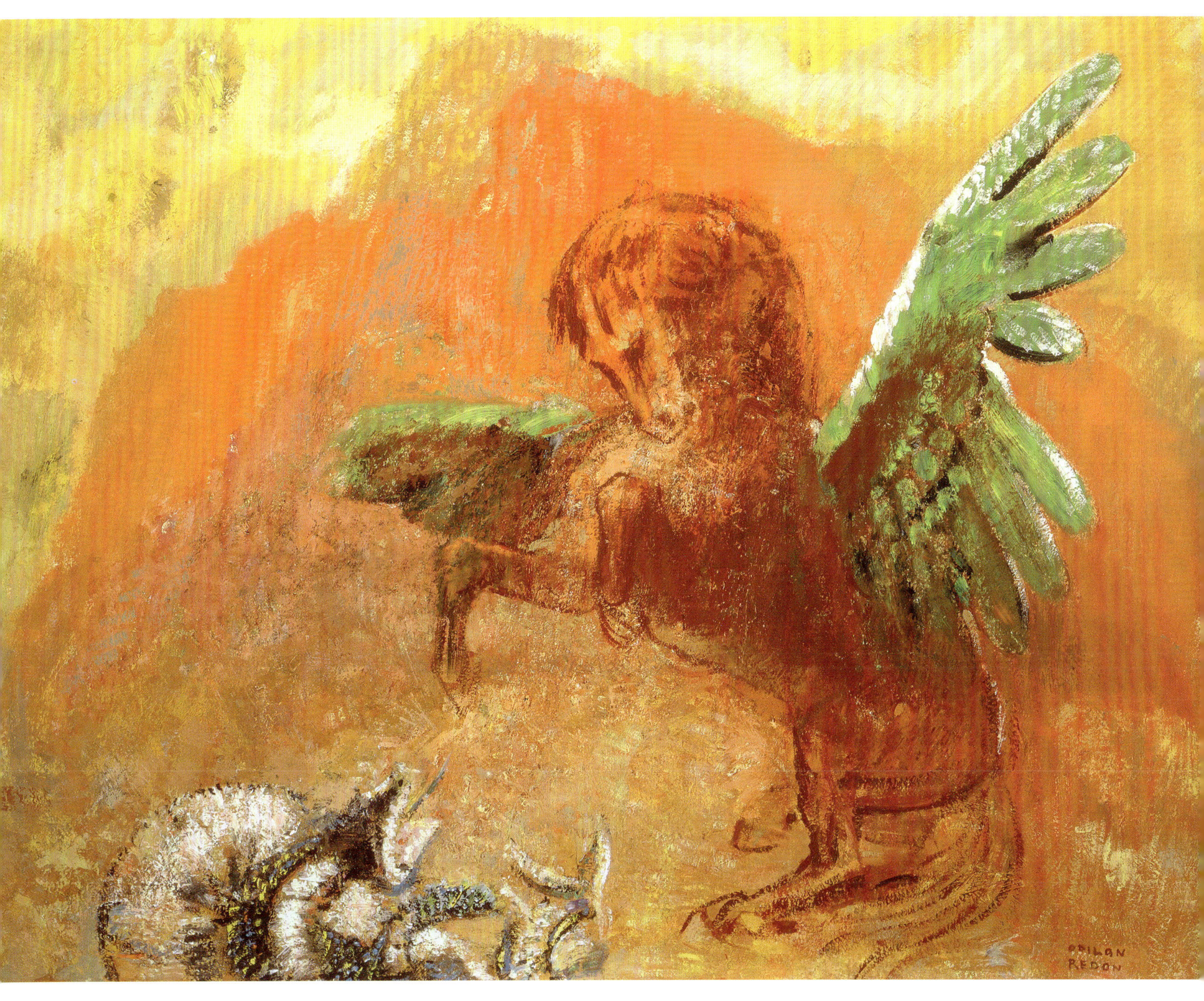

Odilon Redon

Pegasus und die Hydra

1905 | Pastell auf Karton | 47 x 63 cm | Museum Kröller-Müller, Otterlo

42 | *Japanese Holzschnitt*

Günter Eich (1907–1972)

Ein rosa Pferd,
gezäumt und gesattelt, –
für wen?

Wie nah der Reiter auch sei,
er bleibt verborgen.

Komm du für ihn,
tritt in das Bild ein
und ergreif die Zügel!

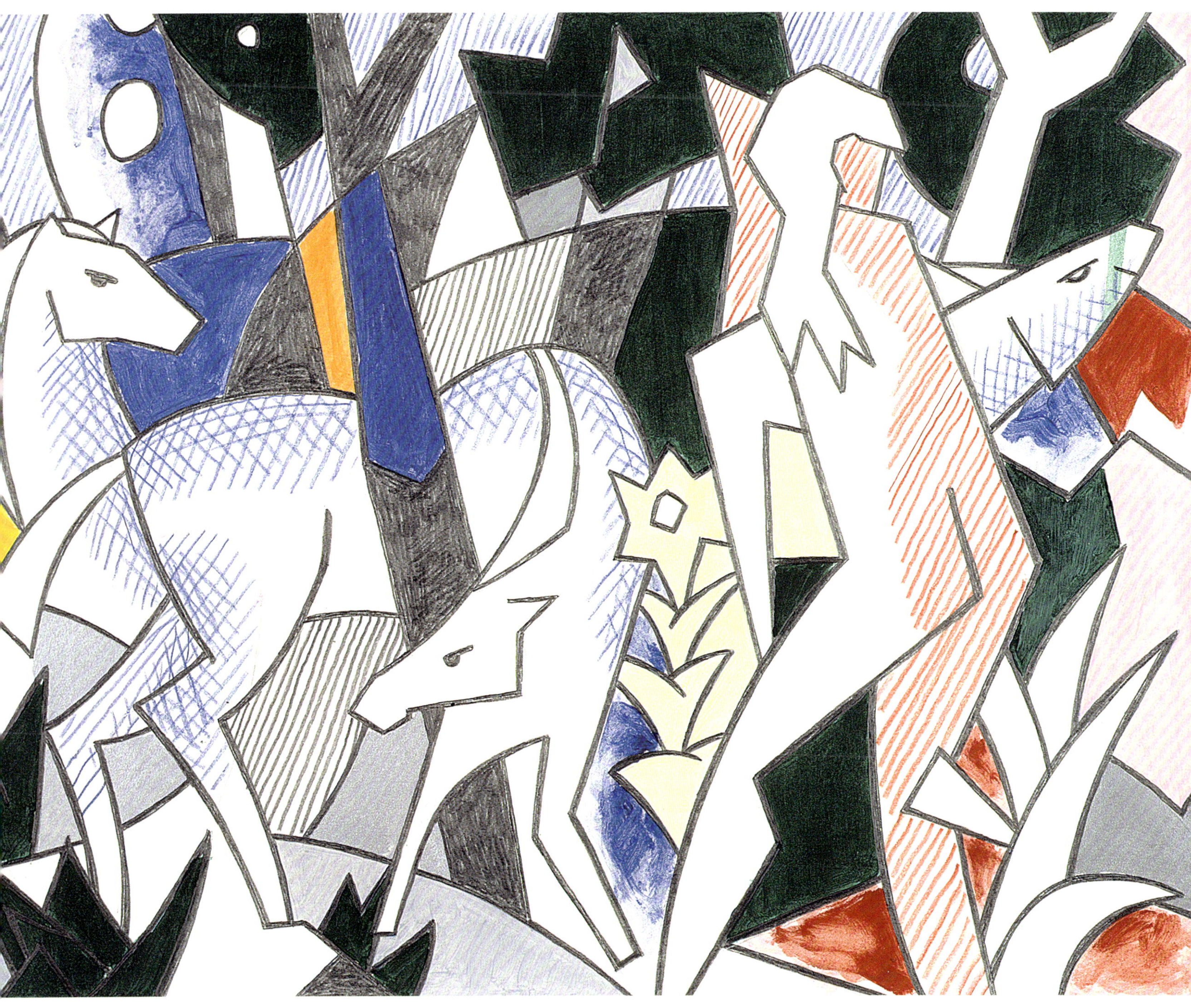

Roy Lichtenstein

Endstudie zu „Waldszene“

1980 | Zeichnung, Graphit und Buntstift auf Papier | 52,7 x 64,5 cm | Privatbesitz

43 |

Wie man einschlafen kann

*Reiner Kunze (*1933)*

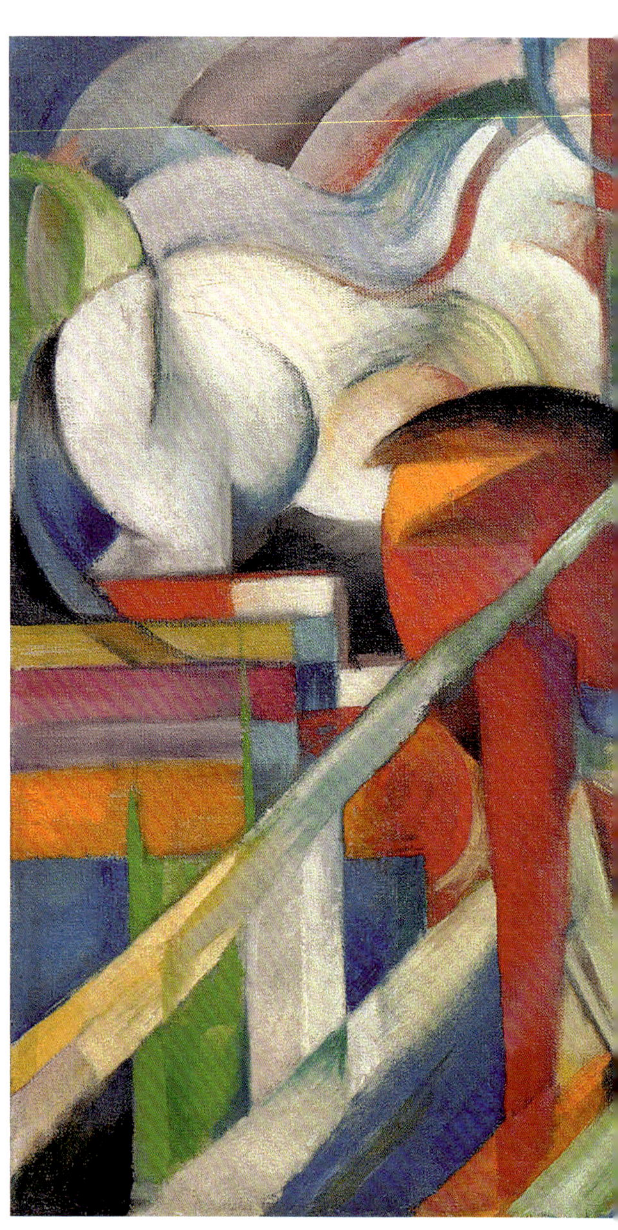

Dein kissen ist weiß-blau gewürfelt:
ein würfel wolke ein würfel himmel
Und wenn du die augen schließt,
ist es ein schimmel

Und wenn du ihn fest um den hals faßt
und schmiegst dich an sein fell
und wartest bis ein traum kommt –
trägt er dich von der stell.

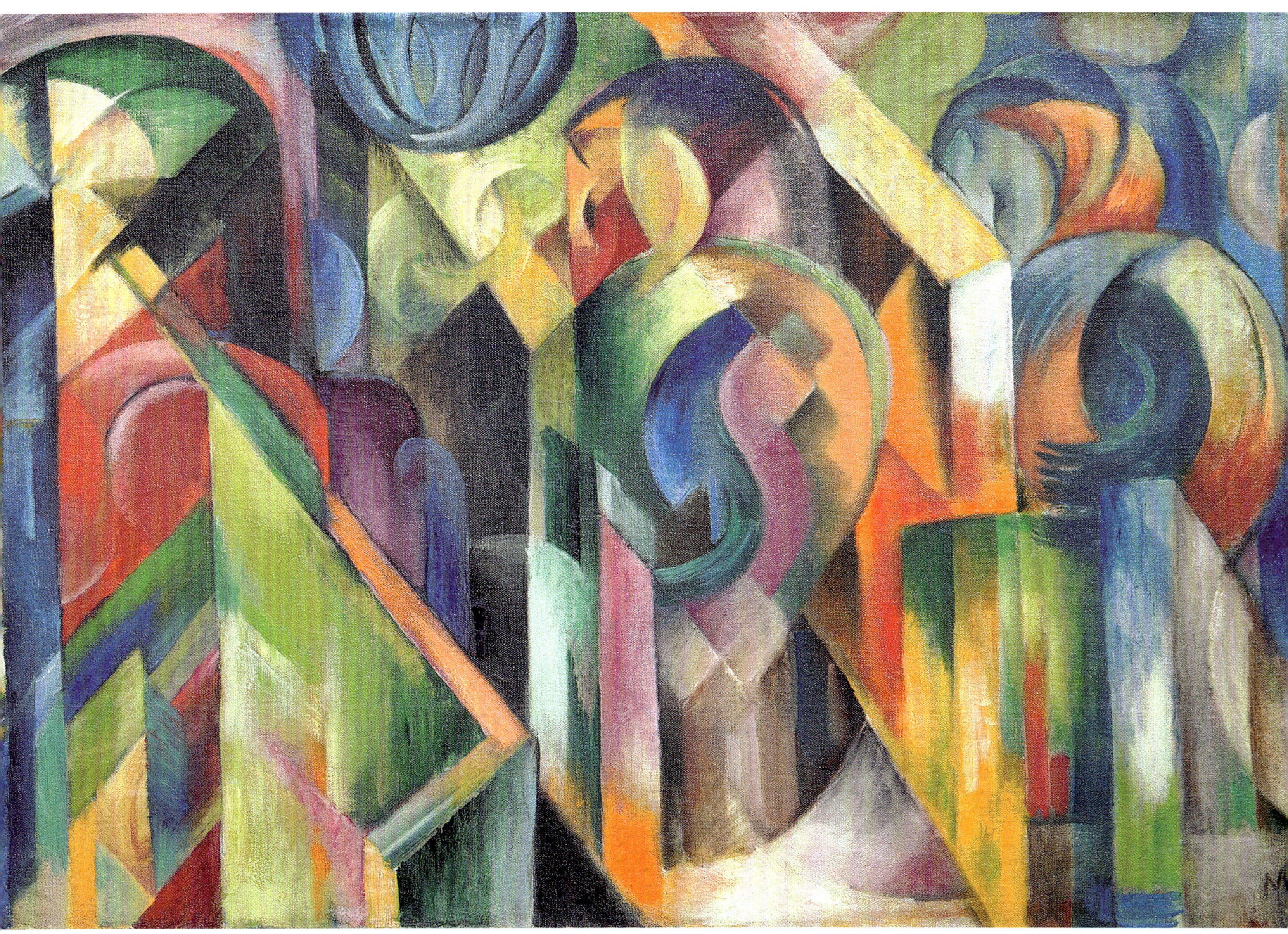

Franz Marc

Stallungen

1913 | Öl auf Leinwand | 73,6 x 157,5 cm | Solomon R. Guggenheim Museum, New York

Naturgewalten

Sturmrosse rasen um uns her. Wolkenpferde bäumen sich am Himmel auf und versperren den Blick auf das Gespann der Sonne. Die Windpferde peitschen das Wasser und lassen die Wellenrosse wild heranbranden. Der Hufschlag des Donners verfolgt uns, der jähe Sprung des Blitzrosses erschreckt uns. Der Mensch hat viele Naturgewalten mit Tieren in Verbindung gebracht – vor allem auch mit Pferden (wie bereits in der Einleitung berichtet wurde).

Auf den folgenden Seiten sind der Sturm, die Sterne und das Wasser vertreten. Sie sollen beispielhaft für die vielen Anspielungen in Texten stehen, die auch in der neueren Literatur noch vereinzelt aufgegriffen werden. Ein Beispiel ist das Gedicht „Der leuchtende Herbst“ von Carl Zuckmayer, in dem er diese Jahreszeit als Reiter beschreibt.

Nikolaus Lenau (1802–1850) ist gleich mit zwei Gedichten vertreten, die beide den Sturm zum Thema haben. Die Verse aus seinem „Faust“ – einem epischen Gedicht, das er ausdrücklich als Gegenstück zu Goethes „Faust“ schrieb – schildern den Sturm als Pferde, als dahindonnernde Herde, die die Grashalme knickt. Franz Marcs „Jagende Pferde“ drücken in ihrer Luftigkeit, Ungezügeltheit und in ihrer Unfertigkeit diese Unruhe des Sturms aus. Sturm, Wind und Wolken werden in Lenaus Gedicht „Die Heideschenke“ als Pferde dargestellt. Der Aufzug des Gewitters, der mit dem Herannahen einer Pferdeherde verglichen wird, die sich in Wolkenbergen drängenden Rosse und der Regen, der von ihnen als Schweiß herabrieselt – all das sind eindrucksvolle Bilder, die von der alten Überlieferung der Wetterrosse erzählen. Das Bild „Die Windsbraut“ von Max Ernst (1891–1976) ist ein Glücksgriff, denn es zeigt zwei Windpferde, oder Wolkenpferde, die sich umkreisen, umschlingen. Das 1927 entstandene Werk zeigt somit eine relativ moderne Wiedergabe eines alten Aberglaubens.

Friedrich Hebbel (1813–1863) schrieb 1862 die Tragödientrilogie „Die Nibelungen“. Nur wenige Verse werden aus dem Werk zitiert, denn diese Zeilen sprechen vom Sternenpferd, vom Kometenpferd. Wieder ist es wahrscheinlich die Geschwindigkeit, die einen Kometen mit dem Pferd in Verbindung bringt. Eindrucksvoll ist daneben das Bild „Vor dem Blitz scheuendes Pferd“ von Eugène Delacroix. Der sich aufbäumende, ein wenig in sich verdrehte Schimmel gleicht in seiner Form dem Blitz, der im Hintergrund am Rande aufleuchtet. Der ganze Körper des Pferdes ist angespannte Bewegung – dieser Eindruck wird durch den leicht angehobenen, wehenden Schweif und die fliegende Mähne unterstützt.

Und schließlich das Wasser: In der Einleitung wurde bereits auf die enge Verbindung zwischen Pferd und Wasser hingewiesen, in der Beziehung zu Poseidon. Vereinzelt taucht das Bild der Wellenrosse in der Literatur auf, etwa bei Theodor Storm (1817–1888) in einigen Versen seines Gedichtes „Nixen-Chor“:

„Mähneschüttelnd, silberrändig
Tauchen auf die Wellenrosse,
Drunten wieder frisch lebendig
Wird es im kristallenen Schlosse."

An das Ende des Kapitels sind ein paar Verse von Conrad Ferdinand Meyer (1825–1898) gestellt, die wie schon Theodor Storm die Wellen als Pferde beschreiben. Daneben steht das bekannte Bild des englischen Malers Walter Crane (1845–1915) „Die Rosse des Neptun". Die Wellenrosse, die in einer Reihe in ausgreifendem Galopp auf das Land zudonnern, sind ohne Zweifel eine eindrucksvolle Wiedergabe eines alten Mythos.

44

Faust

Nikolaus Lenau (1802–1850)

Wie wenn die Rosse durch die Haide fliegen,
Hinsausend an den schlanken Graseshalmen,
Und sie mit ihrem Sturmgeschnaube biegen,
Und sie mit ihrem starken Huf zermalmen:
Durchfliegen diese Himmelsrosse rasend
Die grüne Meereshaide als Verwüster,
Und wiehern Sturm aus aufgerißner Nüster,
Der Masten schlanke Halme niederblasend.

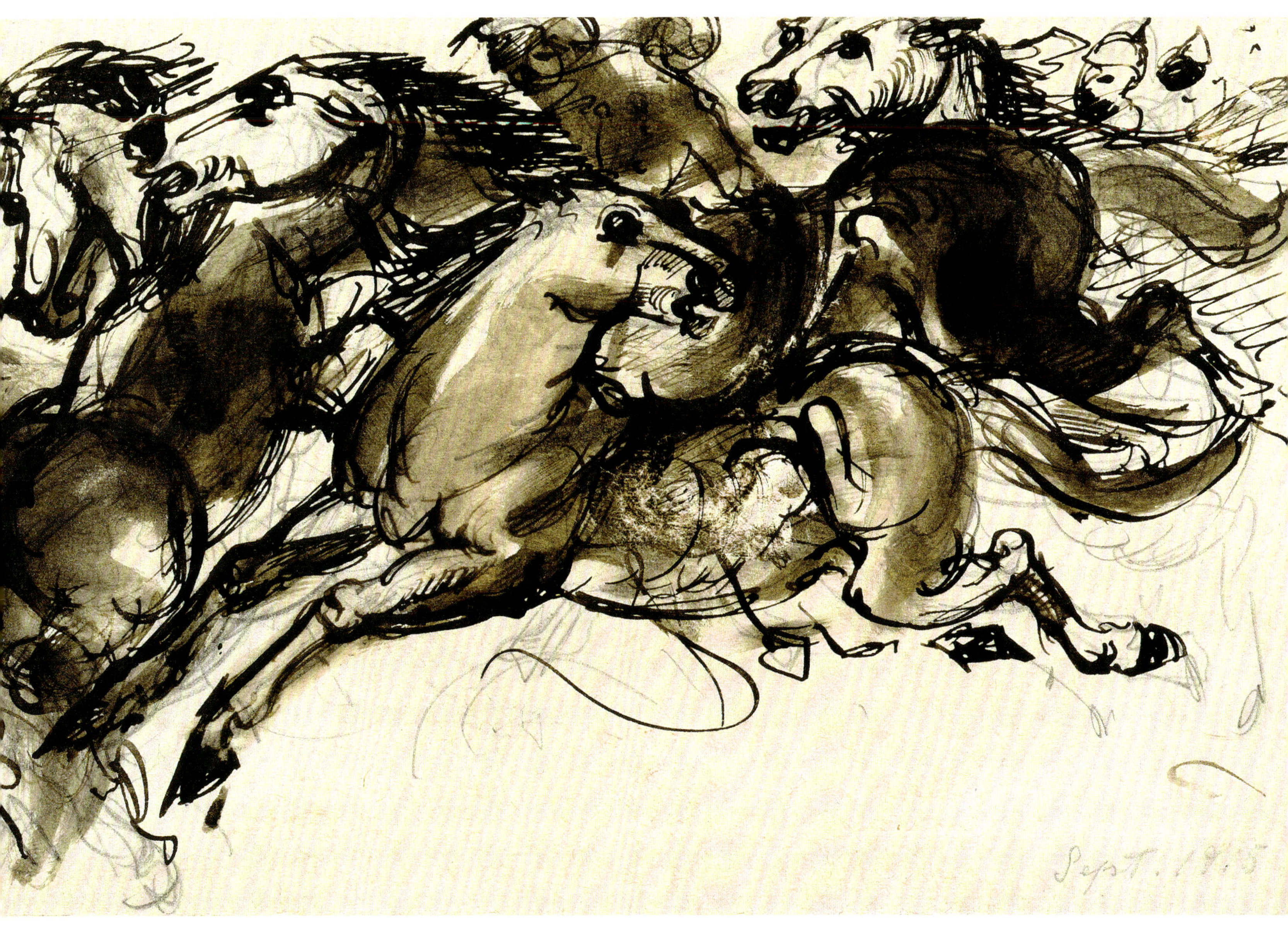

Franz Marc

In wildem Lauf dahinsprengende Pferde

1915 | Zeichnung Feder/Pinsel in Braun | 9 x 14 cm
Staatliche Museum zu Berlin, Kupferstichkabinett

45 | *Die Heideschenke*

Nikolaus Lenau (1802–1850)

Ich zog durch's weite Ungerland;
Mein Herz fand seine Freude,
Als Dorf und Busch und Baum verschwand
Auf einer stillen Heide.

Die Heide war so still und leer,
Am Abendhimmel zogen
Die Wolken hin, gewitterschwer,
Und leise Blitze flogen.

Da hört' ich in der Ferne was,
In dunkler, meilenweiter;
Ich legte's Ohr ans knappe Gras:
Mir war, als kämen Reiter.

Und als sie kamen näherwärts,
Begann der Grund zu zittern,
Stets bänger, wie ein zages Herz
Bei nahenden Gewittern.

Hertobte nun ein Pferdehauf,
Von Hirten angetrieben
Zu rastlos wildem Sturmeslauf,
Mit lauten Geißelhieben.

Der Rappe peitscht den Grund geschwind
Zurück mit starken Hufen,
Wirft aus dem Wegen sich den Wind,
Hört nicht sein scheltend Rufen.

Gezwungen ist in strenge Haft
Des Wildfangs tolles Jagen,
Denn klammernd herrscht des Reiters Kraft
Um seinen Bauch geschlagen.

Sie flogen hin, woher mit Macht
Das Wetter kam gedrungen,
Verschwanden, ob die Wolkennacht
Mit einmal sie verschlungen.

Die Wolken schienen Rosse mir,
Die eilend sich vermengten,
Des Himmels hallendes Revier
Im Donnerlauf durchsprengten;

Der Sturm, ein wackrer Rosseknecht,
Sein munt'res Liedel singend,
Daß sich die Heerde tummle recht,
Des Blitzes Geißel schwingend.

Schon rannten sich die Rosse heiß,
Matt ward der Hufe Klopfen,
Und auf die Heide sank ihr Schweiß
In schweren Regentropfen.

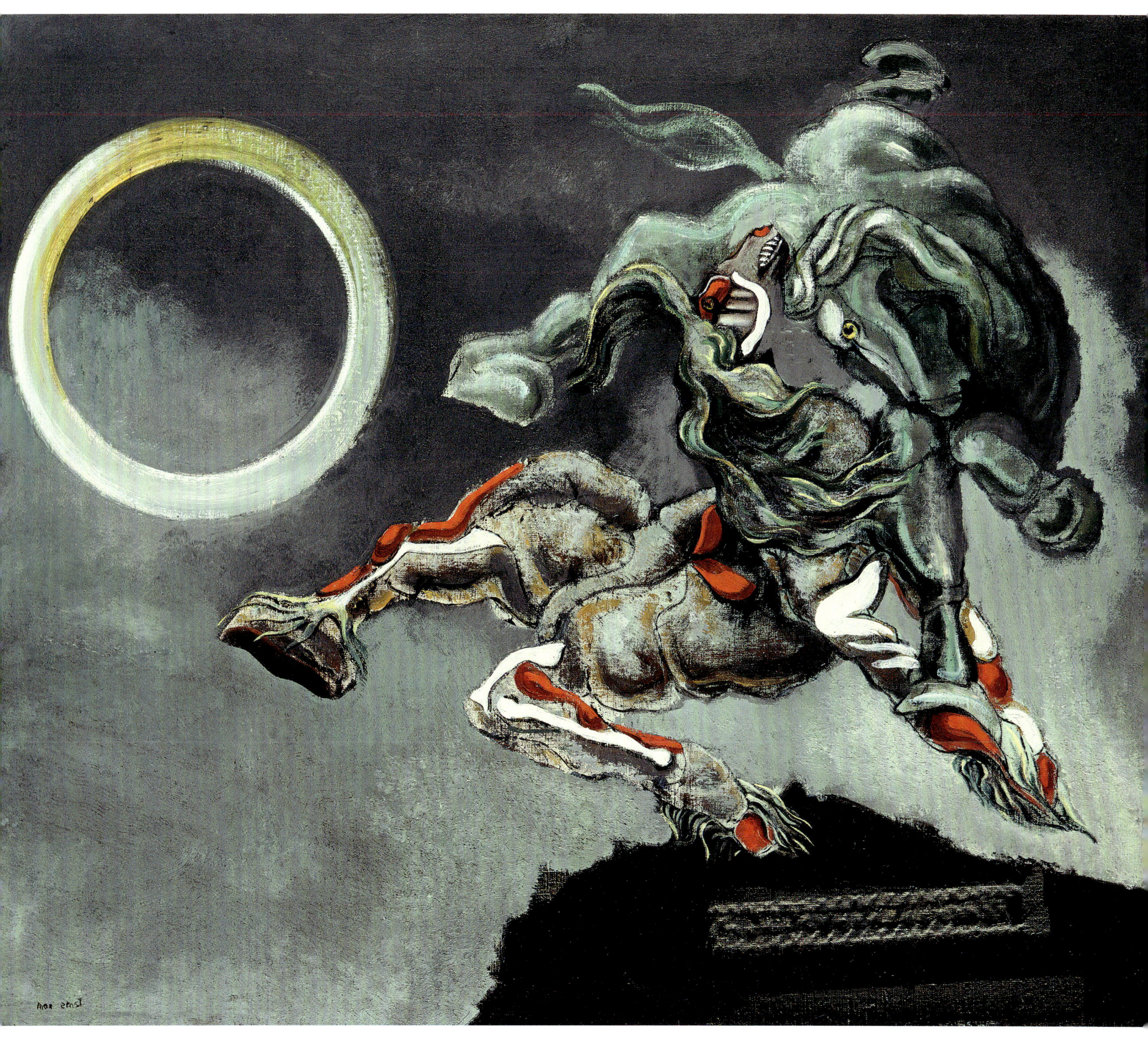

Max Ernst

Die Windsbraut

1927 | Öl auf Leinwand | 81 x 100 cm | Staatliche Kunsthalle, Karlsruhe

46

Die Nibelungen

Friedrich Hebbel (1813–1863)

Ich ritt einmal das Roß, von dem dir nachts
In dem gekrümmten, funkelnden Kometen
Am Himmel jetzt der Schweif entgegen blitzt.
Im Sturme trug es mich dahin, Ich blies
Die Throne um, zerschlug die Königreiche
Und nahm die Könige an Stricken mit.

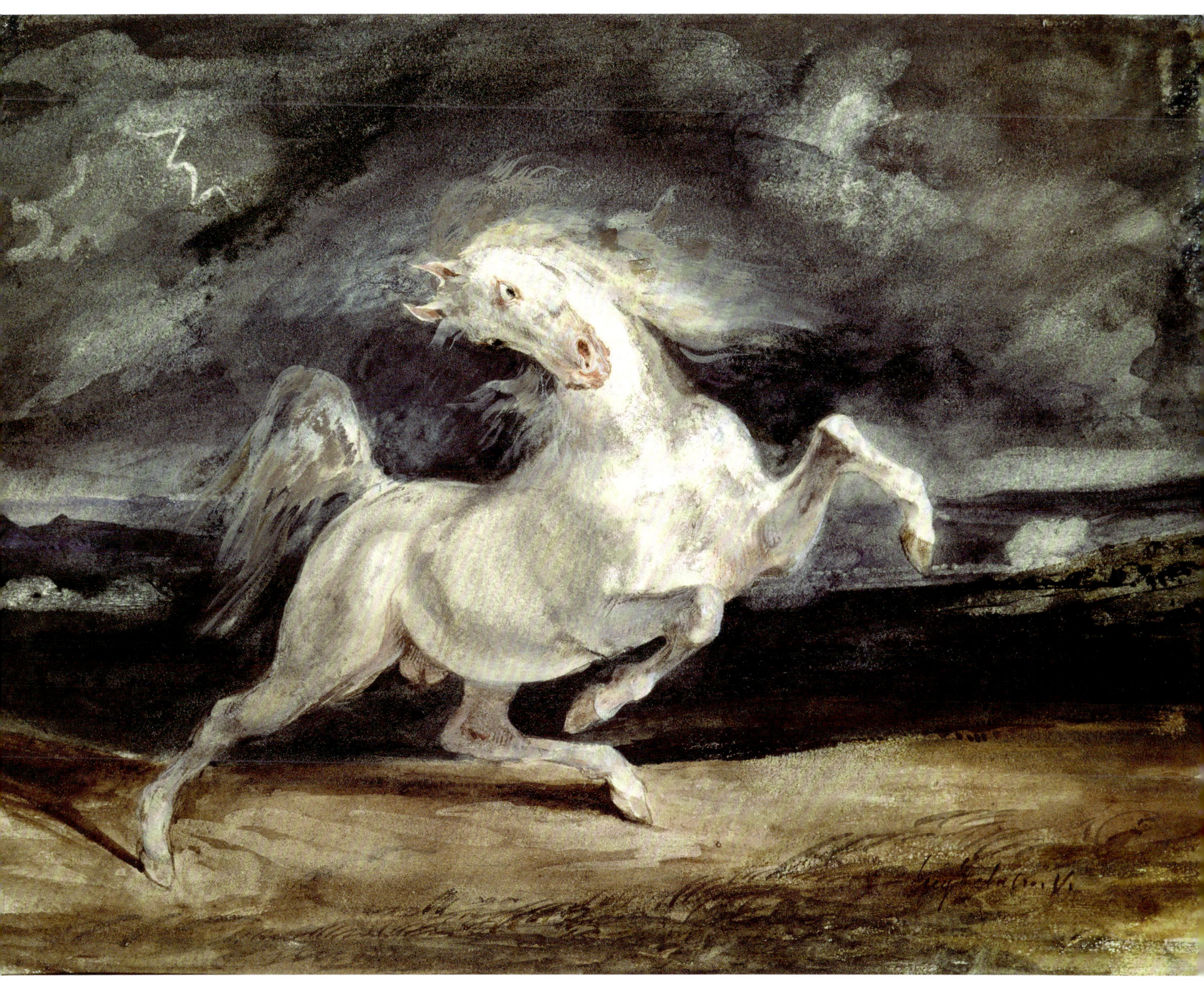

Eugene Delacriox

Vor dem Blitz scheuendes Pferd

1824 | Aquarell | 23,8 x 32 cm | Museum Szépmüvészeti, Budapest

47 | *Flut und Ebbe*

Conrad Ferdinand Meyer (1825–1898)

In den Gewässern ruhigklar
Werden sie krause Gestalten gewahr,
Rollt eine Woge, sie sehen ein Roß,
Sehn einen Reiter, bis er zerfloß.

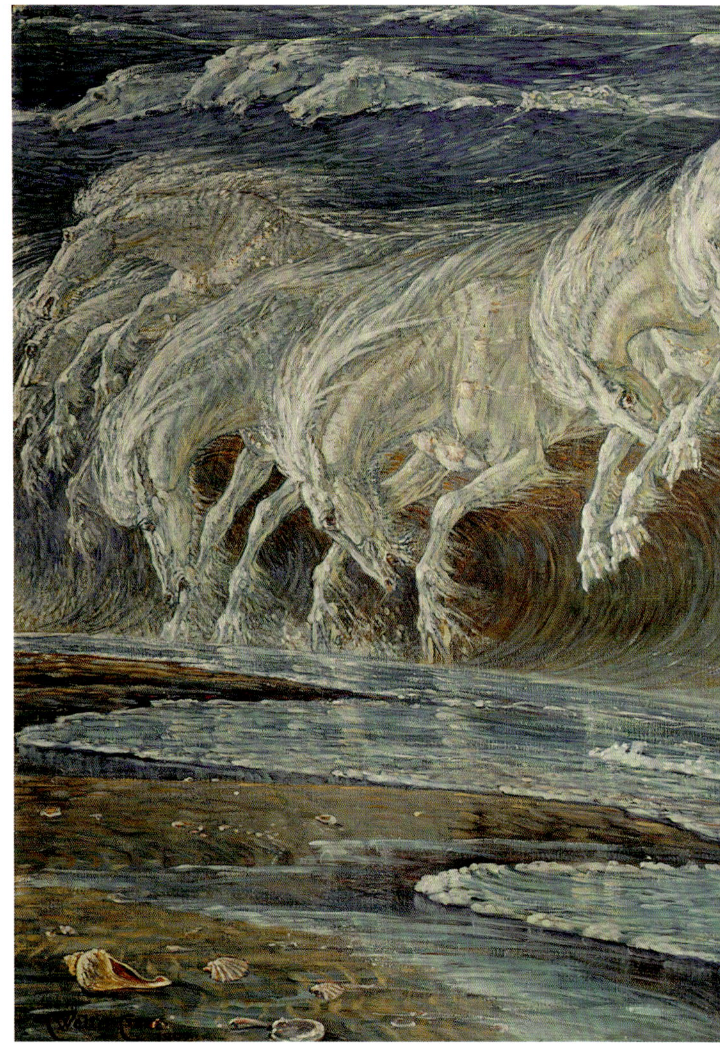

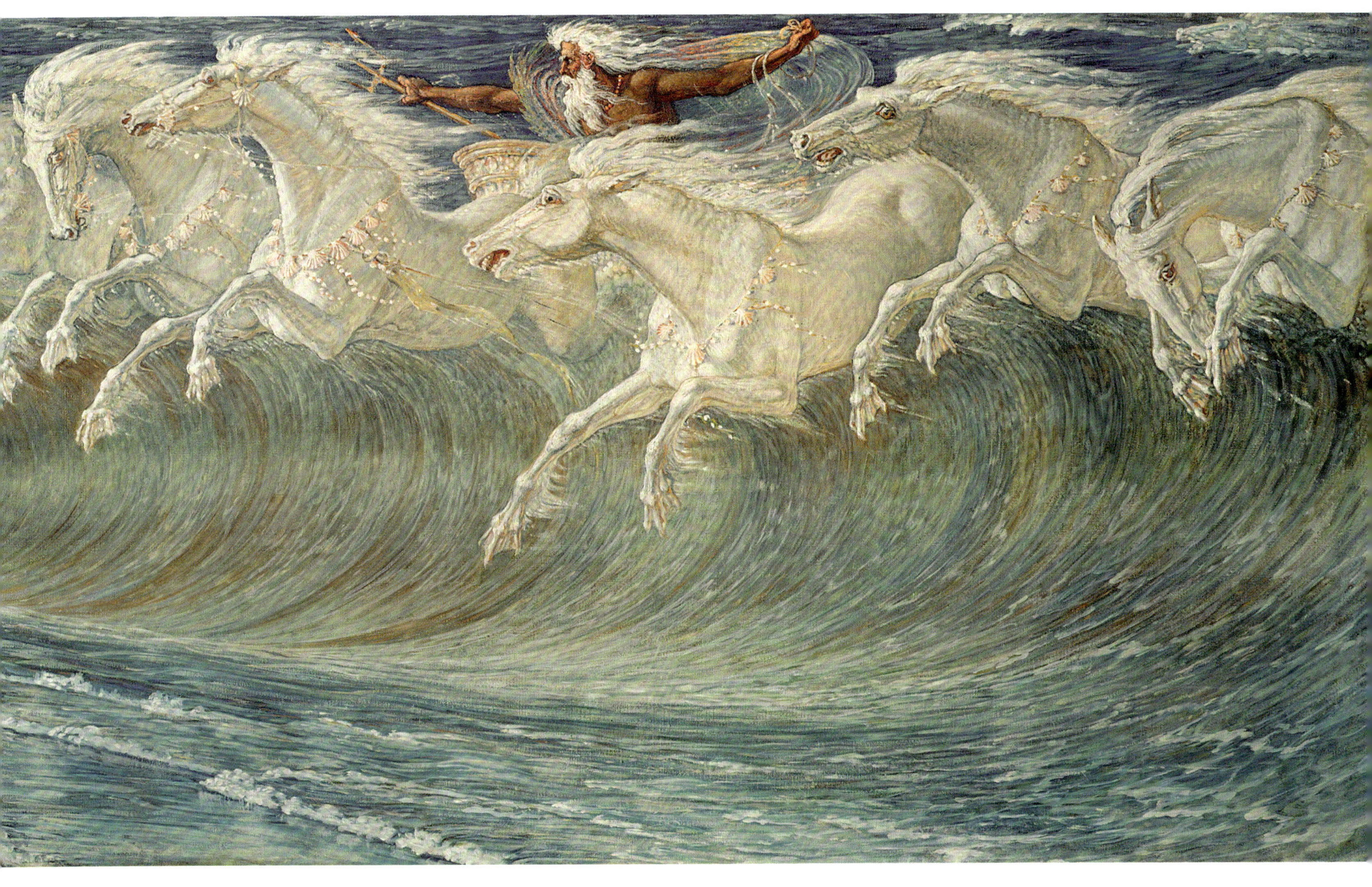

Walter Crane

Die Rosse des Neptun

1892 | Öl auf Leinwand | 86 x 215 cm | Neue Pinakothek, München

Spukgestalten

Geisterpferde – faszinierend, erschreckend, phantastisch. Alles Dunkle, Vorbeihuschende, Undurchschaubare des Pferdes wurde als dämonisch gedeutet, seine Schnelligkeit und sein zum Teil unerklärliches Scheuen ebenso wie die schwarze Farbe des Rappen. Sagen entstanden, Aberglauben entwickelte sich.

Noch Ingeborg Bachmann (1926–1973) fasste vieles, was das Geisterpferd ausmacht, in ihrem Gedicht „Beim Hufschlag der Nacht" zusammen. Da ist der Rappe, das schwarze Pferd, das die Nacht, den Tod, die Sphäre des Unheimlichen und Dämonischen verkörpert. Da sind die Pferde des Diomedes – eine Gruppe der dämonischsten Pferde, die die griechische Mythologie kannte. (Menschenfressende Pferde: Herakles musste als achte seiner zwölf Aufgaben diese Pferde nach Argos bringen. Er löste seine Aufgabe dadurch, dass er den Tieren ihren eigenen Herrn, Diomedes, zum Fraß vorwarf, wodurch sie sanft wurden.) Da ist erneut der Wind, der gleich einem Pferd dem Reiter bzw. der Reiterin voransprengt; Sturm, Nacht, ein einsamer Reiter, ein Toter, der mit auf dem Pferd getragen wird. Eine Liebe scheint mit einem Mord geendet zu haben. Alles ist Andeutung, Mythos, dunkle Ahnung. Dem Gedicht gegenübergestellt wurde das Bild „Schwarzes Pferd, tanzend" von A. R. Penck (*1935), dem deutschen Maler, Grafiker und Bildhauer, das besonders durch den sich aufbäumenden Rappen zu dem Gedicht von Ingeborg Bachmann passt.

„Das wütende Heer" von Werner Bergengruen (1892–1964) schildert die Rückkehr der Toten und ihrer Pferde. Eine gespenstige und düstere Menge von Mensch und Tier sieht der Erzähler an sich vorbeiziehen, eine Menge, die den Lebenden droht, sie verwünscht. Wenn sie aus dem Sturm rufen und die Hufe der Pferde durch die Kronen rasen, dann orientiert sich Werner Bergengruen wieder eng an den Windpferden. Der tschechische Maler Frank Kupka (1871–1957), eigentlich František Kupka, zeigt in seinem Bild „Les Cavaliers" reitende Herren, begleitet von Hunden, eine Jagdgesellschaft vielleicht. Durch die das Bild senkrecht durchbrechenden Linien, die Bäume andeuten könnten oder Schatten, durch den Wechsel von Schwarz und Weiß wirkt dieses Bild geheimnisvoll und passt zu dem Bild der reitenden Toten.

Geisterpferde finden sich auch bei Georg Britting (1891–1964), wiederum in seiner Erzählung „Das Duell der Pferde". Im ersten Kapitel war beschrieben worden, wie sich die beiden Hengste in ihrem Stall bekämpften, bis beide tot waren. Später in der Erzählung fährt ein Gast des Pferdebesitzers nach Hause und begegnet den Geistern der beiden Hengste. Er sieht zwei Skelette mit Menschengesicht und Teufelsschwanz, und ihre Eingeweide „schaukeln" bei ihrem Trab. George Stubbs (1724–1806), englischer Maler und Wissenschaftler, kann als einer der wichtigsten europäischen Maler von Tieren betrachtet werden. Außerdem dozierte er an einem Krankenhaus über die Anatomie von Mensch und Tier. Eines seiner Bücher hieß „Die Anatomie des Pferdes". Daraus ist die Zeichnung entnommen, die dem Britting-Text gegenüber steht. Stubbs sezierte Pferde, zeichnete ihr Skelett, ihre Muskeln, die Haut. Er vertiefte sich in diese Wissenschaft und setzte sie in seiner Kunst um, da er dank seiner anatomischen Kenntnisse das Pferd sehr lebensecht wiedergeben konnte. So verdanken wir ihm einige der schönsten Pferdebilder der Kunstgeschichte. Auch der Einband dieses Buches ist sein Werk.

Alfred Kubin (1877–1959), österreichischer Grafiker, Schriftsteller und Buchillustrator, stellte in seinem Werk häufig phantastische Traumvisionen dar. Seinen Roman „Die andere Seite“ (1909) illustrierte er selbst und deshalb sind Text und Bild auf den folgenden Seiten beide von ihm. Der grausame Galopp eines Geisterpferdes in einem unterirdischen Tunnel oder Stollen wird vom Erzähler erst nur gehört, bevor das unheimliche Tier heran- und vorbeigaloppiert. Wie eingangs für das Geisterpferd besprochen, rennt es mit einer rasenden, unerklärlichen Geschwindigkeit, es ist verkrüppelt (blind) und es wird als lebendes Skelett bezeichnet.

Gespenstisch ist auch der Ausschnitt aus „Mein Name sei Gantenbein“ des Schweizer Schriftstellers Max Frisch (1911–1991). Ein Kranker liegt in seinem Bett und sieht plötzlich einen Pferdekopf aus der gegenüberliegenden Wand herauswachsen, verharren und wieder verschwinden: eine Vision, ein Fiebertraum, eine Erscheinung? Ein Pferdekopf an der Wand lässt gleich an das Märchenpferd Falada denken, über das bereits berichtet wurde. Aber hier ist es kein sprechendes, weises und helfendes Pferd. Es ist in Terrakotta erstarrte Angst, lautlos schreiendes Grausen, das ohne eine Spur zu hinterlassen wieder in der Wand verschwindet. Der Kupferstich des Renaissancekünstlers Hans Sebald Beham (1500–1550) zeigt entsprechend zwei finster und bedrohlich blickende Pferdeköpfe.

Falada gilt als weises Pferd. Es herrschte aber auch der Glaube, dass Pferde seherische Fähigkeiten hätten. Das Gedicht „Die Rache“ von Ludwig Uhland (1787–1862) beschreibt, wie ein Pferd den Mörder seines Herrn genau an der Stelle zu Tode bringt, an der jener diesen ermordet hat. Es wirft ihn ab. Das Bild von Giovanni Fattori (1825–1908) ist eines der wenigen, das den Abwurf – hier das anschließende Schleifen – eines Reiters zeigt. Das Pferd rast von uns fort, wir sehen es schräg von hinten und den Verzweifelten, der versucht, sich in der Erde festzukrallen. Natürlich ist es ein Rappe, der seinen Reiter wahrscheinlich zu Tode schleift.

48 | *Beim Hufschlag der Nacht*

Ingeborg Bachmann (1926–1973)

Beim Hufschlag der Nacht, des schwarzen Hengstes vorm Tor,
zittert mein Herz noch wie einst und reicht mir den Sattel im Flug,
rot wie das Halfter, das Diomedes mir lieh.
Gewaltig sprengt der Wind mir auf dunkler Straße voran
und teilt das schwarze Gelock der schlafenden Bäume,
daß die vom Mondlicht nassen Früchte
erschrocken auf Schulter und Schwert springen,
und ich schleudre
die Peitsche auf einen erloschenen Stern.
Nur einmal verhalt ich den Schritt, deine treulosen Lippen zu
küssen, schon fängt sich dein Haar in den Zügeln,
und dein Schuh schleift im Staub.

Und ich hör deinen Atem noch
und das Wort, mit dem du mich schlugst.

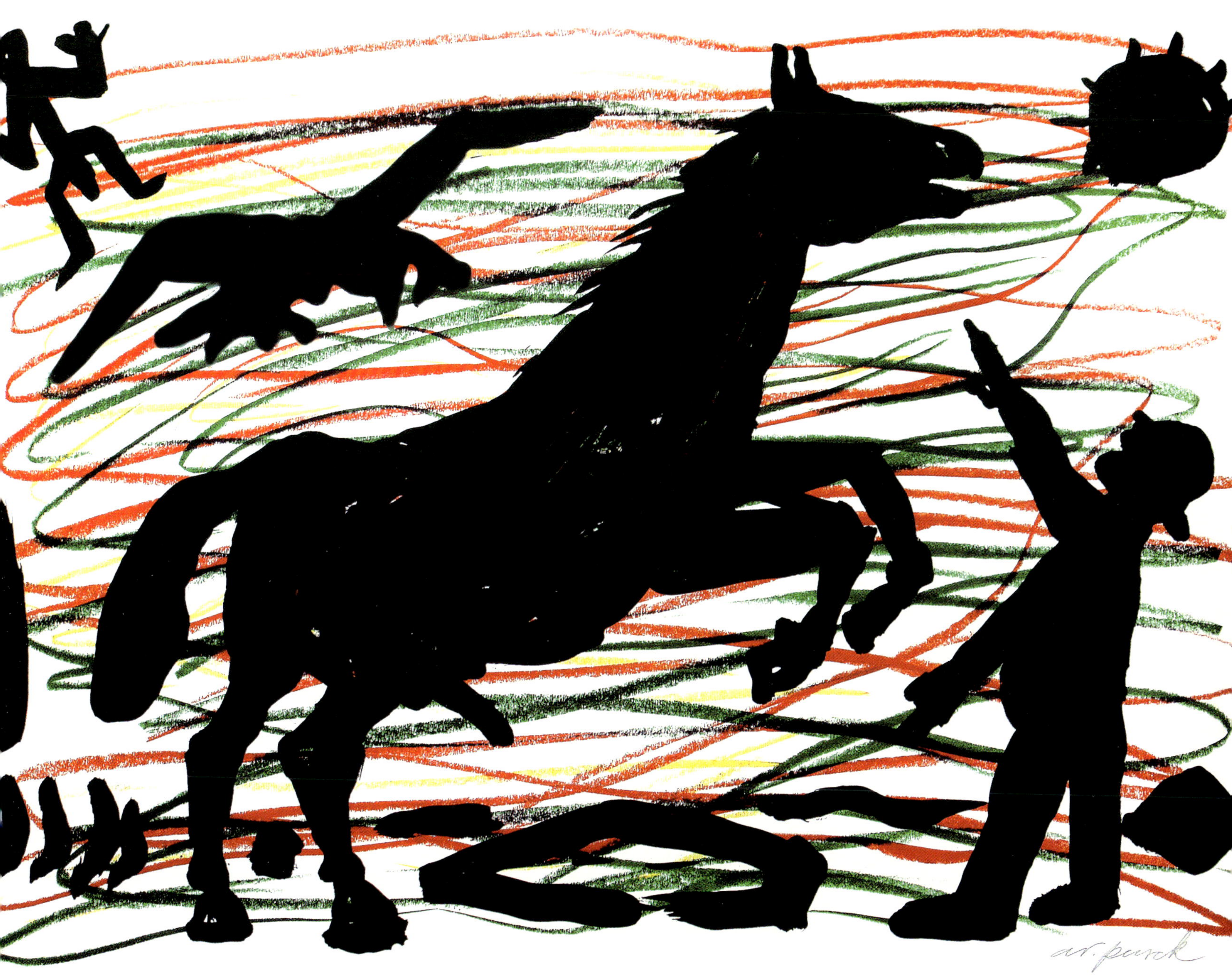

A. R. Penck

Schwarzes Pferd, tanzend

1993 | Graphik

49 | *Das wütende Heer*

Werner Bergengruen (1892–1964)

WACHE AUF! Wache Auf! Wie kannst du schlafen! Du mußt diese Nacht mit mir wachen: du bist von den Lebenden.

Die Wolken haben den Mond gefressen, alles Glockenschlagen ist ertrunken im Geheul. Hörst du sie rufen aus dem Sturm, hörst du Kommandogeschrei und Schnauben, hörst du die Drähte wimmern, von Pferdehufen gestreift?

Hat der Herbststurm so die Erde aufgewühlt, daß sie freigeben mußte, was sie herbergte? Ist denn heute Allerseelen?

Heute ist Herbst. Jede Herbstnacht heißt Allerseelen.

Hörst du sie? Fürchtest du dich? Aber ich, ich habe sie gesehen. Irre Mondstrahlen zuckten bisweilen hinter jagenden Sturmwolken hervor. Harte Männer sah ich, bäuerlich gefurchte Gesichter, mit Schmutz bedeckt, Verzweifelte und Getroste, Stumpfe, Böse und Fürchtende.

Junge waren darunter, halbe Kinder noch. „Ist das Sterben?“ fragten ihre aufgerissenen Augen. Schemengrau war ihre besudelte Kleidung.

Und ich habe sie erkannt. Jeden einzelnen habe ich erkannt. Handpferde, ledige, führten sie mit sich, ja, auch die Pferde habe ich erkannt. Ich erkannte die Stute, erkannte den Sattel, erkannte die leeren, gespenstisch im Winde schlenkernden Bügel, ja, ich erkannte des Vorderzeugs rostige Schnalle, erkannte geflickte Zügel. Da! Da sind sie! Nußbäume ächzen, Früchte prasseln zur Erde, sausend durch Kronen stieben die krustenbedeckten Hufe der Pferde. Hörst du die Reiter? Sie murmeln, sie raunen, sie rufen: „Sieh, wir moderten nicht, verscharrt von hastigen Spaten, sieh, wir warten auf euch, euch alle, die uns verraten. Jeder ist uns Verräter, den Kugel und Splitter und fetzender Draht und gasige Wolken verschont, jeder Verräter, der Dach hat und Bett, und jeder Verräter, der noch im lichtigen Tage wohnt, jeder, der zeugt und schafft und atmet und ißt und eines ledigen, harrenden Sattels vergißt. Sieh, wir kreisen des Nachts in Herbst und in Sturm um eure Gehäuse, winken und rufen und pochen und rütteln, bis unser Geheiß euch ereilt, euch alle, die einst mit uns das trommelnde Feuer, das schimmelnde Brot, die Nässe, das Stroh und Geziefer geteilt. Und von nächtlichen Hetzen und Schweifen werden wir nicht entbunden, ehe nicht jeglicher ledige Sattel den Reiter wiedergefunden. Unser wart ihr und unser seid ihr, wir lassen, wir lassen euch nicht!“

Siehst du sie winken mit den schmal gewordenen Schattenhänden? Hörst du sie rufen? Hörst du sie pochen an Fenstern und Mauern?

Du mußt mit mir wachen. Gib mir deine Hand.

Nein, rühre mich nicht an! Deine Hand ist die einer Lebendigen!

Du hörst sie nicht. Du siehst sie nicht. Lasse mich allein. Schlafe. Du bist von den Lebenden.

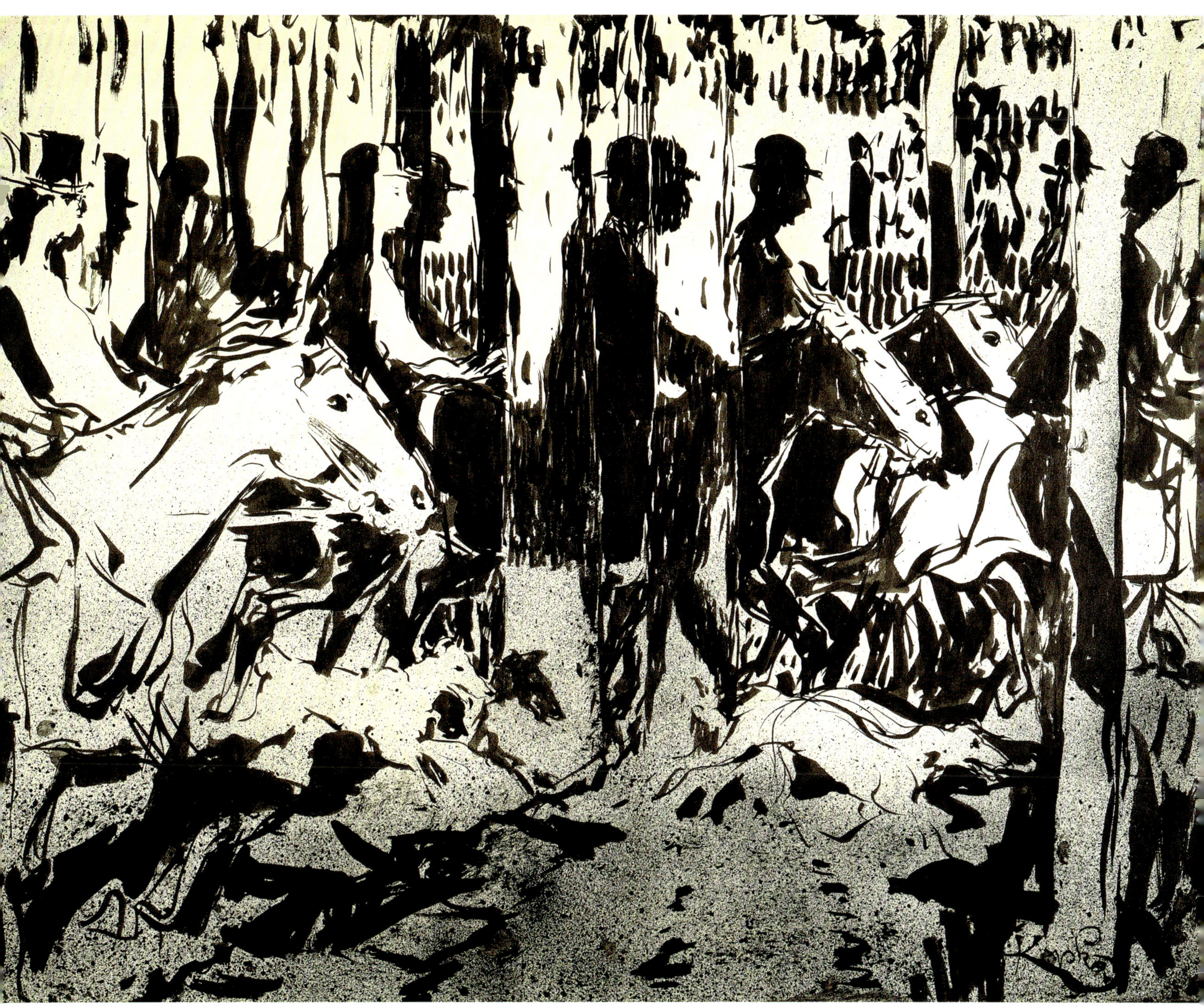

Frank Kupka

Le Cavaliers (Die Reiter)

1910 | Zeichnung, Indische Tusche | 40,8 x 54,1 cm
Musée national d‘Art moderne – Centre Georges Pompidou, Paris

50 | *Das Duell der Pferde*

Georg Britting (1891–1964)

Als einer der Heimkehrer, der allein sein Fahrzeug lenkte, und den die geisterfahle Einsamkeit zu bedrücken begann, mit Freude schon den spitzen Kirchturm seines Dorfes hinter einem Hügel aufsteigen sah, vermeinte er ein Geräusch hinter sich zu hören. Er drehte sich um auf dem Bock, und zwei Pferdeskelette, mit Gesichtern von Menschen, mit Schwänzen von Teufeln, trabten hinter ihm drein, und zwischen den nackten Rippen leuchtete das rote Herz und die blaue Lunge, schaukelte der stinkende Knäuel der Eingeweide.

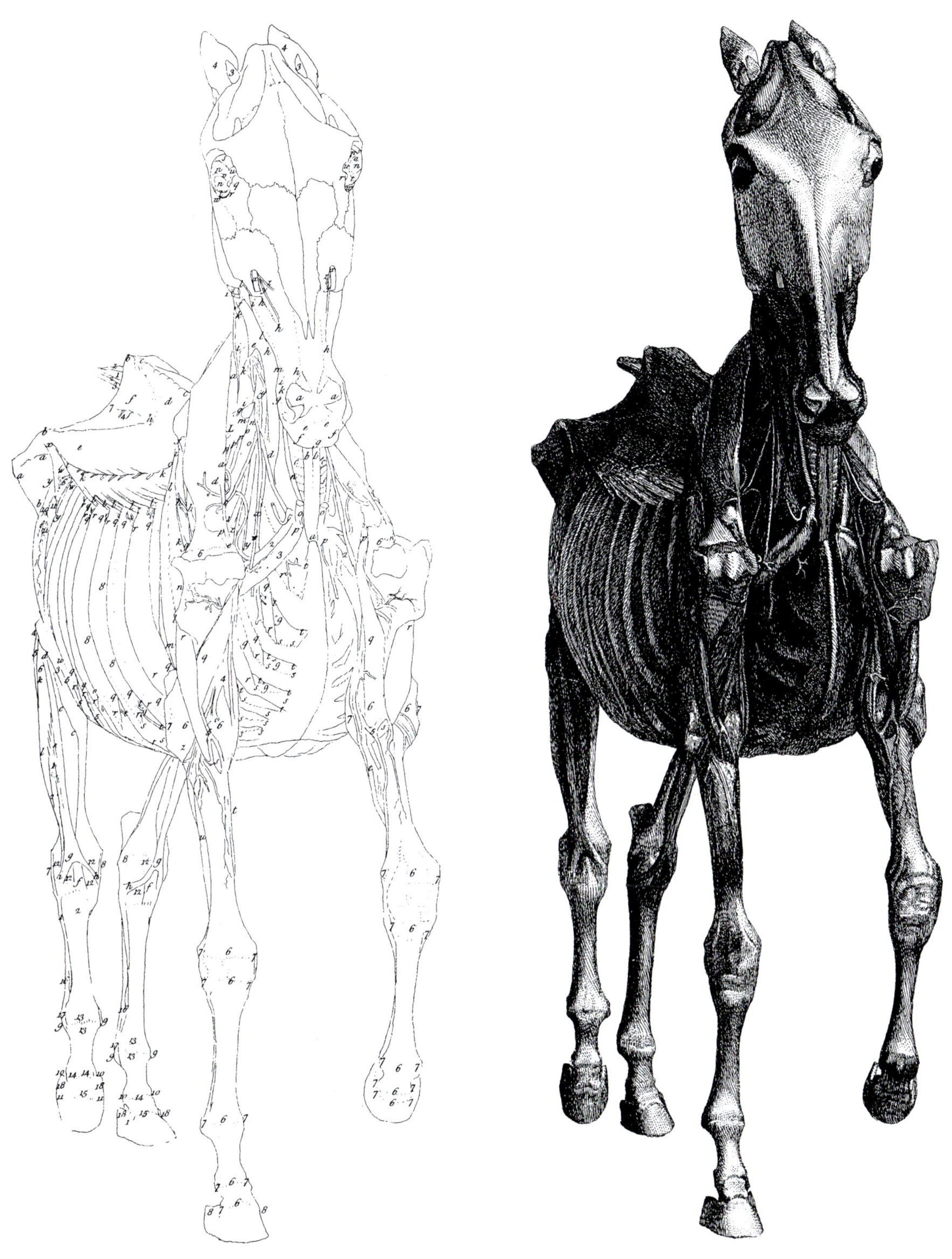

George Stubbs

Anatomy of the Horse

1766 | Stich aus dem Buch „Anatomy of the Horse"

51 | *Die andere Seite*

Alfred Kubin (1877–1959)

Da vernahm ich mit einem Male von weit, weit her ein Geräusch. Es klang wie entferntes Hämmern, wurde aber mit unheimlicher Schnelligkeit immer deutlicher. [...] Hinter mir jedoch schwoll das Tosen – ein furchtbares, taktmäßiges Dröhnen wie ein Galopp. Meine Lichtchen wurden immer weniger, die feuchte Luft ließ keine Flamme aufkommen. Der Schall kam näher, ich wurde augenscheinlich verfolgt. Jetzt konnte ich deutlich ein Ächzen und Blasen unterscheiden. Das schnitt mir derartig ins Mark, daß ich glaubte, wahnsinnig zu werden. Wie gepeitscht stürzte ich weiter, doch da verließ mich die Kraft, und der Ohnmacht nahe fiel ich auf die Knie. Hilflos hielt ich meine Hände der anstürmenden Gefahr entgegen, auf dem Boden flackerten meine letzten Streichhölzer. Da tobte es auch schon heran – ein kalter Wind erfaßte mich – ich erblickte ein weißes, abgemagertes Pferd, obwohl ich es nur unscharf sah, bemerkte ich doch seinen entsetzlichen Zustand. Die große Mähre war fast verhungert und schleuderte mit verzweifelter Kraft ihre riesigen Hufe. Den knochigen Schädel weit vorgestreckt, die Ohren rückwärts angelegt, so jagte dieses Tier an mir vorüber. Sein trübes, glanzloses Auge traf mich – es war blind. Ich hörte das Knirschen seiner Zähne, und als ich ihm aufschaudernd nachblickte, sah ich sein zerschundenes, blutiges Hinterteil glänzen. Der rasende Galopp dieses lebenden Skeletts kannte kein Einhalten.

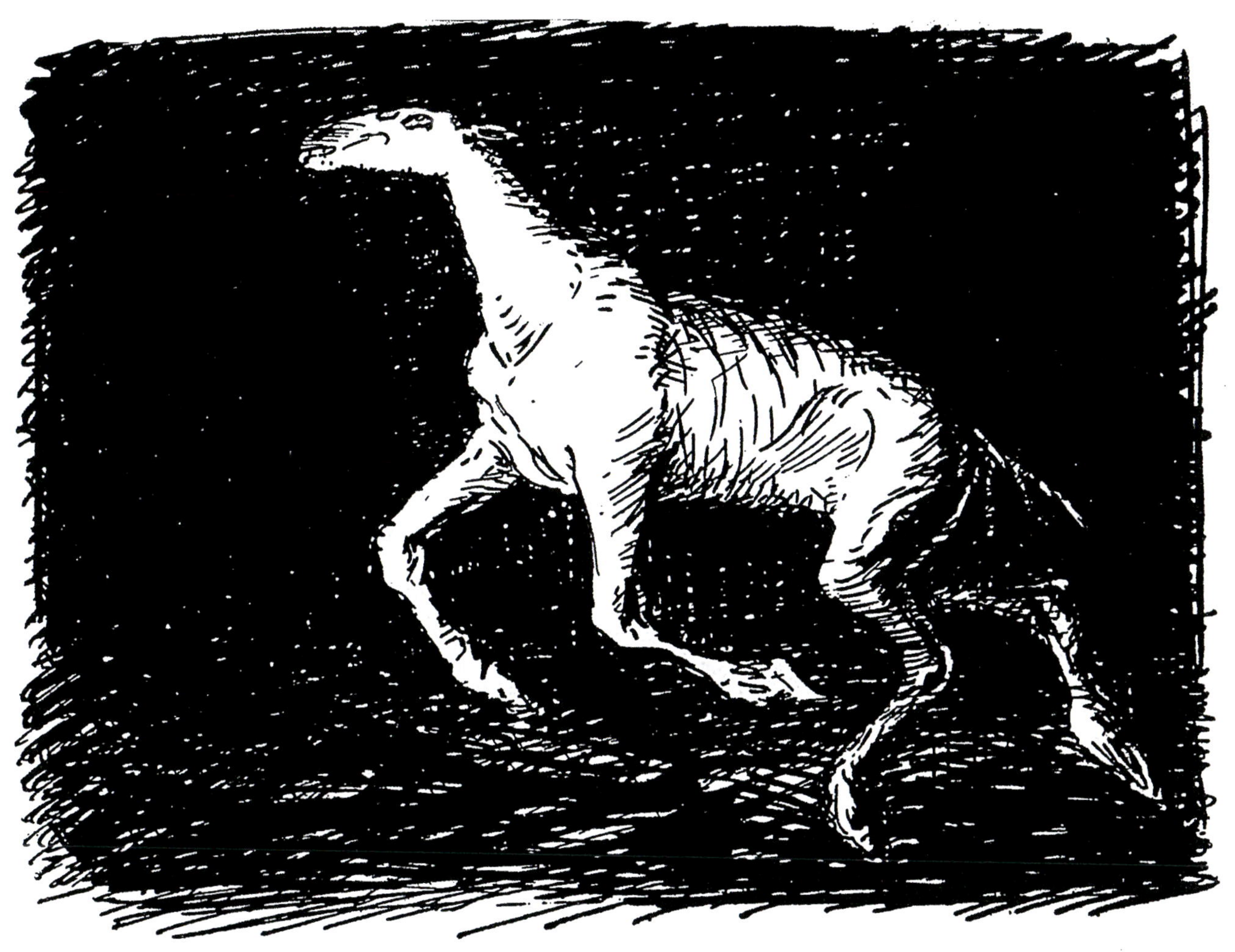

Alfred Kubin

Das Geisterpferd

1909 | Federzeichnung

52 | *Mein Name sei Gantenbein*

Max Frisch (1911–1991)

Das Morgengrauen vor dem offenen Fenster kurz nach sechs Uhr erschien wie eine Felswand, grau und rißlos, Granit: – aus diesem Granit stößt wie ein Schrei, jedoch lautlos, plötzlich ein Pferdekopf mit weitaufgerissenen Augen, Schaum im Gebiß, aufwiehernd, aber lautlos, ein Lebewesen, es hat aus dem Granit herauszuspringen versucht, was im ersten Anlauf nicht gelungen ist und nie, ich seh's, nie gelingen wird, nur der Kopf mit fliegender Mähne ist aus dem Granit heraus, wild, ein Kopf voll Todesangst, der Leib bleibt drin, hoffnungslos, die weißen Augen, irr, blicken mich an, Gnade suchend –

Ich machte Licht.

Ich lag wach.

Ich sah:

– unversehens erstarrt, eine Mähne aus roter Terrakotta, leblos, Terrakotta oder Holz mit einem kreideweißen Gebiß und mit glanzschwarzen Nüstern, alles kunstvoll bemalt, lautlos zieht sich der Pferdekopf langsam in den Fels zurück, der sich lautlos schließt, rißlos wie das Morgengrauen vor dem Fenster, grau, Granit wie am Gotthard; im Tal, tiefunten, eine ferne Straße, Kurven voll bunter Autos, die alle nach Jerusalem rollen (ich weiß nicht, woher ich das weiß!), eine Kolonne von bunten kleinen Autos, spielzeughaft.

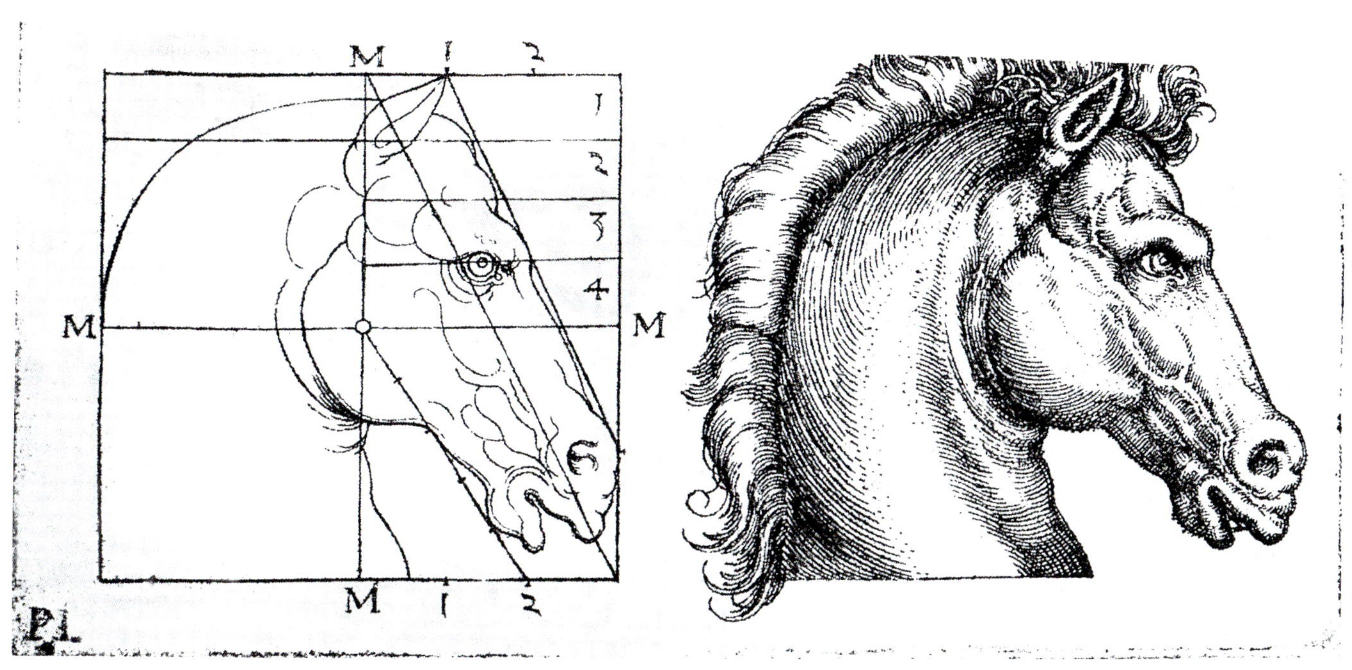

Hans Sebald Beham

Konstruktion eines Pferdekopfes

um 1528 | Kupferstich | 5 x 9,3 cm

53 | *Die Rache*

Ludwig Uhland (1787–1862)

Der Knecht hat erstochen den edeln Herrn,
Der Knecht wär selber ein Ritter gern.

Er hat ihn erstochen im dunklen Hain
Und den Leib versenket im tiefen Rhein.

Hat angeleget die Rüstung blank,
Auf des Herrn Roß sich geschwungen frank.

Und als er sprengen will über die Brück,
Da stutzet das Roß und bäumt sich zurück.

Und als er die güldnen Sporen ihm gab,
Da schleudert's ihn wild in den Strom hinab.

Mit Arm, mit Fuß er rudert und ringt,
Der schwere Panzer ihn niederzwingt.

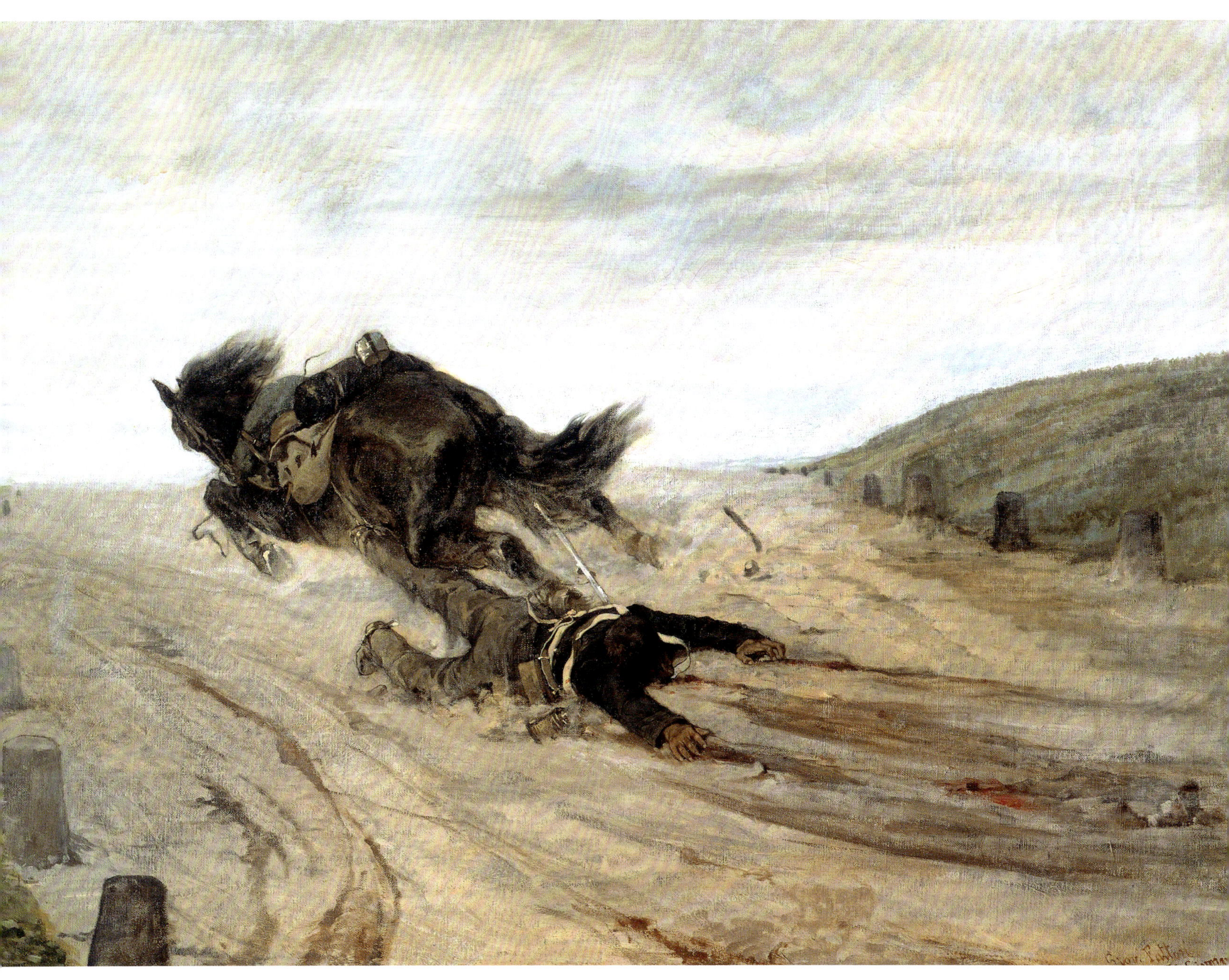

Giovanni Fattori

Gestürzter Reiter

1880 | Öl auf Holz | 90 x 130 cm | Galleria d'Arte Moderna, Florenz

Tod

Tod und Pferd: Das ist ein reiches Thema mit vielen Facetten. In den folgenden Texten werden der Todesritt, der Tod als Reiter und der Tod durch ein Pferd zur Sprache kommen.

Iwan Stepanowitsch Masepa, bekannt als Mazeppa, soll als ukrainischer Kosake im 17. Jahrhundert gelebt haben. Weil er sich mit einer verheirateten Frau einließ und inflagranti ertappt wurde, band man ihn nackt auf den Rücken seines Pferdes. Der reale Mazeppa soll diesen Ritt überlebt haben – in literarischen und in musikalischen Werken jedoch ritt er so zu Tode. Bertolt Brecht (1898–1956) schrieb wie viele andere über diese Figur. Seine „Ballade von Mazeppa" schildert in der für Brecht typischen Anschaulichkeit die Folter des Reiters, das Kreisen der Geier und auch die Qual des Pferdes. Horace Vernet (1789–1863), Militärmaler und Lithograph, litt in den letzten Jahren seines Lebens unter den Folgen eines Reitunfalls. Vernet malte mehrere Versionen des Rittes von Mazeppa. Eine besonders dramatische ist Brechts Gedicht gegenübergestellt.

Manfred Hausmann (1898–1986) schrieb mit „Die Reiter" ein stilles, melancholisches Gedicht, das wahrscheinlich den Ritt junger Soldaten in die Schlacht und damit in den Tod beschreibt. Der Parthenonfries mit seinen Reitern ist für ein solches Gedicht eine anschauliche Untermalung, denn die relative Gleichmäßigkeit der Reiter und der verhaltene Galopp der Pferde sind eine leise Ergänzung zu den Versen.

Das fahle Ross der Apokalypse ist das Reittier der nachfolgenden drei Texte. Der Spätromantiker Emanuel Geibel (1815–1884) zieht alle Register, um den reitenden Tod zu beschreiben. Das Bild „Der Triumph des Todes" zeigt wie im Gedicht den reitenden Tod, hier ein Skelett, das mit Pfeil und Bogen den Tod bringt. Das Skelett scheint Freude an seinem Werk zu haben.

Die vier Verse aus Heinrich Heines (1797–1856) „An die Engel" lassen das Grausen desjenigen Menschen ahnen, der den Trab des Todes hört und der weiß, dass sein Ende sich damit ankündigt. Ausdrucksstark ist das Gemälde von William Turner (1775–1851), der ansonsten eher für seine Naturszenen sowie für Gemälde von Schiffen und Wasser bekannt ist. Sein „Death on a Pale Horse" ist einmalig in seiner Andeutung des fahlen Pferdes mit dem quer auf seinem Rücken liegenden Skelett. Der verwischte Hintergrund in Rot und Gelb/Beige, der skelettartige Kopf des Pferdes und der überdimensionale Arm des Todes zeigen ein unheimliches und beeindruckendes Bild des Todes.

Klaus Mann (1906–1949) nahm in seinem Werk „Mephisto – Roman einer Karriere" die apokalyptischen Reiter als Bild für das Dritte Reich und die Gräuel, die es brachte. Der Symbolist Arnold Böcklin (1827–1901) hat mit den wilden Reitern und dämonischen Pferden seines Bildes „Der Krieg" die apokalyptischen Reiter zitiert und malt die Schrecken, die Klaus Mann schildert.

Der österreichische Schriftsteller Hugo von Hofmannsthal (1874–1929) hat in „Das Märchen der 672. Nacht" ein Tabu gebrochen, indem er in einer Szene ein Pferd absichtlich einen Menschen töten lässt. Das Pferd, das den Erzähler zunächst bösartig anstarrt, tritt ihn gleich darauf gezielt, so dass er wenig später stirbt. Hans Baldung Griens Holzschnitt „Der behexte Stallknecht" scheint genau eine solche Szene zu zeigen – einschließlich des dämonisch schauenden Rosses.

Ein Auszug aus dem Drama „Prinz Friedrich von Homburg" von Heinrich von Kleist (1777–1811) zeigt ein Statussymbol, das seinem Reiter den Tod bringt: Der Prinz reitet natürlich auf einem Schimmel in die Schlacht – so wie es seiner gesellschaftlichen Stellung entspricht. Doch damit fällt er im Kampfgetümmel auf, ist ein leichtes Ziel für seine Feinde, die wissen, dass er als Oberster auf dem Schimmel sitzt. Im Drama tauscht sein Stallmeister Froben deswegen das Pferd mit ihm und wird umgehend getötet. Das Bild von H. Glindemann verdeutlicht die Leuchtkraft des Schimmels in der Schlacht, rückt es in das Zentrum des Geschehens und betont damit die Auffälligkeit dieses Pferdes, das auch hier seinen Reiter in den Tod trägt.

54

Ballade von Mazeppa

Bertolt Brecht (1898–1956)

Mit eigenem Strick verstrickt dem eigenen Pferde
Sie schnürten ihn Rücken an Rücken dem Roß
Das wild aufwiehernd über heimatliche Erde
Gehetzt in den dunkelnden Abend hinschoß.

Sie schnürten ihn so, daß den Gaul der Verstrickte
Im Schmerz noch aufpeitschte durch sinnloses Zerrn
Und so, daß er nichts, nur den Himmel erblickte
Der dunkler ward, weiter ward, ferner als fern.

Wohl trug ihn der Gaul vor der hetzenden Meute
Blind und verzweifelt und treu wie ein Weib
Ihm riß er, je mehr seine Feinde er scheute
Tiefer den Strick im blutwäßrigen Leib.

Auch füllte sich abends dann seltsam der Himmel
Mit fremdem Gevögel: Kräh und Geier, die mit
Lautlosem Flug in dunklem Gewimmel
Im Äther verfolgen den keuchenden Ritt.

Drei Tage trug ihn der fleischerne Teller
Wiehernd hinab an den ewigen Start
Wo der Himmel bald dunkler und wo er bald heller
Doch immer unermeßlicher ward.

Drei Tage immer gehetzter und schneller
Drei Ewigkeiten lang war die Fahrt
Wo der Himmel dunkler und wo er bald heller
Doch immer unermeßlicher ward.

Drei Tage will er zum Sterben sich strecken
Er kann's nicht im Flug zwischen Himmel und Gras
Und die Geier lauern schon auf sein Verrecken
Und sehnen sich wild auf das lebende Aas.

Drei Tage, bis seine Stricke sich sträubten
Grün war der Himmel und braun war das Gras!
Ach! es rauften wohl immer zu seinen Häupten
Kräh und Geier sich schon um das lebende Aas!

Und ritt er schneller, sie folgten ihm gerne.
Und schrie er lauter, sie schrien mit
Beschattend die Sonn und beschattend die Sterne
Verfolgten sie seinen keuchenden Ritt.

Drei Tage, dann mußte alles sich zeigen:
Erde gibt Schweigen und Himmel gibt Ruh.
Einer ritt aus mit dem, was ihm zu eigen:
Mit Erde und Pferd, mit Langmut und Schweigen
Dann kamen noch Himmel und Geier dazu.

Drei Tage lang ritt er durch Abend und Morgen
Bis er alt genug war, daß er nicht mehr litt
Als er gerettet ins große Geborgen
Todmüd in die ewige Ruhe einritt.

Emile Jean Horace Vernet

Mazeppa

19. Jahrhundert | Öl auf Leinwand | Privatsammlung

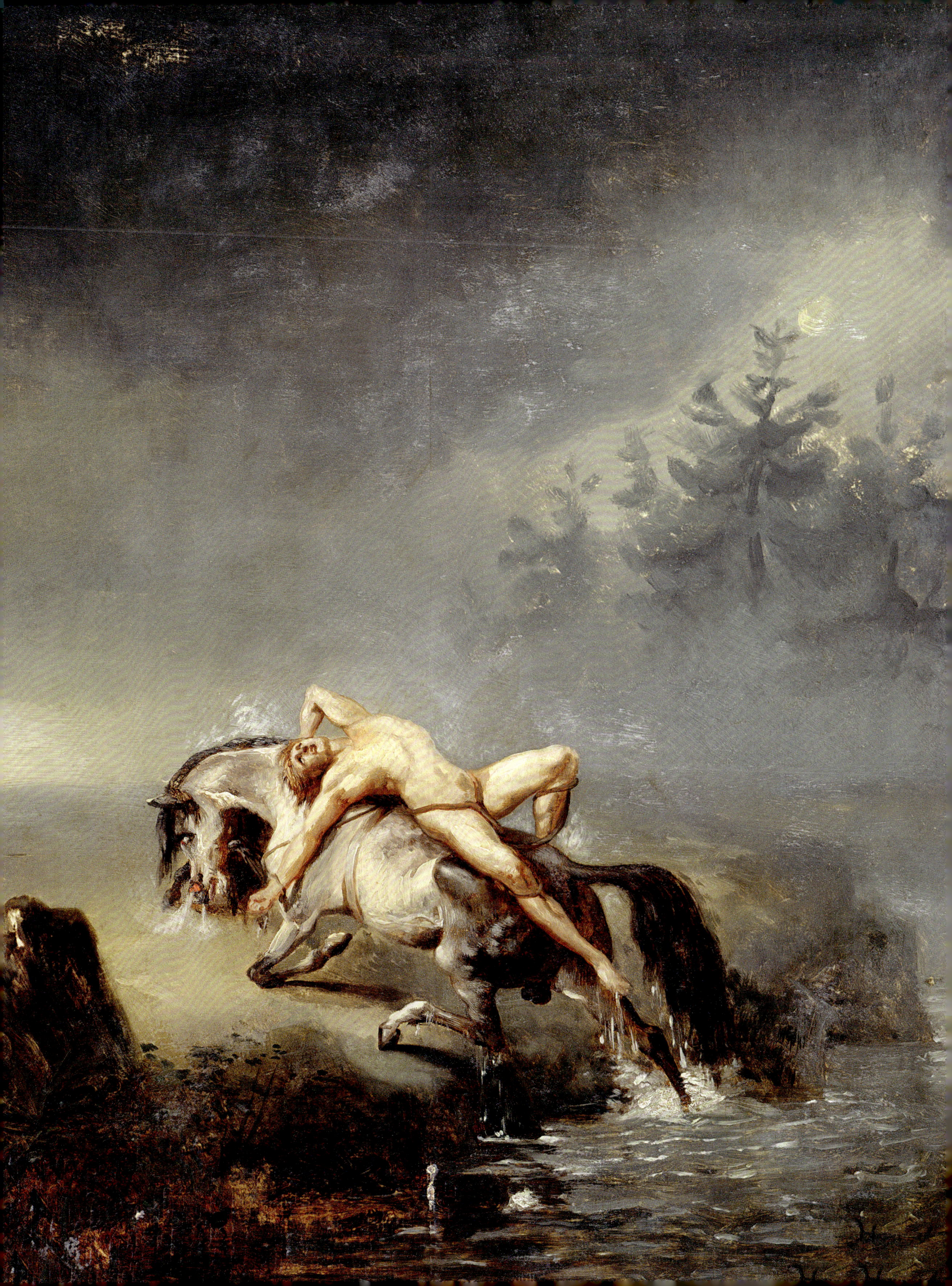

55 | *Die Reiter*

Manfred Hausmann (1898–1986)

Es tropft von Helm und Säbel,
die Erde ruht so bang.
Wir traben durch den Nebel
mit Trommeln und Gesang.
Nun schlagt die Trommeln feste
für alle Lust und Glut.
Und schlagt sie auch mal leise
für unser junges Blut.

Der Nebel zieht in Schwaden,
es riecht so süß nach Heu.
Ihr lieben Kameraden,
wir bleiben uns getreu.
Nun schlagt die Trommeln feste
für alle Lust und Glut.
Und schlagt sie auch mal leise
für unser junges Blut.

Wir reiten immer weiter,
wir haben das Gebot,
wir sind verlorne Reiter,
wir reiten in den Tod.
Nun schlagt die Trommeln feste
für alle Lust und Glut.
Und schlagt sie auch mal leise
für unser junges Blut.

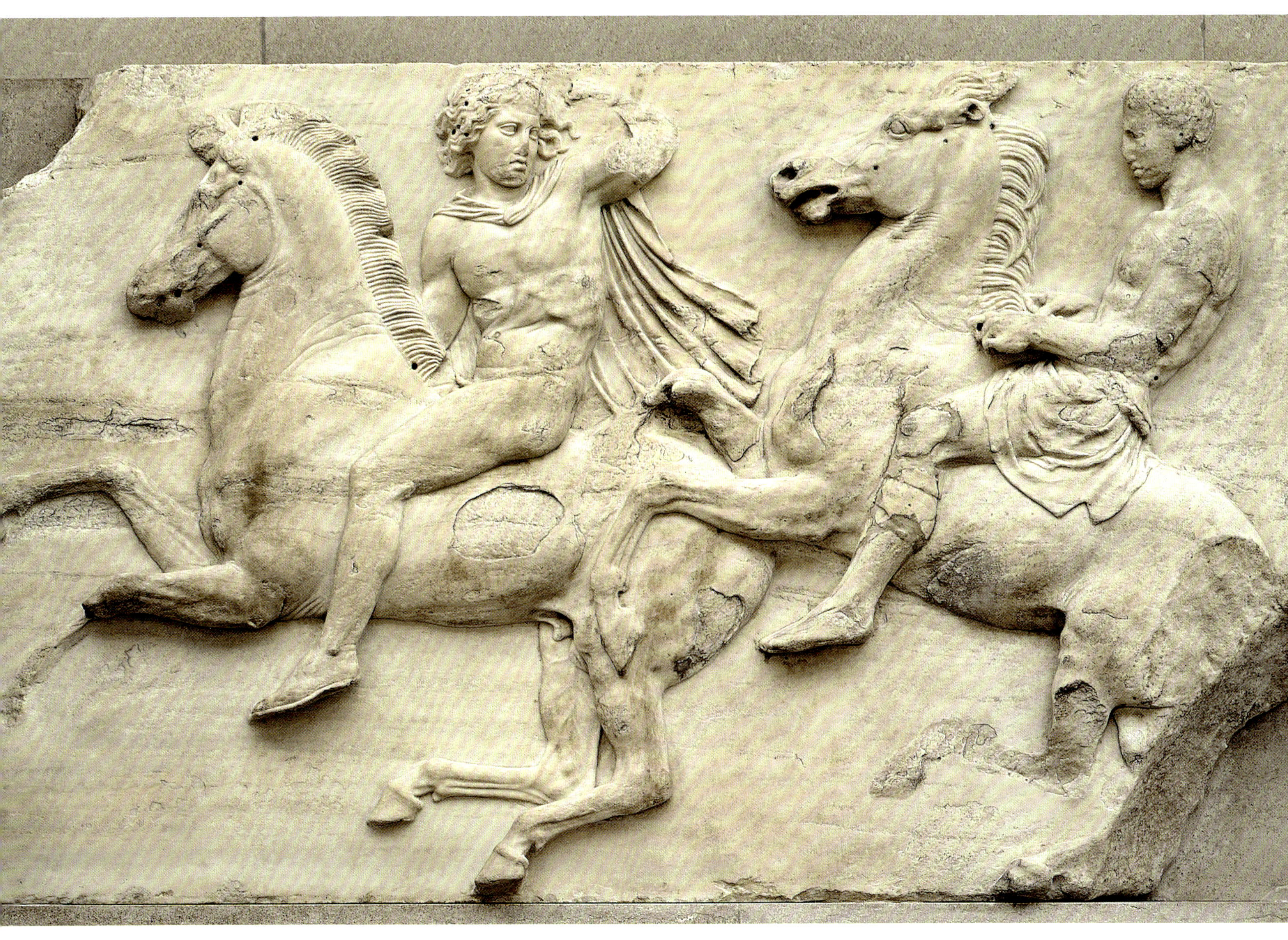

Werkstatt des Phidias

Parthenon, Reiterzug vom Westfries

447 v. Chr. | pentelischer Marmor | Höhe 100 cm | British Museum, London

56 | *Cita mors ruit*

Emanuel Geibel (1815–1884)

Der schnellste Reiter ist der Tod,
Der überreitet das Morgenrot,
Des Wetters rasches Blitzen;
Sein Roß ist fahl und ungeschirrt,
Die Senne schwirrt, der Pfeil erklirrt
Und muß im Herze sitzen.

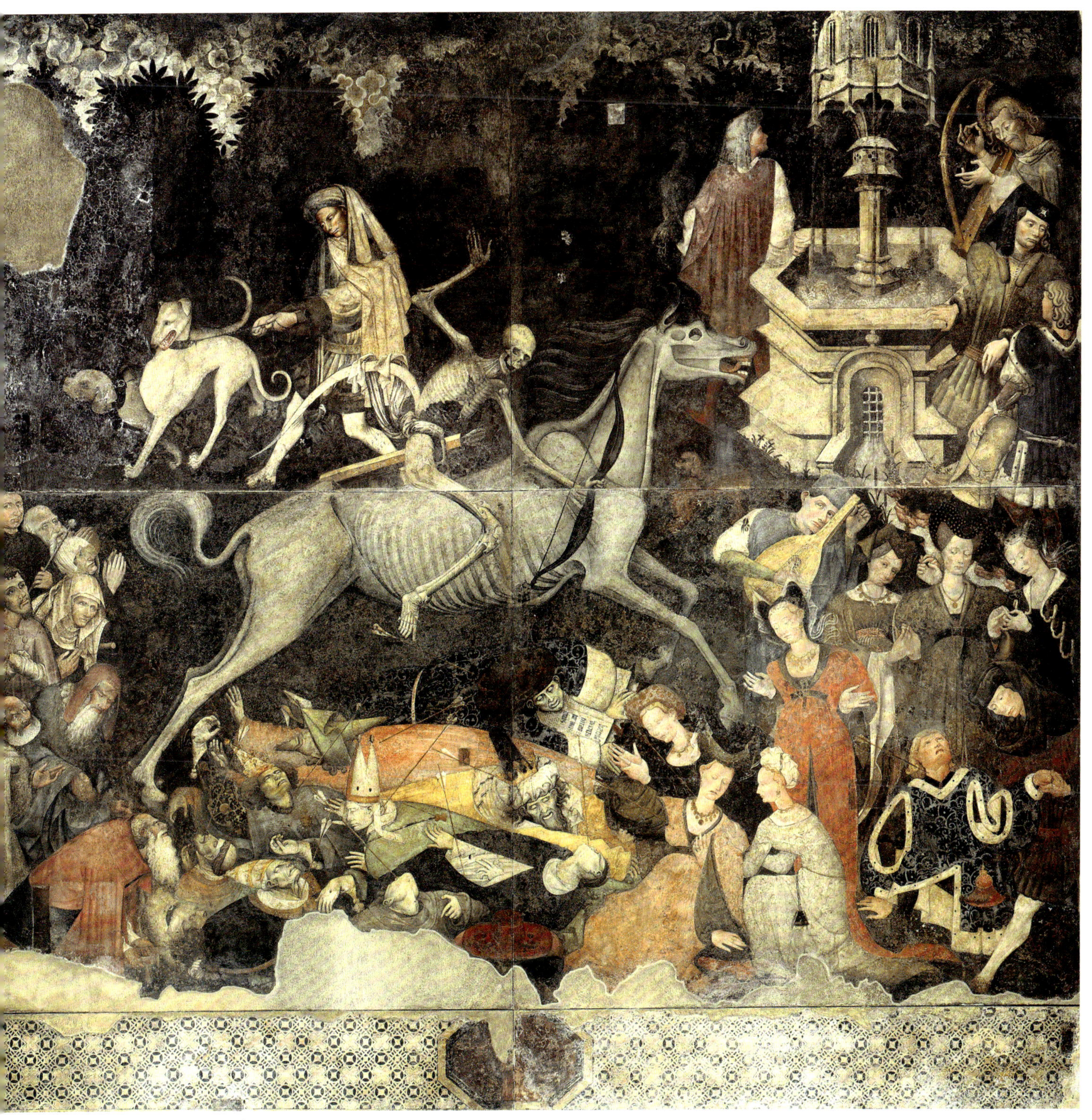

Katalanischer Maler (?)

Triumph des Todes

15. Jahrhundert | Galleria Regionale della Sicilia, Palermo

57 | *An die Engel*

Heinrich Heine (1797–1856)

Das ist der böse Thanatos
Er kommt auf einem fahlen Roß;
Ich hör' den Hufschlag, hör' den Trab,
Der dunkle Reiter holt mich ab

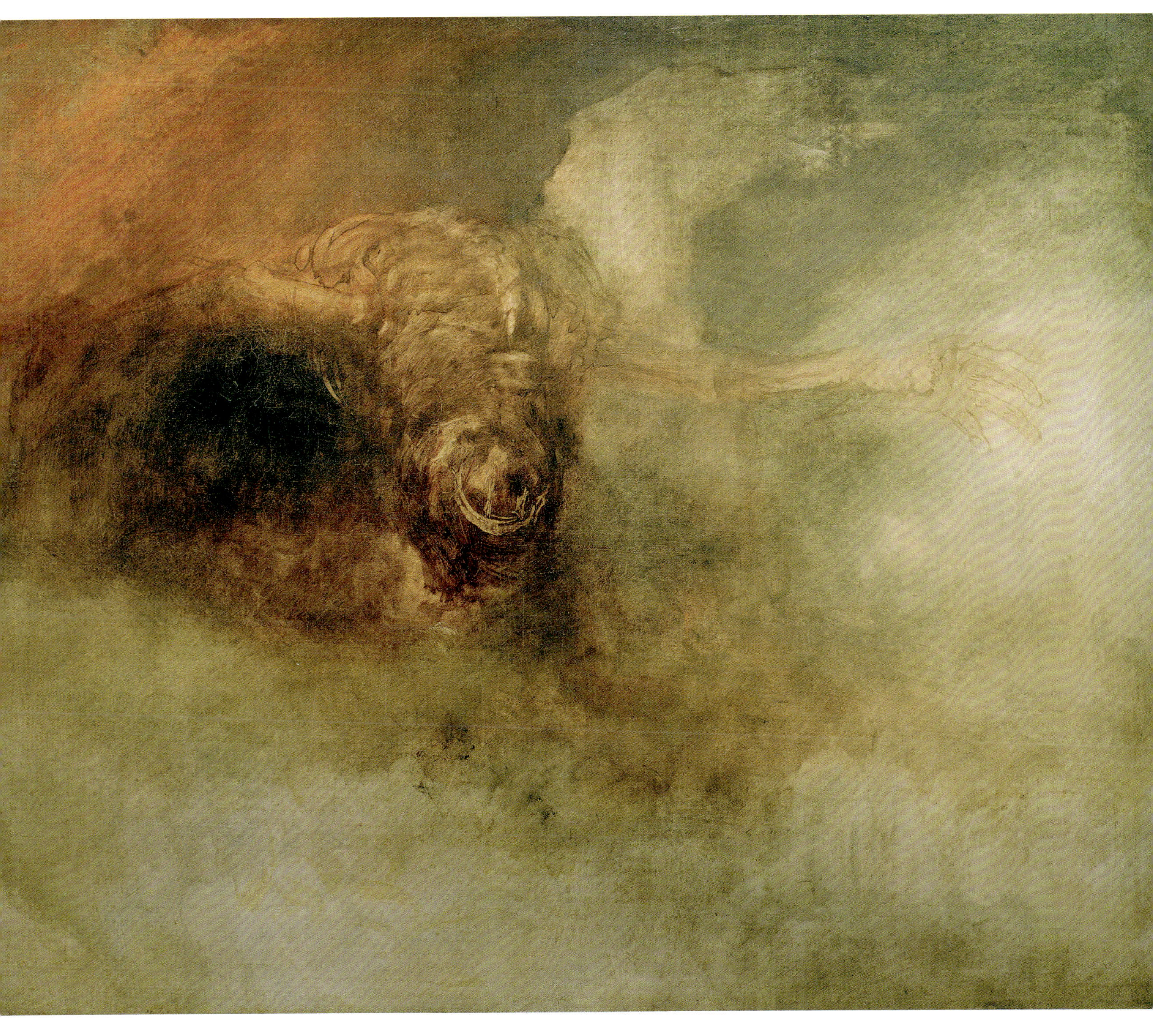

William Turner

Tod auf einem fahlen Pferd

1825/30 | Öl auf Leinwand | 59,7 x 75,6 cm | Tate Gallery, London

58 | *Mephisto – Roman einer Karriere*

Klaus Mann (1906–1949)

Wehe, die Apokalyptischen Reiter sind unterwegs, hier haben sie sich niedergelassen und aufgerichtet ein gräßliches Regiment. Von hier aus wollen sie die Welt erobern: denn dahin geht ihre Absicht. Sie wollen herrschen über die Länder und über die Meere auch. Überall soll ihre Mißgestalt verehrt und angebetet werden. Ihre Häßlichkeit soll bewundert sein als die neue Schönheit. Wo man heute noch über sie lacht, soll man morgen vor ihnen auf dem Bauche liegen. Sie sind entschlossen, die Welt anzufallen mit ihrem Kriege, um sie dann demütigen und verderben zu können – so wie sie heute schon das Land, das sie beherrschen, demütigen und verderben.

Arnold Böcklin

Der Krieg

1896 | Öl auf Holz | 222 x 170 cm | Kunsthaus Zürich, Schweiz

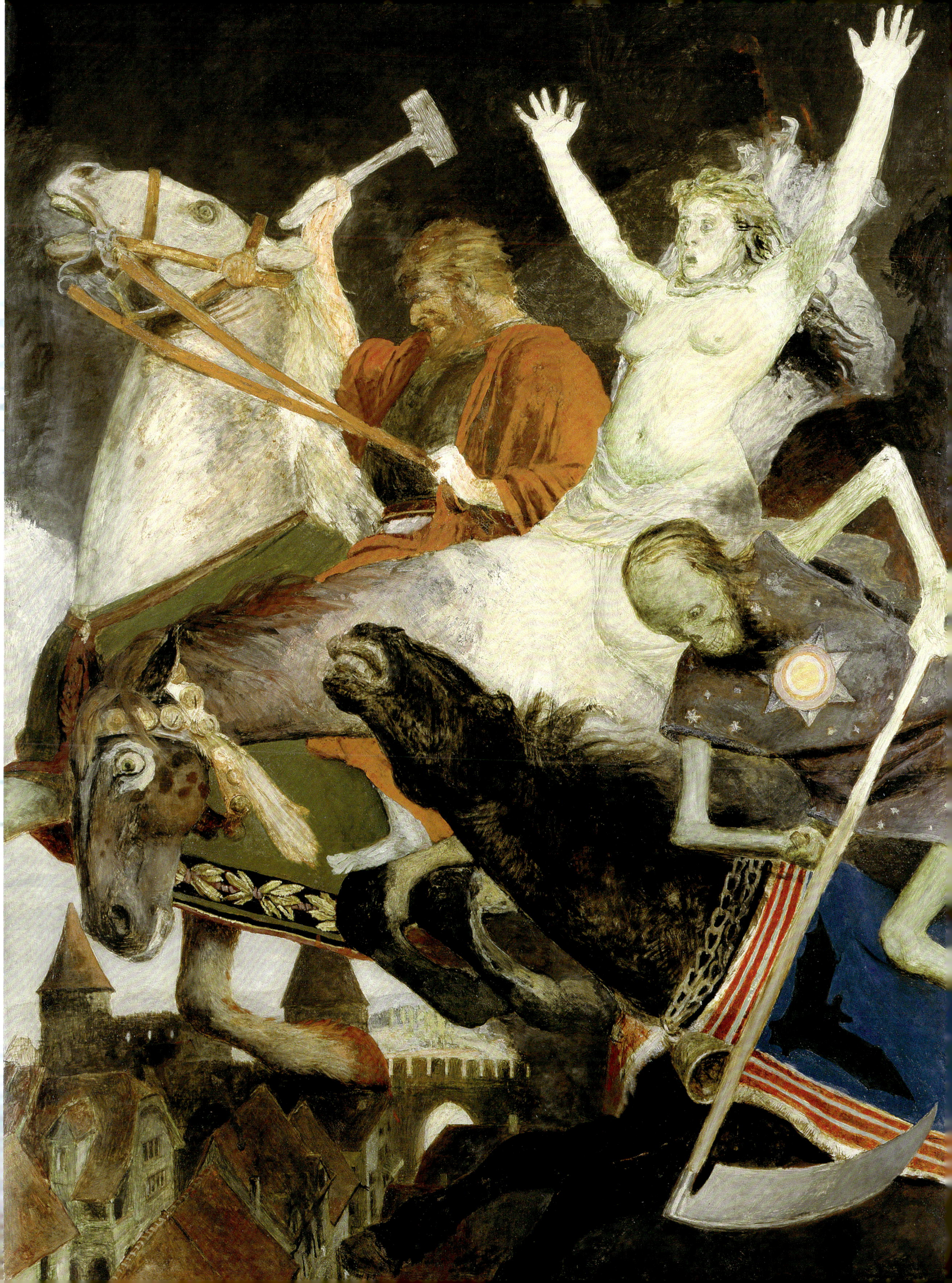

59 | *Das Märchen der 672. Nacht*

Hugo von Hofmannsthal (1874–1929)

In dem Augenblicke wandte das Pferd den Kopf und sah ihn an mit tückisch zurückgelegten Ohren und rollenden Augen, die noch boshafter und wilder aussahen, weil eine Blesse gerade in der Höhe der Augen quer über den häßlichen Kopf lief. [...] Er bückte sich, das Pferd schlug ihm den Huf mit aller Kraft nach seitwärts in die Lenden und er fiel auf den Rücken.

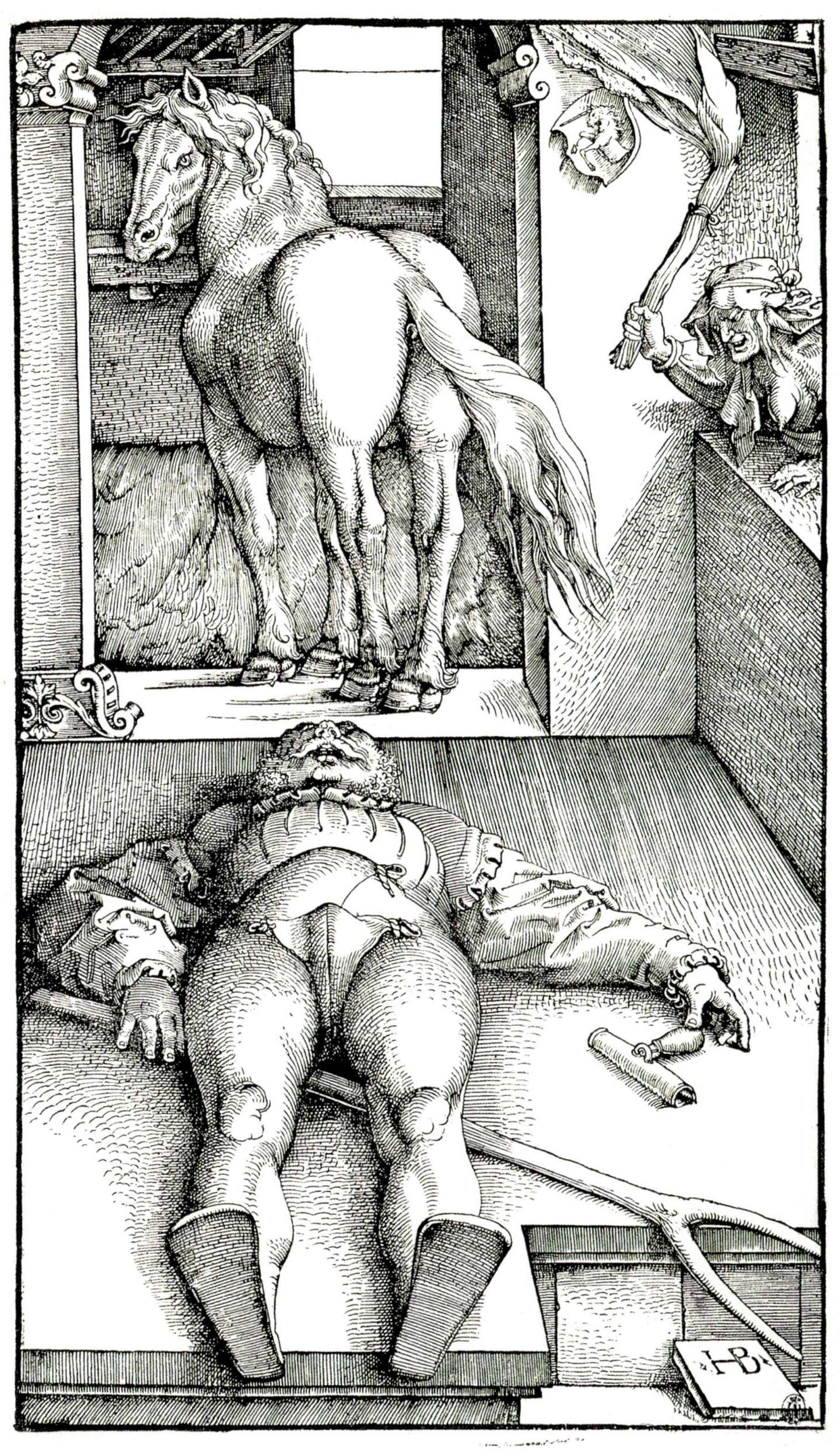

Hans Baldung Grien

Der behexte Stallknecht

1534 | Holzschnitt | 34,2 x 20 cm

60 | *Prinz Friedrich von Homburg*

Heinrich von Kleist (1777–1811)

Verwünscht sei heut mir dieses Schimmels Glanz,
Mit schwerem Gold in London jüngst erkauft!
Wollt ich doch funfzig Stück Dukaten geben,
Könnt' ich ihn mit dem Grau der Mäuse decken. […]
Doch Froben hat den Schimmel kaum bestiegen,
So reißt, entsendet aus der Feldredoute,
Ihn schon ein Mordblei, Roß und Reuter, nieder.

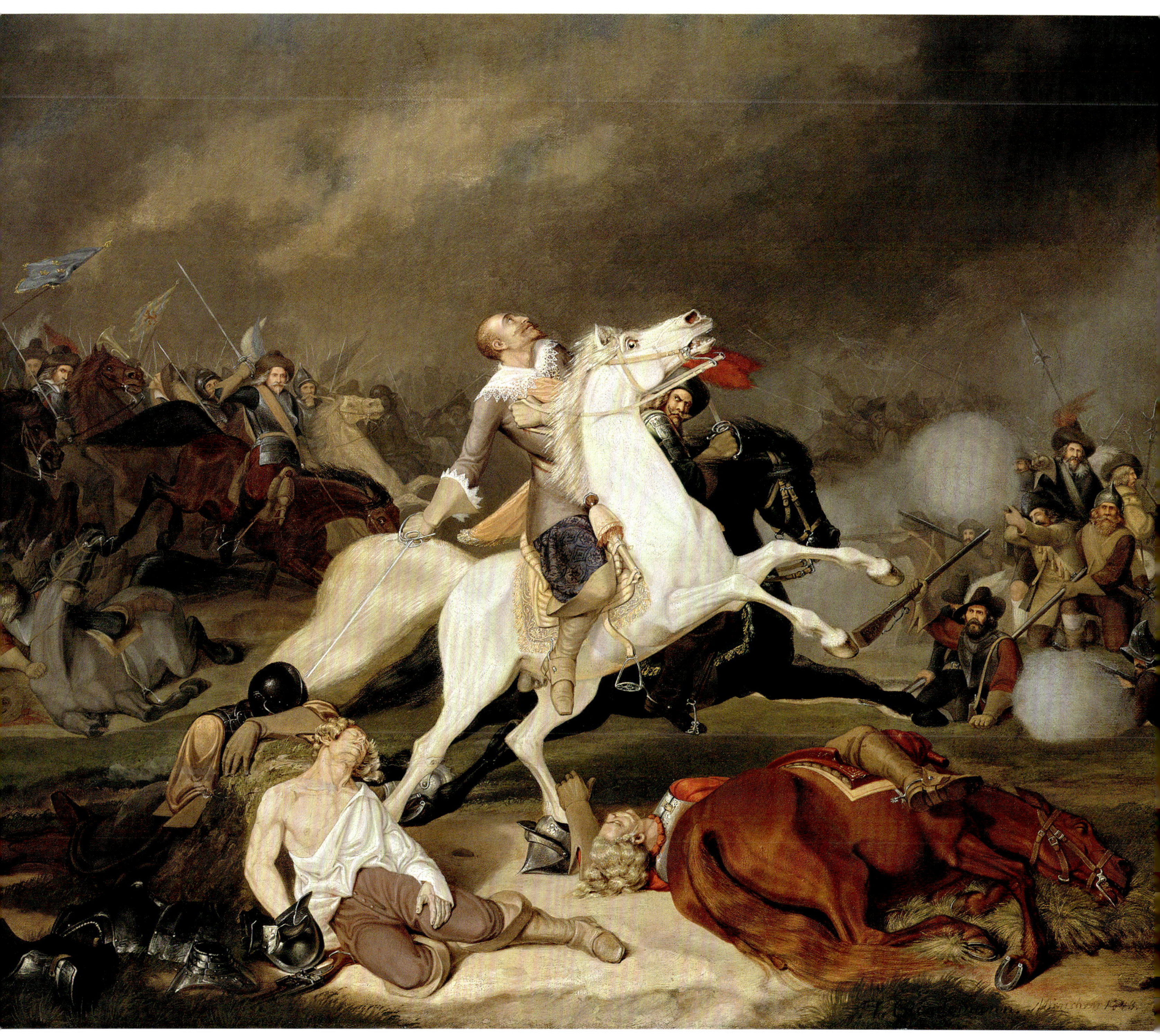

H. Glindemann

Gustav Adolf fällt in der Schlacht bei Lützen

1843 | Öl auf Leinwand | 59 x 72,6 cm | Niedersächsisches Landesmuseum, Hannover

Ausklang

Den Abschluss dieses Buches bildet ein Gedicht von Carl Zuckmayer (1896–1977). Der Autor so bekannter Theaterstücke wie „Der Hauptmann von Köpenick“ oder „Der fröhliche Weinberg“ und des Dramas „Des Teufels General“ hat in seinem Gedicht „Über die Pferde“ viele der vorab angesprochenen Themen aufgegriffen: Bewunderung, Misshandlung, Krieg, Tod und die Freude am Ritt. So fasst er zum Ende dieses Buches vieles zusammen, was die vorigen Seiten beschrieben haben.

Wie ist ein solches Gedicht zu illustrieren? Kein Gemälde kann alle diese Motive in sich versammeln. So ist ihm eines der Pferdebilder von Théodore Géricault zur Seite gestellt. Hier hat der Maler das glänzende Fell und die darunter liegende Muskulatur des Tiers unverfälscht und großartig dargestellt. Diese Studie eines Apfelschimmels soll den würdigen Abschluss dieses Buches bilden: das Bild eines stolzen und schönen Pferdes.

61 | *Über die Pferde*

Carl Zuckmayer (1896–1977)

Über die Pferde hat der Herr die himmlische Satteldecke gebreitet,
Die in schönem sattem Blau von ihren Flanken strahlt,
Wenn sie abends im Sommer, die Brust von Heuduft geweitet,
Schnaubend zur Tränke gehn und der Flug ihrer Mähnen im Winde prahlt.

Über die Pferde hat der Herr die Reiter gesetzt,
Daß sie die Pferde lenken und daß sie den Pferden dienen.
Wer aber sein Pferd ohne Not sporniert, ins Maul reißt, peitscht, schindet und blutig hetzt,
Der wird im Jenseits von Pferden zerstampft und verreckt tausendmal unter ihnen.

Früher trugen die Pferde Männer zum Kampf und waren
Helfer und Retter vorm Feind, vorm Steppenbrand, vor Gefahren.
Unterm Kalifen Ali ward es Gesetz, mit den Pferden abends die Sure zu beten.
Schmal und blutig war der Mond im Aufgang, wie der krumme Säbel des Propheten.

Und die Lieblingsstute des Propheten war an Schweif und Mähne wunderbar
Mit drei Wirbeln gezieret, deren jeder ein erblicher Adel war:
Ausdauer, Klugheit, Mut! Der Nüstern loderndes Rot,
Der Augen Feuer: Zeugnis von brennendem Herzensgebot.

Herr, laß uns mit unsrem Pferd verwachsen zu einem Leib,
Daß uns ein Wesen lebt, mit dem wir das gleiche wollen.
Denn wir bleiben im Wandel der Jahre allein, und nur wenige haben ein Weib,
Dem sie mit Recht gleiche Liebe wie ihrem Pferde zollen.

Über die Pferde ist sehr viel Böses verhängt.
Viele krepierten im Krieg mit aufgedunsenen Bäuchen,
Und ihr Gewieher ward Rachegeschrei, das zum Himmel drängt,
Und der Himmel hört ihr Geschrei und ihr tödliches Keuchen.

Über die toten Pferde reitet der große Wind,
Küßt ihren Rücken und flüstert in ihren Haaren:
Wenn Eure Reiter längst in der Erde zerfallen sind,
Werdet Ihr Pferde erstehn in brausenden Jubelscharen!

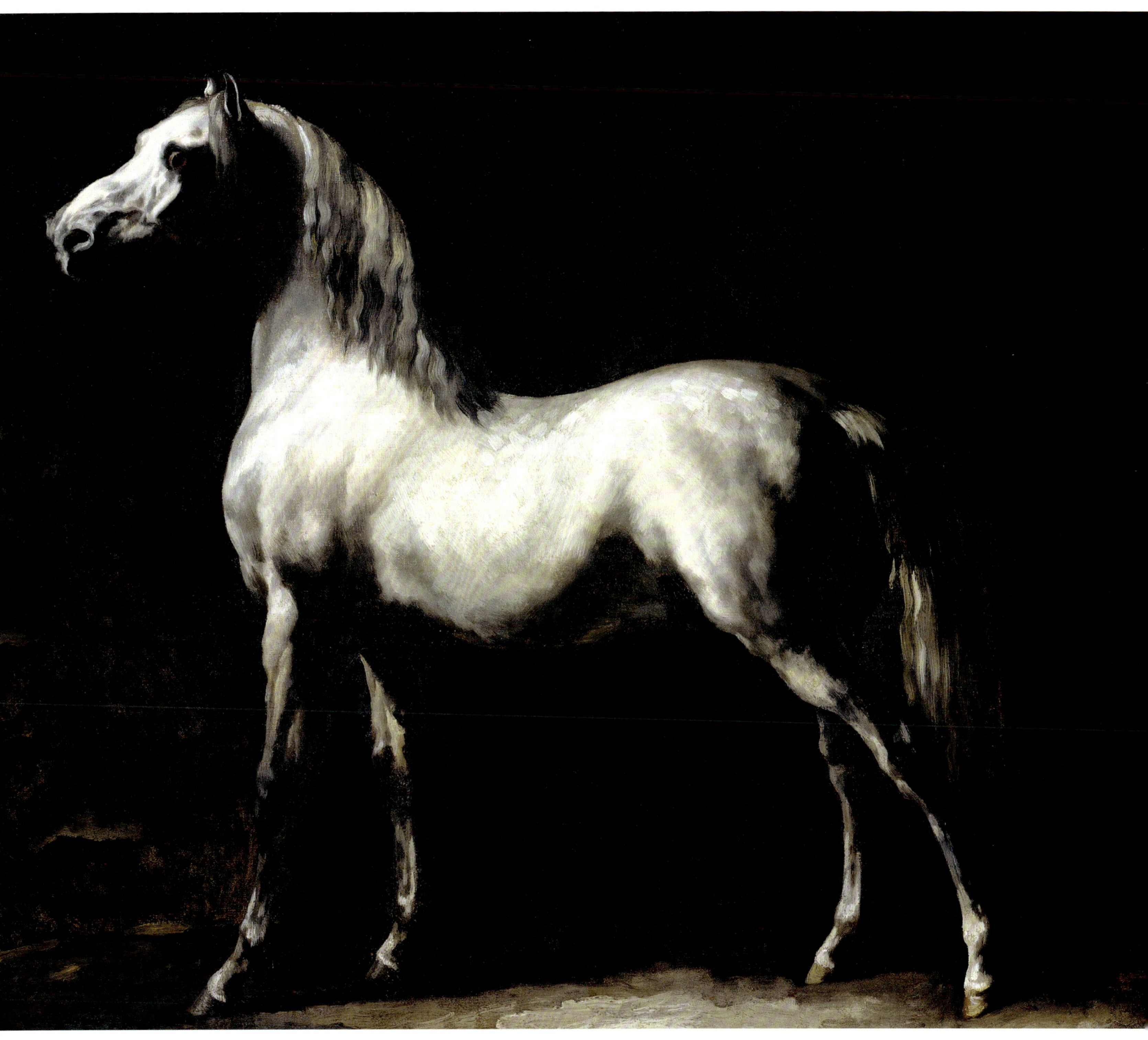

Théodore Géricault

Grauschimmel-Hengst

um 1815 | Öl auf Leinwand | 60 x 73,5 cm | Musee des Beaux-Arts, Rouen

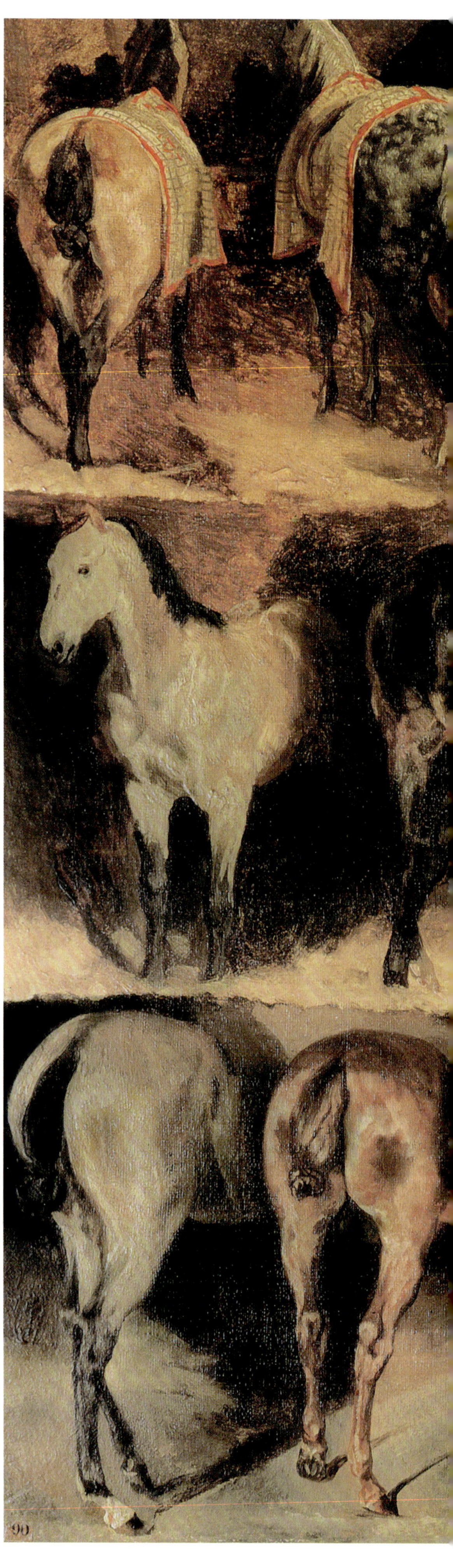

Théodore Géricault

Horses' Hindquarters

1813/14 | Öl auf Leinwand
74 x 81 cm | Privatsammlung

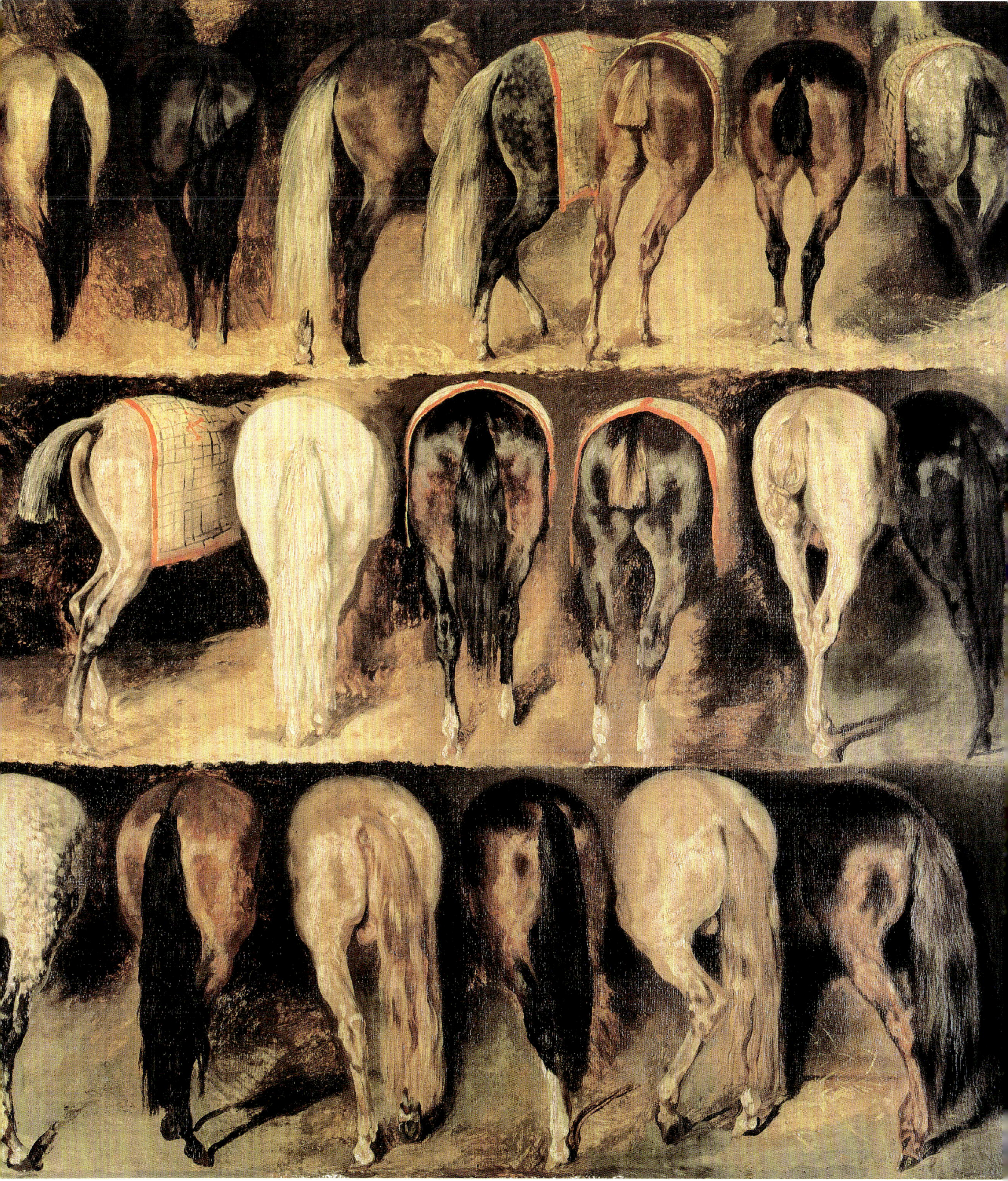

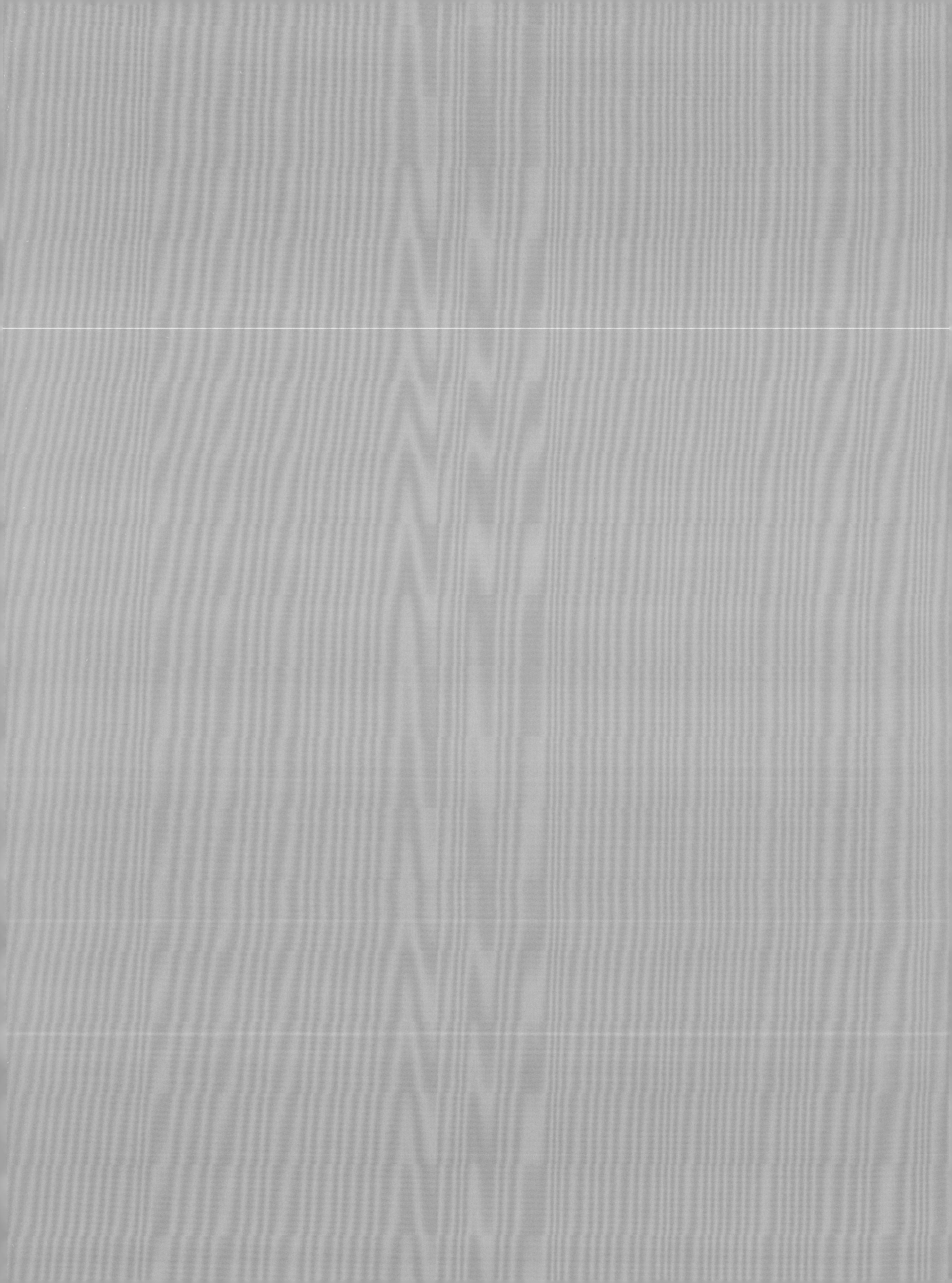

Nachwort

Sie sind nun auf der letzten Seite angelangt. Hoffentlich haben die Einleitung und die vorangegangenen Kapitel Ihnen einen Eindruck von der Vielfalt und der Besonderheit des Pferdes geben können. Vielleicht konnten Sie Neues in Literatur und Kunst entdecken? Vielleicht haben Sie auch einfach die Texte und die Bilder genossen? Ich hoffe, dieses Buch hat Ihnen so viel Freude bereitet wie mir die Arbeit daran.

Ich danke ...

dem Verleger Herrn Dr. Michael Imhof und seinen Mitarbeiterinnen Frau Dorothée Baganz, Frau Carolin Pfatschbacher, den Mitarbeitern der deutschen Nationalbibliothek in Frankfurt am Main für ihre unermüdliche Unterstützung, Geduld und Herzlichkeit, den Verantwortlichen für die Abdruckgenehmigungen bei den Verlagen für ihre Freundlichkeit, Hilfsbereitschaft und Ausdauer, meinen Korrektorinnen Dr. Ute Luise Dietz, Bettina Gabbe sowie meinem Korrektor Dr. Robert Kropp für viele ausgezeichnete Anregungen und Christine und Martin Zwirner für den A. Paul Weber.

Literaturverzeichnis

Literarische Werke des Hauptteils

Achim von **Arnim**: Reiterlied. Aus: Werke in sechs Bänden. Hrsg. v. Roswitha Burwick u.a. Frankfurt am Main 1989-1994. Bd. 5 (1994), S. 293f.

Achim von **Arnim**: Ritt im Mondschein. Aus: Werke in sechs Bänden. Hrsg. v. Roswitha Burwick u.a. Frankfurt am Main 1989-1994. Bd. 5 (1994), S. 940f

Ingeborg **Bachmann**: Beim Hufschlag der Nacht. Aus: Ingeborg Bachmann: Werke, Bd. I: Gedichte © Piper Verlag GmbH, München. S. 16

Werner **Bergengruen**: Das wütende Heer. Aus: Pferdegruß. Erzählungen und Gedichte von Pferd und Reiter. Zürich 1967. S. 137ff.

Werner **Bergengruen**: Reitergedanken. Aus: Die heile Welt. Zürich 1950.

Rudolf G. **Binding**: Reitvorschrift für eine Geliebte.© Olms Presse Hildesheim – Zürich – New York 1995. S. 9.

Johannes **Bobrowski**,: Der Reuter. Aus: Gesammelte Werke in sechs Bänden, Zweiter Band © Deutsche Verlags-Anstalt, München. In der Verlagsgruppe Random House GmbH. S. 43.

Johannes **Bobrowski**,: Pferde. Aus: Gesammelte Werke in sechs Bänden, Zweiter Band © Deutsche Verlags-Anstalt, München. In der Verlagsgruppe Random House GmbH. S. 337f.

Paul **Boldt**: Junge Pferde! Junge Pferde! Aus: Das Gesamtwerk: Lyrik, Prosa, Dokumente. Hrsg. und mit einem Nachwort von Wolfgang Minaty. Mit einem Vorwort von Peter Härtling. Olten 1979. S. 42.

Bertolt **Brecht**: Ballade vom Mazeppa. Aus: Bertolt Brecht, Werke. Große Kommentierte Berliner und Frankfurter Ausgabe, Band 11: Gedichte 1, © Suhrkamp Verlag Frankfurt am Main 1988. S. 93f.

Georg **Britting**: Das Duell der Pferde. Aus: Sämtliche Werke. Hrsg. v. Ingeborg Schuldt-Britting (bis Bd. 3 hrsg. v. Walter Schmitz). München 1987–96. Bd. 3 (1987). © Georg-Britting-Stiftung (www.briting.com) S. 73-78.

Georg **Britting**: Das Roß. Aus: Sämtliche Werke. Hrsg. v. Ingeborg Schuldt-Britting (bis Bd. 3 hrsg. v. Walter Schmitz). München 1987-96. Bd. 2 (1993). © Georg-Britting-Stiftung (www.briting.com) S. 176.

Theodor **Däubler**: Die Droschke. Aus: Dichtungen und Schriften. München 1956. S. 247.

Amir Gilboa, Pferde und Reiter. Übertragen ins Deutsche von Hilde **Domin.** Aus: dies., Gesammelte Gedichte. © S. Fischer Verlag GmbH, Frankfurt am Main 1987. S. 390.

Günter **Eich**: Japanischer Holzschnitt. Aus: Günter Eich, Gesammelte Werke in vier Bänden. Band I: Die Gedichte. Die Maulwürfe, © Suhrkamp Verlag Frankfurt am Main 1991. S. 104.

Max **Frisch**: Mein Name sei Gantenbein. Roman, © Suhrkamp Verlag Frankfurt am Main 1964. S. 14f.

Emanuel **Geibel**: Cita mors ruit. Aus: Emanuel Geibels gesammelte Werke in acht Bänden. Ohne Hrsg. Bd. 1, S. 90f.Stuttgart 1883.

Christian Fürchtegott **Gellert**: Das Füllen. Aus: Fabeln und Erzählungen. Historisch-kritische Ausgabe, bearb. v. Siegfried Scheibe. Tübingen 1966. S. 78ff.

Leopold Friedrich Günther von **Goeckingk**: An sein Reitpferd. Aus: Die Freud ist unstet auf der Erde. Lyrik. Prosa. Briefe. Berlin 1990. S. 201f.

Johann Wolfgang von **Goethe**: Brief an Herder. Aus: Goethes Briefe und Briefe an Goethe. Hamburger Ausgabe in sechs Bänden. Hrsg. v. Karl Robert Mandelkow. München 1988. Goethes Briefe Bd. 1, S. 132.

Johann Wolfgang von **Goethe**: Freisinn. Aus: Sämtliche Werke nach Epochen seines Schaffens. Münchner Ausgabe. Hrsg. v. Karl Richter in Zusammenarbeit mit Herbert G. Göpfert, Norbert Miller und Gerhard Sauder. München 1985-1998. Bd. 1.2. (1998), S. 11.

Günter **Grass**: Falada. Aus: Günter Grass: Gedichte und Kurzprosa (Werkausgabe, Band 1) herausgegeben von Volker Neuhaus u. Daniela Hermes © Steidl Verlag, Göttingen 1997/2002. S. 97.

Hartmann von Aue: Erec. Mittelhochdeutscher Text und Übertragung von Thomas Cramer. Frankfurt am Main 1972.

Wilhelm **Hauff**: Reiters Morgenlied. Aus: Werke. Hrsg. v. Hermann Engelhard. Stuttgart 1961 und 1962. Bd. 1 (1961), S. 931.

Manfred **Hausmann**: Pferde. Aus: Manfred Hausmann, Jahre des Lebens. Gedichte. 1974. Neukirchener Verlag. Neukirchener Verlagsgesellschaft mbH, Neukirchen-Vluyn. S. 74.

Manfred **Hausmann**: Die Reiter. Aus: Manfred Hausmann, Jahre des Lebens. Gedichte. 1974. Neukirchener Verlag. Neukirchener Verlagsgesellschaft mbH, Neukirchen-Vluyn. S. 60.

Friedrich **Hebbel**: Zu Pferd! Zu Pferd!. Aus: Sämtliche Werke. Historisch-kritische Ausgabe. Besorgt von Richard Maria Werner. Berlin o.J. Erste Abteilung, Bd. 6, S. 149.

Friedrich **Hebbel**: Die Nibelungen. Aus: Sämtliche Werke. Historisch-kritische Ausgabe. Besorgt von Richard Maria Werner. Berlin o.J. Die Nibelungen. Erste Abteilung. Bd. 4, S. 295.

Heinrich **Heine**: An die Engel. Aus: Historisch-kritische Gesamtausgabe der Werke. Hrsg. v. Manfred Windfuhr. Hamburg 1973–1997. Bd. 3/1 (1992), S. 116f.

Georg **Heym**: Nach der Schlacht. Aus: Gedichte 1910-1912. Historisch-kritische Ausgabe aller Texte in genetischer Darstellung. Hrsg. v. Günter Dammann, Gunter Martens, Karl Ludwig Schneider. Tübingen 1993. Bd. I, S. 424ff.

Hugo von **Hofmannsthal**: Das Märchen der 672. Nacht. Aus: Sämtliche Werke. Kritische Ausgabe veranstaltet vom Deutschen Hochstift. Hrsg. v. Rudolf Hirsch, Clemens Köttelwesch, Heinz Rölleke und Ernst Zinn. Frankfurt am Main 1975–1994. Bd. 28 (1975), S. 28f.

Peter **Huchel**: Chausseen. Aus: ders., Chausseen Chausseen. Gedichte. © S. Fischer Verlag GmbH, Frankfurt am Main 1963. S. 59

Franz **Kafka**: Wunsch, Indianer zu werden. Aus: Schriften, Tagebücher, Briefe. Kritische Ausgabe. Hrsg. v. Jürgen Born, Gerhard Neumann, Malcolm Pasley und Jost Schillemeit. Frankfurt am Main 1982-1999. Drucke zu Lebzeiten (1994), S. 32f.

Heinrich von **Kleist**: Prinz Friedrich von Homburg. Aus: Sämtliche Werke und Briefe in vier Bänden. Hrsg. v. Ilse-Marie Barth u.a. Frankfurt am Main 1987-1997. Bd. 2 (1987), S. 591.

Alfred **Kubin**: Die andere Seite. Ein phantastischer Roman. Reinbek bei Hamburg 1994. © Eberhard Spangenberg, München. S. 91f.

Reiner **Kunze**: Wie man einschlafen kann. Aus: ders., gespräch mit der amsel. © S. Fischer Verlag GmbH, Frankfurt am Main 1984. S. 32

Reiner **Kunze**: Reiter zwischen Tag und Tat. Aus: ders., gespräch mit der amsel. © S. Fischer Verlag GmbH, Frankfurt am Main 1984. S. 73.

Else **Lasker-Schüler**: Zirkuspferde. Aus: Else Lasker-Schüler, Gesammelte Werke in drei Bänden, © Suhrkamp Verlag Frankfurt am Main 1996. Bd 2, S. 206.

Nikolaus **Lenau**: Faust. Aus: Werke und Briefe. Historisch-kritische Gesamtausgabe. Hrsg. im Auftrag der Internationalen Lenau-Gesellschaft von Helmut Brandt u.a. Wien 1989-1997. Bd. 3 (1997), S. 102.

Nikolaus **Lenau**: Die Heidschenke. Aus: Werke und Briefe. Historisch-kritische Gesamtausgabe. Hrsg. im Auftrag der Internationalen Lenau-Gesellschaft von Helmut Brandt u.a. Wien 1989-1997. Bd. 1 (1995). S. 28.

Nikolaus **Lenau**: Husarenlied IV. Aus: Werke und Briefe. Historisch-kritische Gesamtausgabe. Hrsg. im Auftrag der Internationalen Lenau-Gesellschaft von Helmut Brandt u.a. Wien 1989-1997. Bd. 2 (1995), S. 162.

Nikolaus **Lenau**: Reiterlied. Aus: Werke und Briefe. Historisch-kritische Gesamtausgabe. Hrsg. im Auftrag der Internationalen Lenau-Gesellschaft von Helmut Brandt u.a. Wien 1989-1997. Bd. 1 (1995), S. 158.

Detlev von **Liliencron**: Zwei Meilen Trab. Aus: Werke. Hrsg. v. Benno von Wiese. Frankfurt am Main 1977. Bd. 1, S. 33f.

Klaus **Mann**: „Mephisto". Roman einer Karriere. München 1981. S. 240f.

Conrad Ferdinand **Meyer**: Flut und Ebbe. Aus: Sämtliche Werke. Historisch-kritische Ausgabe. (15 Bde.) Besorgt von Hans Zeller und Alfred Zäch. Bern 1958-1998. Bd. 1 (1963), S. 188f.

Christian **Morgenstern**: Der Apfelschimmel. Aus: Werke und Briefe. Stuttgarter Ausgabe. Unter der Leitung von Reinhard Habel hrsg. v. Maurice Cureau u.a. Stuttgart 1987-1992. Bd. 4 (2001), S. 45f.

Börries, Freiherr von **Münchhausen**: Pferd und Frau. Aus: Das Liederbuch. © 1953 Deutsche Verlags-Anstalt, München. In der Verlagsgruppe Random House GmbH

Börries, Freiherr von **Münchhausen**: Nacht-Ritt am Raine Aus: Das Liederbuch. © 1953 Deutsche Verlags-Anstalt, München. In der Verlagsgruppe Random House GmbH

Erich Maria **Remarque**: Im Westen nichts Neues. Roman. © 1959, 1987, 2005 by Kiepenheuer & Witsch, Köln. S. 61.

Rainer Maria **Rilke**: Es kommt in prunkenden Gebreiten. Aus: Sämtliche Werke. Hrsg. vom Rilke-Archiv in Verbindung mit Ruth Sieber-Rilke. Besorgt durch Ernst Zinn. Frankfurt am Main 1987-1995. Bd. 1 (1996), S. 113.

Rainer Maria **Rilke**: Sonette an Orpheus I, 20. Aus: Werke. Kommentierte Ausgabe in vier Bänden. Hrsg. v. Manfred Engel, Ulrich Fülleborn, Horst Nalewski und August Stahl. Frankfurt am Main 1996. Bd. 2 (1996), S. 250.

Rainer Maria **Rilke**: Die weiße Fürstin. Aus: Werke. Kommentierte Ausgabe in vier Bänden. Hrsg. v. Manfred Engel, Ulrich Fülleborn, Horst Nalewski und August Stahl. Frankfurt am Main 1996. Bd. 1 (1996), S.119.

Friedrich **Schiller**: Reiterlied. Aus: Werke und Briefe in zwölf Bänden. Hrsg. v. Otto Dann u.a. Frankfurt am Main 1988-2000. Bd. 1 (1992). S. 630.

Horst **Stern**: Bemerkungen über Pferde. Hamburg 1974. © Kindler Verlag GmbH, München 1971. S. 7.

Ludwig **Uhland**: Die Rache. Aus: Werke. Hrsg. v. Hartmut Fröschle und Walter Scheffler. München 1980. Bd. 1, S. 209.

Robert **Walser**: Das Pferd. Aus: Robert Walser, Sämtliche Werke. © Suhrkamp Verlag Frankfurt am Main 1986. Mit Genehmigung der Inhaberin der Rechte, der Carl-Seelig-Stiftung Zürich.

Alfred **Wolfenstein**: Pferd. Aus: Werke. Hrsg. und bearbeitet von Hermann Haarmann und Günter Holtz.

Mainz 1982-1993. Bd. 1, S. 82 © Copyright 1982 by v. Hase & Koehler Verlag GmbH, Mainz.

Paul **Zech**, Vom schwarzen Revier zur neuen Welt. Gesammelte Gedichte. Herausgegeben von Henry A. Smith. © 1983 Carl Hanser Verlag, München

Carl **Zuckmayer**: Über die Pferde. Aus: ders., Abschied und Wiederkehr. Gedichte 1917-1976. © S. Fischer Verlag GmbH, Frankfurt am Main 1997

Zitate in der Einleitung und den Kapiteleinführungen:

Alle Zitate aus der **Bibel** sind der Einheitsübersetzung entnommen.

Gottfried August **Bürger**: Lenore. Aus: Sämtliche Werke. Hrsg. v. Günter und Hiltrud Häntzschel. München 1987. S. 178-188.

Ferdinand **Freiligrath**: Der Reiter. Aus: Freiligraths Werke, Meyers Klassiker-Ausgaben. Hrsg. v Paul Zaunert. Leipzig und Wien o.J. Bd. 1, S. 173f.

Jakob und Wilhelm **Grimm**: Die Gänsemagd. Aus: Kinder- und Hausmärchen. Nach der Großen Ausgabe von 1857, textkritisch revidiert, kommentiert und durch ein Register erschlossen. Hrsg. v. Hans-Jörg Uther. München 1996. Bd. 2, S. 110-117.

Jakob und Wilhelm **Grimm**: Die Rabe. Aus: Kinder- und Hausmärchen. Nach der Großen Ausgabe von 1857, textkritisch revidiert, kommentiert und durch ein Register erschlossen. Hrsg. v. Hans-Jörg Uther. München 1996. Bd. 2, S. 139.

Friedrich **Hölderlin**: Alexanders Rede an seine Soldaten bei Issus. Aus: Sämtliche Werke und Briefe. Hrsg. v. Jochen Schmidt. Frankfurt am Main 1992/1994. Bd. 1 (1992), S. 16.

Friedrich **Hölderlin**: Ende einer Gedichtfolge auf Gustav Adolf. Aus: Sämtliche Werke und Briefe. Hrsg. v. Jochen Schmidt. Frankfurt am Main 1992/1994. Bd. 1 (1992), S. 77.

Heinrich von **Kleist**: Fabel ohne Moral. Aus: Sämtliche Werke und Briefe in vier Bänden. Hrsg. v. Ilse-Marie Barth u. a. Frankfurt am Main 1987-1997. Bd. 3 (1990), S. 353.

Karl **May**: Mein Hengst Rih. Sonderband (1997). S. 529.

Rainer Maria **Rilke** /Lou Andreas-Salomé. Briefwechsel. Hrsg. v. Ernst Pfeiffer. Frankfurt am Main 1989.

Friedrich **Schiller**: Wallensteins Tod. Aus: Werke und Briefe in zwölf Bänden. Hrsg. v. Otto Dann u.a. Frankfurt am Main 1988-2000. Bd. 4 (2000), S. 185.

Friedrich **Schiller**: Kabale und Liebe. Aus: Werke und Briefe in zwölf Bänden. Hrsg. v. Otto Dann u.a. Frankfurt am Main 1988-2000. Bd. 2 (1988), S. 587.

Theodor **Storm**: Nixen-Chor zu Begrüßung König Christians VIII. Aus: Sämtliche Werke in vier Bänden. Hrsg. v. Karl Erns Bd. 1 (1987), S. 242.t Laage und Dieter Lohmeier. Frankfurt am Main 1987/1988.

Fachliteratur

Abrogst, Rose-Marie u. a.: Archéologie du cheval. Paris 2002

Artner, Tivadar: Pferd und Reiter in der Kunst. Budapest 1982.

Bächtold-Stäubli, Hanns (Hrsg.): Handwörterbuch des deutschen Aberglaubens. Berlin/Leipzig 1927-1942. Unveränderte Auflage Berlin 2000

Balanda, Marie-Josèphe de und Lorenzo, Annie: Das Pferd. Bilder berühmter Maler. Blanckenstein. München 1992

Baskett, John: Das Pferd in der Kunst. München 1980.

Baum, Marlene: Das Pferd als Symbol. Zur kulturellen Bedeutung einer Symbiose. Frankfurt am Main 1991.

Böhm, Werner: Ross und Reiter. Hildesheim 1996.

Brink, Claudia und Hornbostel, Wilhelm (Hrsg.): Pegasus und die Künste. Museum für Kunst und Gewerbe Hamburg, 1993.

Duve, Karen und Völker, Thies: Lexikon berühmter Tiere. Frankfurt am Main 1997.

Gersdorff, Dagmar von: Pferde in der Kunst. Zeichnungen, Gemälde, Skulpturen. Berlin 1993.

Harrison, Lorraine: Pferde in Kunst, Fotografie und Literatur. Köln 2000.

Holst, Christian von: Franz Marc. Pferde. Staatsgalerie Stuttgart 2000, Hatje Cantz Verlag, Ostfildern.

Howey, M. Oldfield: The Horse in Magic and Myth. London 1958.

Jähns, Max: Ross und Reiter in Leben und Sprache, Glauben und Geschichte der Deutschen. Eine kulturhistorische Monografie. 2 Bde. Leipzig 1872.

Kropp, Ruthild: Konstanz und Wandel der Pferdedarstellung in der neueren deutschen Literatur. Peter Lang. Frankfurt am Main 2002

Ohly, Friedrich: Die Pferde im "Parzival" Wolframs von Eschenbach. In: Ders.: Ausgewählte und neue Schriften zur Literaturgeschichte. Und zur Bedeutungsforschung. Hrsg. v. Uwe Ruberg und Dietmar Peil. Stuttgart 1995. S. 323-364.

Otte, Michaela: Geschichte des Reitens von der Antike bis zur Neuzeit. Warendorf 1994

Pferde. Mitwisser der Götter. Eine Ausstellung im Reiss-Museum Mannheim 1997. Heidelberg 1997.

Pickeral, Tamm: Das Pferd: 30.000 Jahre Pferde in der Kunst. Köln 2007.

Reckert, Annett (Hrsg.): Das Pferd in der zeitgenössischen Kunst. © 2006 Kunsthalle Göppingen, Hatje Cantz Verlag, Ostfildern, und Autoren.

Rudloff, Martina und Seufert, Albrecht: Roß und Reiter in der Skulptur des XX. Jahrhundedrts. Bremen 1991.

Schumacher, Birgit: Pferde. Meisterwerke des Pferde- und Reiterbildes. Belser. Stuttgart/Zürich 1994.

Schirg, Bertolt (Hrsg.): Goethe und die Reitkunst. Hildesheim 1982. S. 71-87.

Schmalenbach, Werner: Kleiner Galopp durch die Kunstgeschichte. Köln 2002.

Straaß. Veronika und Lieckfeld, Claus-Peter: Mythos Pferd. Geschichten und Legenden von der Antike bis heute. München 2004.

Vogt, Ingeborg: Studien zu Pferd und Reiter in der frühgriechischen Kunst. Bonn 1991.

Wagenmann, Sonia und Schönhammer, Rainer: Mädchen und Pferde. Psychologie einer Jugendliebe. Berlin 1994.

Welck, Karin v. (Hrsg.): Pferde. Mitwisser der Götter. Eine Ausstellung im Reiss- Museum Mannheim 27. Juli bis 14. September 1997. Heidelberg 1997.

Wieczorek, Alfried und Tellenbach, Michael (Hrsg.): Pferdestärken. Das Pferd bewegt die Menschheit. Mainz 2007.

Yalouris, Nikolaus: Pegasus. Ein Mythos in der Kunst. Mainz 1987.

Bildnachweis

Michael Imhof und Michael Imhof Verlag: 2, 6/7, 8, 15, 17, 19, 26 unten, 30, 32/33, 53, 85, 111, 123, 125, 153, 157, 159, 161, 177;
akg-images, Berlin: Umschlag, 11, 13, 14, 16, 18, 20/21, 24, 25, 26 oben, 27, 29, 45, 47, 51, 59, 65, 67, 69, 73, 77, 79, 81, 89, 91, 93, 101, 105, 107, 109, 117, 133, 138/139, 148/149, 163, 169, 173;
Artothek, Weilheim: 23, 43, 61, 63, 135, 147;
bpk/RMN/Paris, Centre Pompidou-CNAC-MNAM/Jacques Faujour: 155;
bpk/RMN/Paris, Musée du Petit-Palais/Bulloz: 87;
Bildarchiv Preußischer Kulturbesitz, Berlin: 41, 113, 119, 143, 171;
The Bridgeman Art Library, Berlin: 12, 49, 71, 75, 95, 103, 115, 167, 183, 184/185;
Roy Lichtenstein Foundation, New York: 137;
Niedersächsisches Landesmuseum Hannover: 57, 179;
Galleria d'Arte Moderna, Milano/Copyright Comune di Milano – tutti i diritti di legge riservati: 127;
Staatliche Kunsthalle Karlsruhe: 145;